中国法学会优秀课题成果文库

ZHONG GUO FA XUE HUI YOU XIU KE TI CHENG GUO WEN KU

黎建飞◎主编　谢冰清◎副主编

社会保险基金信托法研究

SHE HUI BAO XIAN JI JIN XIN TUO FA YAN JIU

参编人员：张振华　李　静　袁　鹏　孙　倩

本书是中国法学会2013年度部级法学研究重大课题"社会保障基金信托法律问题研究"〔课题编号CLS（2013）A10，主持人黎建飞教授〕的主要成果，课题鉴定等级为优秀。

中国法制出版社

CHINA LEGAL PUBLISHING HOUSE

中国法学会优秀课题成果文库

出版说明

为了全面推进课题研究成果的应用转化，繁荣法学研究，服务法治实践，推进法治中国建设，中国法学会特设立"中国法学会优秀课题成果文库"，集中推出反映当前我国法学研究前沿水平、具有重大理论价值、重大学术价值、重大应用价值的学术精品，充分发挥优秀成果和优秀人才的示范引领作用。凡入选成果文库的作品，均为课题成果鉴定等级为"良好"以上，选题价值较大，创新性强，对重要领域或重要问题有较为系统深入的研究，具有较高学术价值或应用价值，文风严谨，符合学术规范和出版形式要件。2015 年，从 227 项课题成果中，精选出 10 项符合上述条件的作品，纳入"中国法学会优秀课题成果文库"出版。今后每年从当年结项的课题成果中精选部分作品予以出版。

中国法学会

2016 年 4 月

目　录
Contents

导　论

一、引子

最近，国内国外的两件事与本书的命题息息相关。

国内的来自人力资源和社会保障部——该部 2015 年 6 月 30 日发布了"2014 年中国社会保险发展年度报告"，报告显示在剔除国家财政补贴后，全国养老金"亏空"正在逐年扩大，2013 年，全国养老金"亏空"959 亿元。2014 年，养老金"亏空"上升至 1563 亿元。[①] 报告同时显示，2009 年至 2014 年，企业养老保险基金收益率为 2.2%、2.0%、2.5%、2.6%、2.4%、2.9%，低于同期一年期银行存款利率。按照银行利率计算（五年定期存款的利率在 5% 左右），相差一个点，3.5 万亿元每年的"损失"就是 350 亿元。中国社科院世界社会保障中心主任郑秉文还以 CPI 作为基准测算，养老金在过去 20 年贬值将近千亿元。[②]

国内事件虽是最近的，相关背景却由来已久。2006 年，就有记者以"大案频发，社保改革的路径在哪里？"为题写道：在 2006 年的编年史中，

---

① 降蕴彰："中国养老金亏空显著扩大 18 个省份收不抵支"，载《经济观察报》2015 年 7 月 2 日。http://bj.jjj.qq.com/a/20150713/020503.htm，最后访问时间 2015 年 7 月 15 日。

② 陈琳："社科院专家：养老金在过去 20 年贬值将近千亿元"，载《北京晨报》2015 年 7 月 1 日。http://politics.people.com.cn/n/2015/0701/c70731-27236662.html，最后访问时间 2015 年 7 月 15 日。

社保资金案曝光后影响之大及广，可谓前所未有。7 月案发的上海社保案，第一次以骇人的挪用金额凸显于公众视线。上海社保案曝光一个月后，劳动保障部召开了纪检监察工作座谈会，通报了当年上半年的几起案件：河南濮阳市劳动保障局以减免企业应缴 870 余万元养老保险费为代价，换取六辆轿车使用权；黑龙江阿城市社保局将 918 万元借给企业用作流动资金和担保；浙江温州市劳动保障局用社保基金 600 万元购买企业优先股；四川青神县政府挤占挪用社保基金 1245 万元；湖南益阳市北州子镇领导班子弄虚作假套取社保基金 69 万元……11 月 22 日，国务院常务会议听取了国家审计署对全国 29 个省（区、市）社保基金专项审计的结果。为期两个多月的专项审计发现，1999 年前发生的违规金额达 23.47 亿元，2000 年以来发生的违规金额高达 47.88 亿元。

回顾案件和解读这些数据，不由得让人想起了 1998 年 12 月，在为中央《社会保障与法制建设》的法制讲座准备材料时，一位中央高层领导颇有深意地提及英国首相撒切尔夫人就社会保障金发放说过的一句话：不是政府不给你钱，而是政府也没有钱。于是，后来的国务院总理在国务院常务会议上强调：社保基金是条"高压线"，任何人不得侵占挪用。不久，劳动保障部对审计结果作出回应，承认其间"甚至有违法犯罪"问题；同时强调法规不健全、管理不规范的客观背景。并且：挤占挪用社保基金非仅社保机构一家，"财政部门、地方政府、税务部门等都占有一定比例"。①

国外的事件更加令人揪心：希腊老人提款未果银行外痛哭！美联社公布了一组系列图片，7 月 1 日，一个希腊人在雅典的一家银行外拿着 120 欧元；7 月 3 日，绝望痛苦的乔治·查兹法提亚迪斯老人瘫坐在塞萨洛尼基一家银行外。据美联社报道，本周五（7 月 3 日），在实施资本管制后的

---

① 张翔、胡润峰、任波、付涛："大案频发　社保改革的路径在哪里"，《财经》2006 年 12 月 26 日。http://futures.money.hexun.com/1981070.shtml，最后访问时间 2015 年 7 月 15 日。

希腊第二大城市塞萨洛尼基，现年 77 岁的乔治·查兹法提亚迪斯老人已经在三家银行门前排队想为妻子领取退休金，但是都无功而返。当他在第四家银行被告知他依然不能提取他的 120 欧元（约合人民币 827 元）时，老人实在承受不了，倒地痛哭。雅典于周一（6 月 29 日）开始实施了资本管制并且关闭了所有银行，防止资金流出。但是在周三（7 月 1 日）允许一些银行重新开张三天，那些没有银行卡的退休者可以提取他们的养老金，每天最高限额为 120 欧元。在叙述自己如何徒劳地奔波于一家又一家的银行为妻子提取养老金时，查兹法提亚迪斯说，当他在第四家银行被告知"还是不能取到钱，我真的崩溃了"。像许多生活在希腊北方的人一样，查兹法提亚迪斯和他的妻子曾在德国的煤矿和铸造厂"努力工作"很多年。"我看到我的同胞为几分钱乞讨就为买个面包，我看到了越来越多的人自杀，我是一个敏感的人，我实在无法承受我的国家变成了这个样子。"他说。但是查兹法提亚迪斯觉得自己对现状无能为力，他甚至不确定是否能在明天（7 月 5 日）的公投中去投上一票。他说投票站在 80 公里之外，"我没有钱去到那里，除非孩子能开车带我去。""欧洲和希腊犯了错，我们必须找出一个解决办法。"他接着说。①

二、办法

我们似乎比乔治大爷更懂得"未雨绸缪"。

自 1998 年到 2006 年，劳动保障部会同其他部委共计进行了五次大检查，其中 2000 年发现 170 多亿元社保基金被挤占挪用，2004 年发现 16 个省份存在挤占挪用情况，上述资金如今已被追回 160 亿元。劳动保障部一位副部长 12 月 1 日表示，他们将对社保基金审计查出的问题进行整改，"研

---

① 薛天骐："希腊 77 岁老翁跑四家银行提款未果坐地痛哭"，载《中国日报》2015 年 7 月 4 日。http://tieba.baidu.com/p/3871060578，最后访问时间 2015 年 7 月 15 日。

究解决实际问题"，"认真总结经验教训"；同时要健全社保经办机构的内控制度，建立经常性的监督监察和要情报告制度。

对此，经济学家吴敬琏在《人民日报》（海外版）撰文提及，早在1993年召开的中共十四届三中全会上，即已明确要求在养老保险和医疗保险中引入社会统筹和个人账户相结合的制度（统账结合），这是改善社保体制运作、堵塞作弊漏洞的有效制度安排。引入个人账户制度可扩大广大受益人群参与社会保障制度，加强其对社保体系运作的监督。但由于统筹账户存在巨大支付缺口，各地社保部门均调用个人账户用于当期支付，个人账户有名无实，长年"空转"。挪用个人账户造成的新债，加之远未偿还的"隐性负债"旧债，一起将偿付责任推向了未来。

2001年，新改革被称为"做小做实"，以"做小"来保证"做实"个人养老金账户，自辽宁省起步试点。但因个人账户不再允许丝毫被挪用，辽宁的当期支付缺口依然存在，中央和地方两级政府仍需各掏腰包保证发放，事实上仍将部分成本向未来转移。同时，学界开始呼吁引进一种做实个人账户的创新性方案——"记账式个人账户"。按这一模式，当代参保人员仍需缴纳一定百分比的个人收入，由国家为其记入其个人账户；但资金随即可用于支付当代养老金，个人账户并无真实资金存在，仅有一个缴费记录。于是有人建议适当延迟退休年龄，以缓解养老金的发放压力。

2001年5月，国务院颁布《减持国有股筹集社会保障基金管理暂行办法》，规定凡国家拥有股份的股份有限公司在IPO或增发股票时，均需按融资额的10%出售国有股，减持国有股收入全部上缴全国社保基金。这一方案迅即在股市引起轩然大波，最终草草收场。2002年6月，国有股减持停止令股市短暂翻红，也使得全国社保基金失去后续资金来源。

2006年12月20日，在位于北京的全国社保基金理事会大楼20层会议室，七个新增"做小做实"试点省份，以及首批试点的黑龙江、吉林两省，与全国社保基金理事会正式签署了五年合约。他们将中央下拨九省份用于做实个人账户的财政补贴共计 104 亿元，委托给社保基金理事会管理运营，后者承诺 3.5% 的保底收益率。劳动保障部副部长刘永富表示，社保基金的安全性是第一位的，但也要"保证老百姓的账户能赚到钱"。他希望各地政府今后与社保基金理事会积极协商委托运营，"本钱还要再大点"。据项怀诚透露，此次受托的 104 亿元个人账户基金将并入社保基金理事会的"大账"，进行统一运营。

在 2006 年末为个人账户基金投资打开政策缺口的同时，企业年金的规范投资已经施行了两年有余。2004 年 5 月，劳动保障部会同有关部门颁行《企业年金试行办法》和《企业年金基金管理试行办法》，明确规定了企业年金运营采用信托模式的基本框架，并首次提出年金受托人、账户管理人、投资管理人和托管人的多元化主体概念，旨在推进企业年金的市场化运作。2006 年，年金市场化运作呼声日高。当年 10 月的一项年金市场调查显示，在受访的上海企业中，62% 表示将考虑选择规范的专业年金运作机构，25% 愿意选择投保商业寿险，另有 13% 的企业则持观望态度。在已委托上海市年金中心运营年金的企业中，14% 表示非常不满意，57% 表示不满意，29% 则态度中立。同年 9 月，劳动保障部一致同意再次发出通知，要求之前由地方政府社保经办机构接收的企业年金计划，必须在 2007 年底之前移交具备资质的机构管理运营。① 与此同时，由于全国企业年金基金金额巨大，在企业年金基金的托管、运作上，商业银行、保险机构、基金管理公司等竞争激烈。②

与实际工作略有分工的人大代表，尤其是法学界的人大代表更加关注相关的法律和制度建设。在 2012 年 3 月的"两会"上，多位代表提出尽

---

① 张翔等："大案频发　社保改革的路径在哪里"，《财经》2006 年 12 月 26 日。http://futures.money.hexun.com/1981070.shtml，最后访问时间 2015 年 7 月 15 日。

② "争抢企业年金　平安养老保险入川"，载《成都商报》2006 年 12 月 28 日。http://www.shebao5.com/xinwen/96166.html，最后访问时间 2015 年 7 月 15 日。

快制定社会保险基金监督法的议案和建议。在 2012 年 3 月 8 日，《法制日报》发表的"人大代表热议：尽快制定社会保险基金监督法"一文中，中国人民大学法学院院长王利明代表指出，目前我国社保基金面临的最大问题就是监管不力，尽管中央三令五申，但一些地方仍把社保基金当作自己的合法收费渠道，挪用现象非常严重。过分偏好和倚重行政监督，是我国社会保险基金监管制度的重要缺陷。因为行政监管可能会受到官僚主义等原因的影响而失灵，且容易忽略和抑制其他监督资源的开发和利用。建议通过探索适合我国国情的社保基金管理与运营办法，制定社会保险基金监管法，加强对社保基金的监管，可以做好社保基金的保值与增值，并将有效遏制社保基金被非法挪用的现象。①

为了提高基本养老保险基金收益水平，实现基金保值增值，促进养老保险制度健康持续发展，人力资源社会保障部、财政部会同有关部门研究起草了《基本养老保险基金投资管理办法》，2015 年 6 月 29 日向社会公开征求意见，于同年 8 月 17 日印发施行。这项规定阐明了养老基金实行中央集中运营、市场化投资运作，由省级政府将各地可投资的养老基金归集到社会保障专户，统一委托给国务院授权的养老基金管理机构进行投资运营。基金投资运营采取多元化方式，通过组合方案多元配置资产，保持合理投资结构。目前只在境内投资；严格控制投资产品种类，主要是比较成熟的投资品种；合理确定各类投资品种的投资比例，股票等权益类产品合计不得超过资产净值的 30%；国家对养老基金投资运营给予专门政策扶持，通过参建国家重大工程和重大项目、参股国有重点企业改制、上市等方式，保证养老基金投资获取长期稳定的收益。同时明确规定养老基金投资运营，必须坚持安全第一的原则，严格控制风险。明确受托、托管、投资等管理机构应当建立健全投资管理内部控制制度，加强风险管控，维护

---

① http://law.shangdu.com/laodong/cn_view.shtml?newsid=46310，最后访问时间 2015 年 7 月 15 日。

公众利益；相关工作人员要遵守职业规范，严禁利用职务便利为自己和他人谋取利益；投资机构和受托机构分别按管理费的 20% 和年度投资收益的 1% 建立风险准备金，专项用于弥补养老基金投资可能发生的亏损。对于各相关方的法律责任，也作了明确规定，托管机构、投资管理机构未能按照规定提供报告或者提供报告有虚假记载、误导性陈述、重大遗漏的，责令限期改正；逾期不改正的，给予警告，并处以 10 万元以下管理费扣减。托管机构、投资管理机构受到 3 次以上警告的，由受托机构终止其养老基金托管或者投资管理职责，3 年内不得再次申请。受托机构、托管机构、投资管理机构及其董事（理事）、监事、管理和从业人员侵占、挪用养老基金资产取得的财产和收益，归入基金资产。会计师事务所等服务机构出具的文件有虚假记载、误导性陈述或者重大遗漏的，责令限期改正，没收业务收入，并依法处以业务收入 1 倍以上 5 倍以下的罚款；对直接负责的主管人员和其他直接责任人员给予警告。①

三、模式

社会保险基金的管理包括社会保险基金的运用、保值和增值。

社会保险基金的运用、保值和增值有两方面的含义：其一，从劳动者享受社会保险基金待遇的角度看，是指随着社会其他成员的收入水平或生

---

① 左永刚：“养老金入市方案公布在即　需走出五大认识误区”，载《证券日报》2015 年 7 月 17 日。http://finance.sina.com.cn/china/20150717/023922710334.shtml，最后访问时间 2015 年 7 月 17 日。人社部负责人表示，截至 2014 年年底，城镇职工基本养老保险基金累计结余 3.18 万亿元，城乡居民养老保险基金累计结余 0.38 万亿元，合计约 3.5 万亿元。但这些资金要有一部分用于当期的待遇支付或支付准备，不可能全部投资。预计扣除预留支付资金外，全国可以纳入投资运营范围的资金总计约两万多亿元。人社部负责人强调，“30%”规定的是养老基金投资股市的上限比例，重点仍是合理控制投资风险。在实际运营中，进入股市的资金规模和时点，不是由政府直接操作的，而是由授权受托的市场机构具体运作，而且也不可能很快达到投资比例上限。（“养老金投资股市最多三成”，载《广州日报》2015 年 6 月 30 日。http://finance.ifeng.com/a/20150630/13806850_0.shtml，最后访问时间 2015 年 7 月 17 日。）

活费用的变化，特别是随着物价的变化，如何保证领取社会保险金的劳动者实际所得能够保值和增值。其二，从社会保险基金自身的角度看，是指对于一部分处于暂时闲置状态的结余基金或后备金，采用何种方式使之保值、增值和有效运用。就前者而言，主要是社会保险金待遇标准的调整问题，后者则要求结余基金或后备金必须确保其实际价值，进而使基金获得价值的增加。社会保险基金的管理主要应着眼于后者。

社会保险基金的保值增值运用，不仅关系到社会保险基金自身，而且直接关系到广大劳动者，尤其是已经失去劳动能力的劳动者的生活来源和社会稳定。因此首先必须保证其安全性，尤其是将社会保险基金用于投资时一定要慎重，要经过周密的可行性研究与反复论证，确保其安全。同时，能够获得较高收益是社会保险基金投资的直接目的。在具体投资过程中，要正确处理基金安全与基金收益两者间的关系。

在传统模式中，社会保险基金的保值、增值方式通常有三种：一种是将基金存入银行，或是购买国家及地方政府部门发行的债券。另一种是由社会保障机构将基金直接用于兴办各种实业，如开办矿山、兴办银行或是参股合资。再有一种是将基金存入银行或委托投资公司，委托他们进行投资，所获利润按合同规定共同分享。

在国际上，社会保险基金的保值、增值方式通常有五种：一是购买政府公债或视为政府岁入盈余，充国库之用；二是储存于国家银行或民营银行，由银行选择借款人；三是直接以银行家身份出现，向需要资金的公司贷款或购买有价证券；四是投资于不动产，直接取得经营权，以获得收益；五是对于享受社会保险金待遇的劳动者或其家属提供消费性借贷服务。但不同国家采取的方式也不尽相同，只有根据本国的具体情况进行管理，才能真正确保其保值、增值。我国对社会保险基金管理的改革已取得了一定进展。由于种种原因，我国在基金管理方面曾探索了不同的做法。如对基本养老保险基金，长期采用了由社会保险部门经管，并提取一定比例管理费的做法；对医疗保险基金实行预算内管理，医疗保险机构的管理经费经主管部门审批后，列入财政预算，由财政拨款。

为了加强基本养老保险基金的管理，1998 年年初，经国务院同意，由财政部、劳动部、中国人民银行、国家税务总局发布了《企业职工基本养老保险基金实行收支两条线管理暂行规定》，明确企业职工基本养老保险基金应逐步纳入社会保障预算管理。在国家社会保障预算制度建立以前，先纳入单独的社会保障基金财政专户，实行收支两条线，专项管理，专款专用，任何部门、单位或个人均不得挤占、挪用，也不得用于平衡财政预算。该暂行规定还规定基本养老保险基金要存入国有商业银行，开设三个专用账户，即社会保险经办机构开设的基本养老保险基金收入和支出账户以及财政部门开设的社会保障基金财政专户；基本养老保险基金节余除预留相当于 2 个月的支付费外，应全部购买国家债券和存入专户，不得进行任何其他形式的直接或间接投资；国家对存入社会保险机构收入账户、支出账户的基本养老保险基金，按中国人民银行规定的优惠利率计息。2010年全国人大常委会审议通过的《社会保险法》第 64 条前两款对社会保险基金的管理进行了严格规定。

社会保险基金具体的管理制度有三项：一是业务管理，即审查、登记用人单位和劳动者个人的有关资料，以保证基金的及时征集和拨付。业务管理是实现基金正常运转的基础。二是会计管理。会计管理除具有正常的记账、算账、报账等功能外，要负责对基金征收和拨付的再审查，以保证社会保障基金征收和发放的准确性。三是财务管理。财务管理主要是运用财务手段对基金的收支活动实施全面的监督和检查，保证社会保障基金能够经济安全地运转，并保证基金尽可能大限度地增值。

同时，对社会保险基金的管理还包括审计和监督，主要是监督社会保险基金是否在管理上做到了专款专用，专户存储；审查基金收支能否实现平衡，是否用于平衡当地财政赤字等；是否将基金用于风险投资，以及投资的经济安全性。这几年在基金的管理上出现了严重挤占、挪用基金的问题。有的提取和滥支管理费挥霍浪费，有的对存入财政专户的基金截留利息等。这更说明加强对社会保险基金管理的紧迫性和通过审计监督，防止营私舞弊，贪污挪用以及浪费基金等现象的必要性。2010 年全国人大常委会审议通过的《社会保险法》用 16 个条文专章分别规定"社会保险基金"和"社会保险监督"的原因即在此。

2000 年 2 月 18 日，最高人民法院颁布实施了《关于在审理和执行民事、经济纠纷案件时不得查封、冻结和扣划社会保险基金的通知》，针对少数法院在审理和执行社会保险机构与其他企业、单位的经济纠纷案件时，查封社会保险机构开设的社会保险基金账户，影响了社会保险基金的正常发放，不利于社会的稳定情况，指出：社会保险基金是由社会保险机构代参保人员管理，并最终由参保人员享用的公共基金，不属于社会保险机构所有。社会保险机构对该项基金设立专户管理，专款专用，专项用于保障企业退休职工、失业人员的基本生活需要，属专项资金，不得挪作他用。因此，各地人民法院在审理和执行民事、经济纠纷案件时，不得查封、冻结或扣划社会保险基金；不得用社会保险基金偿还社会保险机构的债务。

2015 年 1 月 15 日，最高人民法院通报了"张恩琪诉天津市人力资源和社会保障局、天津市社会保险基金管理中心行政不作为案"。张恩琪于2013 年 3 月 13 日、10 月 16 日向天津市人力资源和社会保障局，9 月 25日向天津市社会保险基金管理中心邮寄信函，要求履行法定职责，对其社会保险缴费基数偏低和少缴、漏缴问题进行强制征缴。市社保局于 2013年 10 月 26 日收到信函后，认为其所述问题不属于该局职责，属于市社保基金中心职责，遂将信件转至该中心办理。该中心于 2013 年 11 月 29 日向张恩琪出具《关于张恩琪信访反映问题的答复》，主要内容为其已经办理退休手续，退休待遇均由其参保所在区的社保局审批确定，且在审批之前已经本人对缴费基数、缴费年限等事项进行了确认，该中心作为社保经办机构，负责依据区县社保局审批结果及有关政策规定按时足额发放退休待遇。张思琪先是针对市社保局、市社保基金中心分别提起诉讼，因各自答辩不具备相应职责而申请撤诉，后将两单位作为共同被告诉至法院，请求确认市社保局向市社保基金中心转交信件行为违法，撤销市社保基金中心上述答复，判令二被告履行法定职责，对其诉求予以答复。天津市和平区人民法院一审判决：一、市社保基金中心于本判决生效之日起三十日内对原告请求作出处理并将结果书面告知原告，在规定期限内不履行的，从期满之日起按日处 70 元罚款；二、驳回原告其他诉讼请求。一审宣判后，各方当事人均未上诉。本案典型意义在于：人民法院以行政裁判方式明确了行政主体在社保管理方面的相关职责。社会保险待遇涉及千家万户，关乎个人生老病死，无论是社保机关还是经办机构都必须积极履责，方为责任政府应有之义。本案裁判对类似案件的处理具有指导、示范意义。①

四、本书

社会保险基金的管理属于财产管理，信托制度作为现代财产管理制度具有财产保全功能和财产增值两大基本功能，符合社会保险基金管理的核心要求。社会保险基金信托是社会保险基金得以安全、规范管理最为有效的一种制度安排。鉴于社会保险制度是社会保障制度的重点，社会保险基金是社会保障基金的核心，因此本书重点围绕社会保险基金信托法律问题进行研究，但是在分析和研究时会对其他社会保障基金的管理予以一定展开。在对社会保险基金法律性质进行研究的基础上，从我国社会保险基金管理的现状和问题入手，指出我国社会保险基金管理的改革方向——通过

---

① "最高法院首次发布人民法院关于行政不作为十大案例"，http://mp.weixin.qq.com/s?__biz=MzA3MjEwN zYzOQ==&mid=202236379&idx=1&sn=70600c7c9e792ad154b8aa57bea1dc3c&scene=2&from=timeline&isappi nstalled=0#rd。最后访问时间 2015 年 10 月 9 日。

信托进行社会保险基金管理，由此对社会保险基金信托的基本理论、可行性和关键问题等展开了论述，前述即为本文的逻辑顺序。

第一章就社会保险基金管理对象的性质即社会保险基金的法律性质进行研究。社会保险基金的法律性质，决定了社会保险基金的所有权，决定了社会保险基金法律关系中主体的权利、义务和责任以及社会保险基金信托中法律主体对信托财产的权利、义务和责任，影响着信托本金和孳息的归属，对社会保险基金管理制度的设计、社会保险基金的给付条件和给付内容都有着深刻的影响，甚至决定着社会保险基金信托的信托目的以及社会保险基金信托的性质。因此，本文尝试从公法、私法、社会法不同的视角对社会保险基金的法律性质进行讨论并给出见解。

第二章从实践和立法两方面，剖析我国社会保险基金管理存在的乱象与实践困境，包括管理体制上行政化色彩浓厚，政府职责权限划分不清晰，管理成本较高，社会保险基金结余额大但收益率低，监管机制不健全，责任追究机制不全面等一系列弊端与不足导致社会保险基金的安全、保值、增值问题突出。同时，指出我国社会保险基金管理立法中存在立法研究滞后、立法错位、立法缺位、立法碎片化、配套法律缺失、法律保护和法律救济机制不完善等一系列问题。

第三章从法经济学等理论分析社会保险基金管理，并提出以信托模式对社会保险金基金进行管理是较优的路径。本章先从法经济学的角度对社会保险基金信托的基本原理进行阐述，其次阐述社会保险基金的规范理论，并通过分析比较社会保险基金的规范模式，指出我国以信托模式对社会保险基金进行管理是诸多管理模式中较为妥适的路径。

第四章从理论和实践两个方面入手对社会保险基金信托管理模式进行了分析论证。理论上，从信托的一般理论、本质以及功能入手，诠释了信托制度对于社会保险基金管理的重要性和必要性；实践层面则是从我国社会保险基金以及信托制度的实践入手，结合域外社会保险基金信托的经验，论证了社会保险基金信托的可行性。

第五章就社会保险基金信托制度的内涵进行分析，重点对社会保险基金信托制度的核心即"受托人"问题进行研究。本章第一部分就社会保险基金信托的受托人资格，包括准入、考评和退出机制进行了讨论；第二部分重点针对社会保险基金信托受托人的自由裁量权进行了研究，包括赋予受托人自由裁量权的必要性、可行性、自由裁量权的内容及对自由裁量权的法律控制等内容。第三部分就社会保险基金信托受托人的强制性义务进行了研究，包括规定社会保险基金信托受托人强制义务的必要性、主要内容、法律后果以及立法技术等内容。

第六章就社会保险基金信托制度的关键——"监管"问题进行了研究。本章首先从社会保险基金信托中存在的各种风险以及社会保险基金信托的目标与基本原则着手，论证社会保险基金信托监管制度建立的必要性；第二部分，从社会保险基金信托监管模式、监管主体、监管客体、监管内容以及具体法律制度和法律责任等诸方面试图构建社会保险基金信托监管机制；第三部分，指出社会保险基金信托监管结果处理的必要性。社会保险基金信托监管结果的处理是社会保险基金信托监管制度中不可或缺的部分，主要包括对社会保险基金信托的信托财产（即社会保险基金）所遭受损害的法律救济以及对侵害社会保险基金信托正常管理秩序和社会保险基金安全的违法行为的责任追究。对社会保险基金信托监管的结果依法处理，有利于完善社会保险基金信托监管制度，提高监管的威慑力和实现监管目的，最终有利于社会保险基金管理的规范有效运行。

第七章就我国社会保险基金信托之法律架构的构建提出了立法设想和具体的立法建议。第一部分，指出了我国《信托法》、《社会保险法》规范社会保险基金信托的局限性和不足，阐述了我国社会保险基金信托法单独立法的必要性；第二部分，就我国社会保险基金信托立法的基本原则、架构安排进行了构想；第三部分，就我国社会保险基金信托法的主要规则提出了立法设想和立法建议。

　　需要特别说明的是：本书是在彭丽萍博士的获奖论文和专著《社会保障基金信托法律问题研究》基础上形成的，书中对彭丽萍博士的前期研究成果和研究资料多有借鉴与参考，我们对此深表谢意。

　　　　　　　　　　　　　　　　　　　　　　　作者识

　　　　　　　　　　　　　　　　　　　2015 年 7 月 15 日

第一章　社会保险基金的法律性质

　　社会保险基金是社会保障基金的主体，也是社会保险制度的物质基石。这是由社会保险制度在社会保障制度中的功能和地位决定的。社会保险制度起源于 19 世纪 80 年代初期的德国，直接原因是 18—19 世纪的工业革命摧毁了以家庭为生产单位的自然经济，劳动者在社会经济中的地位降低。工业生产中工作风险的增加、社会成员间关系的疏远、人口流动的加剧，普通劳动者在生产活动中及教育、医疗、赡养等面临的风险，依靠仅有的家庭保障和慈善机构已力不从心，社会矛盾的激化使国家干预成为必然，劳动者的困境必须由国家出面予以解决并提供保障。[1] 正如萨缪尔·约翰逊所言："给穷人体面的供给乃是对文明的真正考验。"[2] 随后，越来越多的国家逐渐意识到：社会保障是社会成员所必需的，它是社会成员生存、生活和保持人格尊严必不可少的。"在每个人的一生中都会出现困境，例如生病、失业、事故、老年、死亡、生育多胞胎、生育一个有残疾的孩子、住户困难等。在这种情况下，他迫切需要他的家庭、邻居、救济机构、保险机构或者国家的帮助。而人的尊严和价值要求一个有效的保障。只有在充分的社会保障的基础上——同时有精神自由——人们的人格

---

[1] 黎建飞："社会保险立法的时机、模式与难点"，《中国法学》2009 年第 6 期。

[2] 转引自［英］罗伯特·伊斯特著：《社会保障法》，周长征等译，中国劳动社会保障出版社 2003 年版，第 1 页。

才能得到公平的发展。"①

作为工业化的产物，社会保险制度一产生便呈现出立法强制实施的性质，成为解决工作劳动者养老、工伤、疾病、医疗等诸多问题的有效措施，并在许多工业化国家的社会保障体系中迅即占据了核心地位。② 国家通过立法建立社会保险制度，对劳动者在其生、老、病、死、伤、残、失业以及发生其他生活困难时，给予物质帮助。③ 社会保险作为社会保障制度的重要组成部分，具有社会性、强制性、互济性、补偿性的特点，④ 也是保障风险最多、覆盖人群最大、运用资金最多、影响最大的一项社会保障制度。

"社会保险基金"一词最早出现在德国 1883 年《社会保险法案》，通过雇主与雇员共同缴纳社会保险费的方式构成法定社会保险基金的基本形式。社会保险基金是根据国家有关法律、法规及政策的规定设立的、专款专用的资金，⑤ 是根据国家法律的强制性规定，为保障社会成员在老年、工伤、失业、疾病、生育等社会风险发生时依法获得物质帮助的专项基金。社会保险基金基于社会整体利益，根据不同的保险项目按照强制原则建立起来。在世界上大多数国家，社会保险基金一般是按照不同的保险项目分别建立的，也有许多国家是把相关的保险项目合并起来只建立单一的社会保险基金。我国社会保险基金是按照不同险种的统筹范围分别建立起来的，包括五种：基本养老保险基金、基本医疗保险基金、工伤保险基金、失业保险基金和生育保险基金。

---

① ［德］霍尔斯特·杰格尔著：《社会保险入门——论及社会保障法的其他领域》，刘翠霄译，中国法制出版社 1998 年版，第 1 页。

② 参见郑功成著：《社会保障学——理念、制度、实践与思辨》，商务印书馆 2009 年版，第 16 页。

③ 参见黎建飞著：《劳动与社会保障法教程》，中国人民大学出版社 2010 年版，第 316—317 页。

④ 参见黎建飞主编：《中华人民共和国社会保险法释义》，中国法制出版社 2010 年版，第 1 页。

⑤ 黎建飞主编：《中华人民共和国社会保险法释义》，中国法制出版社 2010 年版，第 308 页。

对于社会保险基金的概念，国内学者阐述与研究较多。然而，对于社会保险基金法律性质的研究却十分薄弱。学界的著作多是围绕社会保险基金的管理模式、管理制度进行分析和论述，而极少有人深入探讨社会保险基金的法律性质。在立法上，我国《社会保险法》虽然明确规定了社会保险基金的类别、统筹层次、管理原则、政府补贴责任、预算制度、信息公开以及用途限制等相关内容，但是并没有对社会保险基金的法律性质作出明确规定。理论上研究的匮乏与立法上的空缺，使得社会保险基金的法律性质被蒙上了面纱。社会保险基金的法律性质是社会保险基金管理制度的本源问题。社会保险基金的法律性质如何，直接决定了社会保险基金的所有权以及社会保险基金中法律主体的权利、义务和责任，并影响着社会保险基金本金的归属和孳息的所有和分配，同时，对于社会保险基金管理制度的设计、法律架构的安排、管理主体的权限、管理方式、给付条件、给付内容，以及对社会保障基金受到侵犯时权责的归属，法律保护的手段等问题都有着深刻的意义。社会保险基金的法律性质如何，还决定了国家、政府在社保基金中的权力来源、权力性质和责任归属，以及政府在社会保险基金管理中的角色定位。只有厘清了社会保险基金的法律性质，才能纠正在社会保险基金管理制度中政府角色的"越位"、"错位"等问题，才能设计出适合的法律架构并对围绕社会保险基金发生的法律关系作出妥当安排，并保护社会保险基金投保人和受益人的权益。鉴于此，实有必要首先对社会保险基金的法律性质予以界定和澄清。

社会保险基金包括社会统筹基金和个人账户基金。个人账户基金的资金来源为个人缴费，属于个人所有，理论界并无争议，因此本文仅着力探讨和研究社会保险基金中统筹基金的法律性质。为了方便，除非特别说明，下文讨论社会保险基金的法律性质时，"社会保险基金"或"社保基金"即指社会保险统筹账户的基金。

第一节　社会保险基金的公法性

一、社会保险基金公法性的来源

（一）生存权与物质帮助权、社会保障权

人类，最初始与禽兽一样，出于恐惧死亡的本能，进行着简单的衣、食、住、行等生存活动；随着人类进化，人的智性增强，为了摆脱自然状态下彼此争斗、互相残害的不利生存境遇，通过社会契约的方式建立了国家和政府，法律也因此出现，以此保全个人生存与社会生存。[①] "生存权的内容，早在人类认识了自体不同于动物的社会价值之后就已经存在了。"[②] 纵观近代资本主义的发展历程，为了解决人的生存问题，资本主义国家从早期任意性的相互扶助制度，即由资本主义自由竞争体制下的富人施舍制度来救济社会上的"不幸之人"，而国家对此不承担责任；发展为国家出面干预，修正绝对契约自由下造成的劳动者不堪重负的生存局面，通过保护劳动者的劳动权为劳动者的生存提供有限的支持；再发展到国家直接插手管理弱者的生存问题，把保障社会弱势群体的生存作为自己的政治义务。[③] 生存权的内容不断被充实，并最终以法律的面貌登上历史的舞台，生存权，第一次作为法的概念被明确提出，是在奥地利著名法学家安东·门格尔的著作《全部劳动权史论》中。安东·门格尔认为，"社会财富的分配应确立一个使得所有人都能获得与其生存条件相适应的基本份额的一般客观标准，'社会成员根据这一标准具有向国家提出比其他具有超

---

① 参见黎建飞、李敏华："民生与社会保障的法哲学分析"，《河南省政法管理干部学院学报》2009 年第 6 期。

② 徐显明："生存权论"，《中国社会科学》1992 年第 5 期。

③ 参见徐显明："生存权论"，《中国社会科学》1992 年第 5 期。

越生存欲望的人优先的，为维持资金生存而必须获得的物和劳动的要求的权利'，这种由个人按照生存标准提出而靠国家提供物质条件保障的权利就是生存权。"① 其后，生存权的概念逐渐得到确立和推广，并掀起了人权理论上的一场历史性的革命。直至德国1919年《魏玛宪法》首次以宪法明文规定的方式对生存权予以保障，明示了生存权是一种靠国家的积极干预来实现"像人那样生存"的权利，这种权利与通过要求国家权力的完全不干预来确保国民自由的自由权，在基本权利的内容上，是完全不同的。② 此后，人权理论开始从以自由权本位向生存权本位转变。自第二次世界大战以来，越来越多的国家在宪法中增加了生存权的内容，并将其作为公民所享有的基本权利。生存权成为人最基本、最首要的人权，也被视为一种国家保障国民基本生存、生活条件的政治义务。由于历史的变迁和时代的不同，生存权的内容在不断发生着变化，各个国家以及学者们对于生存权内涵的解读也不尽相同，从早期的"纲领规定说"③ 到"抽象权利说"④ 再到"具体权利说"⑤，生存权的内涵不断被深入和深化。自国际人权文件如《世界人权宣言》⑥《经济、社会和文化权利国际公约》⑦ 规定了"生活水准权"

---

① 转引自徐显明："生存权论"，《中国社会科学》1992年第5期。

② 参见［日］大须贺明著：《生存权论》，林浩译，法律出版社2001年版，第3页。

③ 参见［日］大须贺明著：《生存权论》，林浩译，法律出版社2001年版，第4页。

④ 参见［日］阿部照哉等编著：《宪法—基本人权篇》，周宗宪译，中国政法大学出版社2006年版，第236页。

⑤ 参见［日］桥本公亘著：《宪法原理》，有斐阁1959年版，第238—239页。［日］大须贺明著：《生存权论》，林浩译，法律出版社2001年版，第117—129页。

⑥《世界人权宣言》第25条第1款规定，人人有权享有为维持他本人和家属的健康和福利所需的生活水准，包括相当的食物、衣着、住房、医疗和必要的社会服务。

⑦《经济、社会和文化权利国际公约》第11条规定了"生活水准权"的部分内容，该公约缔约国承认"人人有权为自己和家庭获得相当的生活水准，包括充足的食物、衣着和住房，并能不断改进生活条件。缔约国承诺将采取适当的措施以保证这些权利的实现，并承认为此而实行基于自愿同意的国际合作的重要性。缔约国承认人人免受饥饿的基本权利及采取必要措施防止出现饥饿现象的国家义务"。

后，生存权被赋予"生活水准权"的国际含义。通常来说，广义的生存权指的是人体面而有尊严地生存的权利，既包括人们有通过劳动来实现生存的权利，包括人们在失去生存能力时得到国家物质帮助的权利，还包括环境、教育、和平等与生存相关的内容。

生存权作为最基本的人权，是享受其他人权的基本前提。要实现人体面而有尊严地生存，离不开财产这一物质基础。尽管劳动是财富的源泉，也是保障生存权得以实现的一种基本手段。但"如果说生存者是通过'劳动—财产—维持'生存的定式完成了生存权的自我实现的话，那么另一种定式'物质请求—国家帮助—维持生存'就是某些特殊主体生存权实现的方式。"[①] 通常来说，多数社会成员往往是通过前一种定式来实现自我生存权的保障，但是另一部分特殊的社会成员——社会弱者，或者遭遇疾病、失业、生育、灾害等社会风险的社会群体，需要从国家获得物质帮助来维持基本生存。"生存权的目的，在于保障国民能过像人那样的生活，以在实际社会生活中确保人的尊严；其主要是保护帮助生活贫困者和社会的经济上的弱者，要求国家有所'作为'的权利。"[②] 我国宪法第 45 条规定了物质帮助权：中华人民共和国公民在年老、疾病或者丧失劳动能力的情况下，有从国家和社会获得物质帮助的权利。国家发展为公民享受这些权利所需要的社会保险、社会救济和医疗卫生事业。物质帮助权成为宪法所确立的公民的一项基本权利，并获得了宪法层面的法律依据。[③] 对公民提供物质帮助，是国家和社会的法定义务；公民从国家获得物质帮助是其依法

---

① 韩德培主编：《人权的理论与实践》，武汉大学出版社 1995 年版，第 388 页。

② 参见［日］大须贺明著：《生存权论》，林浩译，法律出版社 2001 年版，第 16 页。

③ 参见韩大元："基本权利概念在中国的起源与演变"，《中国法学》2009 年第 6 期；及《中华人民共和国宪法》第 45 条第 1 款，"中华人民共和国公民在年老、疾病或者丧失劳动能力的情况下，有从国家和社会获得物质帮助的权利。国家发展为公民享受这些权利所需要的社会保险、社会救济和医疗卫生事业。"

享有的法定权利。

现代化大生产的过程中，风险和灾难随时都可能发生，对于社会弱者来说，社会保障是他们救命的稻草，在他们危难之际伸出援手。因而，社会保障制度对社会成员来说，具有生存的救济预备意义，其保障的是社会成员不至于在风险和灾难面前难以维持生计。从社会保障与弱者的关系来考察，甚至可以这样认为，社会保障权就是社会弱势成员的生存权。通常来说，这种意义上的生存权对于社会强者来说是不需要的，然而社会强者也存在沦为弱者的可能，一旦遭遇不可估计的社会风险，出现生存危机时，社会保障权就成为他原来生存权的自然延伸，失去社会生存能力的社会成员有向国家（政府）提出获得生存必需的物质帮助的权利。然而，在没有具体法律规定的情况下，人们无法直接就宪法的基本权利保障条文提出请求。物质帮助权必须通过具体法律来实现。社会保障权就是物质帮助权在社会保障法中的具体形式，是物质帮助权从宪法权利到具体实体法权利的转化。宪法设定物质帮助权的目的，在于为公民的基本生存和生活提供物质帮助，以保障其生存权，从这一意义上讲，物质帮助权，实质为宪法赋予公民依法享有的公民的公权利。[①] 有学者认为，社会保障权就是物质帮助权，是公民因特定原因不能通过正当途径获得必要的物质生活资料时，有从国家和社会获得生活保障、享受社会福利的一种权利。[②] 我国社会保险法明确规定了国家建立社会保险制度，保障公民在年老、疾病、工伤、失业、生育等情况下依法从国家和社会获得物质帮助的权利。[③] 因此，

[①] 公法研究者一般认为公民的公权利包括公民的选举权、监督权两大类。参见熊文钊主编：《公法原理》，北京大学出版社 2009 年版，第 52 页。但是也有学者认为平等权、自由权、生存权、受益权（指人民要求国家行使其统治权而为特定行为，借以享受特定利益之权利。有审判请求权、行政请愿与诉愿权、教育上的受益权、经济上的受益权、参政权）也属于公权利的内容。参见梁宇贤著：《法学绪论》，自行出版 2006 年版，第 129—133 页。

[②] 参见殷啸虎著：《宪法学要义》，北京大学出版社 2005 年版，第 237 页。

[③] 参见《社会保险法》第 2 条。

物质帮助权和社会保障权之间，是抽象和具体的关系，其本质上是同一权利，但不同的是，物质帮助权是宪法层面上的抽象权利，社会保障权是物质帮助权在社会保障法中权利由抽象到具体的转化。社会保障权，突出体现了物质帮助权这一基本权利的客观属性，更多关注社会整体利益。

（二）社会保障权的实现与社会保障基金的形成

1. 公权力的介入与社会保障制度的建立

社会成员在人生旅途中的"短视"使之不易为未来做充足的准备，同时，现实生活的紧张与压抑也会迫使社会成员倾力对付日常生活的"开门七件事"，无暇甚至无力"深谋远虑"。事实上，也只有当人们"今朝有酒今朝醉"后，才有可能"明日有事今日忧"。这也正是马克思所发现的人类历史的发展规律：人们首先必须吃、喝、住、穿，然后才能从事政治、科学、艺术、宗教等。[①] 这就需要国家以公权力的方式建立统一和公平的社会保障制度。社会保障制度，相互对应的权利义务遍及政治、经济、金融、家庭、政府、企业领域和众多社会成员，只有具有国家强制性的法制手段才能进行有效地调整。社会保障的国家责任具体表现为政府采取积极措施推动统一、公平的社会保障制度的建立。社会保障制度实际上就是一种国家强制性的权利和利益分配机制。在现代社会，把个人的安全建立在邻里和家庭的帮助之上是不行的，也根本不足以抵御社会变动的冲击，只有国家以公权力的方式介入形成社会保险制度才能为人们提供持久和可靠的保障，减缓巨大的社会变动给人们带来的社会风险和冲击。

养老保险是全体社会成员的老年生活的基本需求，具有长期储蓄和延期支付的特征，其周期性长和风险性大的特点要求真实的信息交流管理和强制性的信用责任。就社会成员个人而言，年轻时的短视使之不愿为老年

---

① 黎建飞："社会保险立法的时机、模式与难点"，《中国法学》2009 年第 6 期。

时作出应有的储蓄，当其年老时就只能依靠他人和社会。但如果国家不强制其社会成员参加养老保险，则最后的结果便只能是谁也无所依靠。加之失业和贫困的存在，社会中必然有一部分人缺乏进行养老储蓄的可能。金融机构在经营中的风险和保险公司在市场竞争中成败的不确定性，作为个人的社会成员对于自己储蓄回报的不可控制，对于投入商业保险预期的不能确定都要求国家依法建立社会养老保险制度。这也是世界上 166 个国家中 90% 即 160 个以上的国家实施强制性养老保险的理由所在。在医疗保险中，由于疾病是人们最不能确定的社会风险之一，医疗服务具有治病救人和追求利润的双重功能，医疗服务专业性强，管理成本高，医务人员和求治病人信息不对称，医疗费用的急剧增长已为全社会所难以承受，以法律的强制手段来建立社会保险基金并规范医疗风险的必要性就显而易见了。同时，法律调整社会关系的公平性特征也与医疗服务的社会公平需求相吻合。社会成员的健康状况会对其经济收入、生活质量和社会地位产生直接的影响，低工资收入者在疾病中极易落入贫困而难以自救，医疗保险立法通过基本的健康服务项目，向他们提供基本的医疗服务，有助于帮助他们克服疾病风险，维持稳定的生活方式。工伤保险进行社会立法的必要性就更为明显。工伤保险是对职业伤害的受害者及其家庭的经济损失、劳动能力损失和生命损失提供的保障。工伤事故发生后，用人单位和劳动者常常在认定及责任上都有重大的分歧，一些企业甚至会在重大事故后无力承担责任进而破产，即便支付一次性赔偿金对于永久丧失劳动能力的劳动者在养老、养残和遗属抚养与赡养上的需求也难以给予有效保障。工伤保险立法规定由用人单位缴费建立统一的统筹基金、统一的支付条件和支付标准，从而有效地解决受到伤害的劳动者在赔偿、救治与生活条件方面存在的困难。①

---

① 参见黎建飞："社会保险立法的时机、模式与难点"，《中国法学》2009 年第 6 期。

2. 财产权的限制与社会保险基金的形成

社会保障基金一般有五个主要来源：一是由参保人所在用人单位按其工资总数的一定比例支付；二是由参保人按照自己工资的一定比例缴纳；三是政府财政拨款，绝大多数国家的政府都对社会保险基金承担责任，只是方式不同，有的是通过财政预算直接支付，有的是弥补缺口；四是社会保险基金所产生的法定孳息及投资收益等；五是社会捐赠。在我国还有以国有资产存量变现的方式来补充社会保障基金。① 我国的社会保障基金具体划分为全国社会保障基金、社会保险基金、社会优抚基金、社会福利基金、社会救济基金。其中社会救济基金、社会福利基金和社会优抚基金，资金来源主要来自政府财政拨款（另外还有社会捐助以及经国务院批准的其他方式筹集的资金等），不需要用人单位、个人纳税或缴费。这些基金的基金规模、资金的适用范围和国家政策直接挂钩，并且资金的来源、管理或者使用由政府直接决定，资金适用对象和用途具有特定性，与社会保险基金存在着一定的差异。②

社会保险基金是社会保障基金的核心和主体，其最主要的来源是用人单位和劳动者缴纳的社会保险费。从本质上来说，无论是用人单位的缴费还是劳动者个人的缴费，实质上都是劳动者劳动创造的价值的一部分，属于公民的私有财产。用人单位和劳动者缴纳社会保险费的义务，来自法律的强制性规定，也是国家对公民私有财产进行限制的一种体现。公民的私

---

① 参见黎建飞主编：《中华人民共和国社会保险法释义》，中国法制出版社 2010 年版，第 328 页；参见袁彦鹏主编：《劳动和社会保障法律制度》，中国劳动社会保障出版社 2008 年版，第 296 页。

② 参见《中华人民共和国社会保险法》第 8 章第 71 条，第 71 条就"全国社会保障基金"规定如下，"国家设立全国社会保障基金，由中央财政预算拨款以及国务院批准的其他方式筹集的资金构成，用于社会保障支出的补充、调剂。全国社会保障基金由全国社会保障基金管理运营机构负责管理运营，在保证安全的前提下实现保值增值。"此外，《全国社会保障基金投资管理暂行办法》第 2 条规定，全国社会保障基金特指全国社会保障基金理事会管理下的社会保障基金，由国有股减持划入的资金和股权资产、中央财政拨入资金和经国务院批准以其他方式筹集的资金及其投资收益构成。

有财产神圣不可侵犯，我国宪法明确规定了公民的合法的私有财产不受侵犯。但是，宪法对于私有财产的保护并不是绝对的。随着现代社会的发展，个人本位逐渐让位于社会本位，国家开始强调个人的社会义务，对私有财产的限制也逐渐增强。"所有权已不再是个人的主体权利，而趋向于成为动产及不动产持有者的社会职能，所有权对所有社会财富持有者来说包含了利用所有者增加社会财富的义务和由此引出的社会相互依存。"① 因此，若基于社会公共利益的需要，国家可以依法对公民的私产进行必要的限制甚至剥夺。社会保障法律制度中对公民财产权的限制，体现在社会保险基金的筹集即社会保险费的征缴上。社会保险费的征缴具有法律强制性，体现出国家以公权力介入公民的私有财产领域，强制要求公民"用今天的钱来为明天埋单"。其理由在于，如果不对公民的财产权予以一定限制以征缴社会保险费，仅仅依靠政府的财政，很难支撑庞大的社会保险开支，公民的社会保障权难以得到有效的实现。对公民私有财产作出的一定限制，是为了公民社会保障权利的实现，进一步说是为了整个社会的公共福利。可以说，这种财产权的限制，体现了个人利益与公共利益的冲突，事实上是国家在个人利益与社会利益之间的权衡取舍。

二、社会保险基金公法性的体现

国家建立社会保险基金，以社会保险形式进行国民收入的再分配，使公民中的特殊人群和弱势群体的基本生活得到保障。社会保险基金在形成、管理等各个环节都带有明显的公权化色彩，② 主要体现在以下几方面：

---

① ［法］莱昂·狄骥著：《宪法学教程》，王文利等译，辽海出版社、春风文艺出版社 1999 年版，第 238 页。

② 公权是存在于国家或公共团体（处于准私人的地位者除外）和个人之间的权利，而私权则为存在于私人相互间的权利。参见［日］美浓部达吉著：《公法与私法》，黄冯明译，中国政法大学出版社 2003 年版，第 158 页。

（一）社会保险费的征缴体现国家强制性

社会保险费是社会保险制度的血液，社会保险费的征缴关系到社会保险制度的生死存亡。社会保险费用的征收与缴纳成为立法认可的行为，可以对社会成员的相关行为进行有效的调整。根据我国《社会保险法》的规定，缴纳社会保险费是用人单位和劳动者必须遵守的法定义务，而不是基于私法上的意思自治。社会保险费的缴存时间、缴费比例都不取决于单位或个人的个人意志，而是根据法律的强制性规范。法律体现的是国家意志，得到国家强制力的保证，与法律相伴随的是对违法者的制裁。我国《社会保险法》还强化了用人单位和劳动者缴纳职工保险费的义务，规定了对用人单位不缴纳可以采取的强制措施。社会保险费征收机构可以向银行和其他金融机构查询其存款账户，并向有关行政部门申请划拨。对于未提供担保的，还可以申请人民法院采取扣押、查封、拍卖措施，抵缴社会保险费。这一法律后果体现了明显的违反公法义务后果的特点。①

（二）社会保险费的筹集由政府授权或指定机构负责

由于社会保险具有广泛的社会性，社会保险的权利由社会成员共同、平等地享有，并且随着社会经济条件的发展逐步扩展待遇和项目。所以，对于涉及社会成员基本保障权益的项目，立法规定了强制性规范，明确了国家（各级政府）、社会、企业、个人以及其他各方必须履行的义务，无论各方意愿如何，均必须依据法律的规定遵照执行。根据我国《社会保险法》规定，国家（政府）是社会保险法律关系，尤其是社会保险基金形成

---

① 对于公法上的违反义务，权力者的国家或公共团体得以自己的强制力去强制制裁；反之，在私法上的违反义务，权力者就没有这种强制力，只有依请求国家保护的手段才能对违反义务者以强制制裁。这就是公法和私法在违反义务上的差异。参见［日］美浓部达吉著：《公法与私法》，黄冯明译，中国政法大学出版社2003年版，第117页。

中不可或缺的法律主体。在社会保险基金的筹集过程中，社会保险费的筹集由代表着国家（政府）公权力的社会保障职能机构负责。例如，关于社会保险费的征缴，我国《社会保险法》就明确规定："县级以上人民政府加强社会保险费的征收工作。"①

（三）国家对社会保险基金承担经济支持责任

在社会保障制度建立较早且较发达的国家都规定了国家对社会保险基金提供经济支持的责任。我国同样规定了国家对社会保险基金承担的经济支持，主要表现为提供经费支持、政府财政补贴和税收优惠政策。②此外，我国就国有企事业单位的基本养老保险、新型农村社会养老保险以及城镇居民基本医疗保险规定了政府的经济责任。③国家在社会保险基金中"出资者"的角色更多地体现出公法的色彩。

（四）国家是社会保险基金的管理者

实行国家监督，是国家责任在社会保障制度中的体现，国家应该承担社会保险制度实施中的监管责任。我国社会保险基金的管理主体是国家。国家在社会保险基金管理中的角色，具有多面性，不仅包括社会保险基金的筹集、管理和给付，还包括制定社会保险基金管理的法律，并负责对社

---

① 参见《中华人民共和国社会保险法》第 7 章第 59 条。

② 我国《社会保险法》第 5 条、第 13 条、第 20 条、第 25 条、第 65 条对国家的前述经济支持责任予以了综合性或单项性的规定。综合性的规定主要有：（1）国家多渠道筹集社保资金，县级以上政府对社保事业给予必要的经费支持；（2）国家通过税收优惠政策支持社保事业；（3）县级以上人民政府在社会保险基金出现支付不足时，给予补贴。

③ 具体包括：（1）国有企事业单位职工参加基本养老保险前，视同缴费年限期间应当缴纳的基本养老保险费由政府承担；（2）新型农村社会养老保险实行个人缴费、集体补助和政府补贴相结合；（3）城镇居民基本医疗保险实行个人缴费和政府补贴相结合。参见《中华人民共和国社会保险法》第 13 条、第 20 条、第 25 条。

会保险基金的管理运营进行监督。这种管理模式体现出强烈的公权化色彩。国家对社会保险基金实行严格的监管，立法明确了各级政府及其劳动行政部门、财政部门、审计机关在社会保险基金监管方面的职责。这些职责的行使，表现出政府对于社会保险制度实施的监督。政府监管部门根据社会保险法、社会保险基金管理的相关规定，对社会保险基金的筹集、投资运营和给付实施监管，以实现国家社会保险制度的立法目的，并有效保障社会保险制度的正常运行。

三、社会保险基金公法性质的再审视

（一）公权介入对社会保险基金性质的影响

社会保障制度的建立，离不开国家公权力的积极介入或干预。可以说，公权力的介入是国家在社会保障制度中承担责任或义务的一种体现。社会保障的国家责任具体表现为政府采取积极措施建立并完善社会保险制度，为社会保险提供制度供给、财政给付、监督管理等多方面的支持，确保社会保险事业的可持续发展，从而公平、公正地实现公民的社会保险权。社会保险基金，作为社会保障制度的物质基础，是通过国家公权力的介入，强制社会成员参加社会保险，缴纳社会保险费而形成的，尽管其形式上似乎是国家动用公权力强制对公民的私人收入予以限制，但实质上是国家在社会保险基金中的国家义务、政府责任的承担。国家通过社会保险的形式对国民收入进行再分配，使公民中的特殊群体和弱势群体的基本生活得到保障。对于社会保险对象中的边缘群体，政府从社会公共利益出发，对他们的利益诉求和权利保护给予特殊的关注并承担特别的责任。美国 1935 年《社会保障法》明确规定了政府在社会保障基金制度中"财政责任"和"行政责任"的角色。英国 1942 年的《贝弗里奇报告》中也描述了政府统一管理社会保险基金的责任和能力。[①] 我国《社会保险法》同样明确了社会保险制度中政府的职能和责任，构建了以政府补助保险费、社会保险基金先行支付、政府组织实施和进行监管的国家责任体系。社会保险基金，从筹集到投资、管理、给付，再到监管，无论哪个环节都充斥着公权力的身影，体现出国家以"有形的手"积极干预。但是，这是否就意味着社会保险基金是属于国家的财产？这是审视社会保险基金法律性质要考虑的问题。

（二）"征缴"对社会保险基金法律性质的影响

在《社会保险费征缴暂行条例》出台之前，社会保险费的征缴工作中经常使用"征收"这个词，自国务院 1999 年颁布《社会保险费征缴暂行条例》之后，统一规范为"征缴"这一用语。我国 2010 年《社会保险法》关于社会保险费的筹集继续沿用了"征缴"这个词语。何谓"征缴"？从《社会保险费征缴暂行条例》与《社会保险法》规定的具体条文中不难看出，"征缴"实际上包含了征收、缴纳的含义。社会保险基金由社会保险费征收机构依法征收社会保险费，用人单位及个人依法按时足额缴纳社会保险费。那么，社会保险法上的"征收"与宪法上的"征收"能否等量齐观？"征缴"是否对社会保险基金的法律性质有决定性的影响？

我国宪法上规定了两种情形的征收，一是对土地实行征收或者征用并给予补偿；二是对公民的私有财产实行征收或征用并给予补偿。[②] 两种"征收"实施的前提条件都是国家出于公共利益的需要；两种"征收"在实施

---

① 参见劳动和社会保障部社会保险研究所组织翻译：《贝弗里奇报告——社会保险和相关服务》，中国劳动社会保障出版社 2004 年版，第 22 页。

② 参见《中华人民共和国宪法》第 10 条第 3 款的规定，"国家为了公共利益的需要，可以依照法律规定对土地实行征收或者征用并给予补偿。"以及第 13 条第 3 款的规定，"国家为了公共利益的需要，可以依照法律规定对公民的私有财产实行征收或者征用并给予补偿。"

之后都要给予补偿。社会保险基金的形成，的确是出于公共利益的需要，对公民的私有财产实行征收，看似符合宪法规定"征收"的前提条件，然而，与"征收"相对应的"补偿"体现在哪里？可否把政府对社会保险的补贴责任视为一种补偿？根据我国《社会保险法》的规定，政府补贴是在社会保险基金支付不足时进行的。① 这就意味着，在社会保险基金足够的情况下，政府并不会为"征收"行为而额外买单，这种补贴并不具备必然性。因此，把"补贴"视为"补偿"的观点在宪法层面上是缺乏依据的。可见，社会保险费的征收，并不等同于我国宪法上的"征收"。

有学者认为，社会保险费的征收，是一种财产所有权的单向转移，国家或政府不会对养老金的缴纳者进行对价支付或补偿，理由就是这种基金的筹集凭借的是国家的公共权力，而不是产权。② 这种观点将社会保险费的征收视为行政征收行为。在行政法学界，一般将行政征收界定为：行政主体根据公共利益的需要，依据法律、法规的规定，以强制方式无偿取得行政相对人财产所有权的一种具体行政行为。它主要包括行政征税和行政收费这两种形式。行政征收是无偿性的。③ 行政征税和行政收费，属于公民间平等的公平牺牲，因而不需要补偿。而宪法意义上的"征收"是针对个别公民的财产权利的剥夺与限制，是一种公民间不平等的特别牺牲，因而应该得到国家的补偿。④ 可见，行政法上"征收"的概念与宪法上"征收"的概念内涵又有所不同。那么，社会保险基金的"征缴"是否属于行政征收？从形式上看，社会保险费的"征缴"的确是国家出于社会公共利益的

① 参见我国《社会保险法》第 65 条的规定，"县级以上人民政府在社会保险基金出现支付不足时，给予补贴"。

② 参见张新民著：《养老金法律制度研究》，人民出版社 2007 年版，第 225—226 页。注：张新民所指"公共养老金"即"基本养老保险基金"。

③ 参见石佑启："征收征用与私有财产保护"，《法商研究》2004 年第 3 期。

④ 参见吴建华、赖超超："私产在征收征用中的公法保障机制研究"，《中国法学》2004 年第 6 期。

需要，强制对公民的私有财产进行一定限制，且具有无偿性，不需要做出相应的补偿。但是其内涵与行政征收截然不同。首先，目的不同。尽管从宏观上来看，社会保险费的征缴与行政征收，都是出于公益。但是，实际上行政征收是国家为了完成其职能维护其统治而取得所需的物质资产，其根本目的在于保证国家财政开支的需要。而社会保险费的征缴，是国家为了确保公民在年老、疾病、工伤、失业、生育等情况下能够从国家和社会获得物质帮助，其旨在为公民的基本生存和社会风险提供一种保障，具有预备意义。因此，社会保险基金又被通俗地称为老百姓的"保命钱"。其次，用途不同。行政征收所得的资金依法用于国家的建设，调节并促进国民经济的发展。而社会保险费征缴所形成的社会保险基金，依法用于支付公民在遭遇年老、疾病、失业、工伤、生育等社会风险时所应享受的保险待遇，不得违规投资运营，不得用于平衡其他政府预算，不得用于兴建、改建办公场所和支付人员经费、运行费用、管理费用，或者违反法律、行政法规规定挪作其他用途。最后，性质有所不同。行政征收，是一种对公民财产所有权的剥夺，即通过国家强制力将公民的私有财产转变为国家所有，国家无偿取得行政相对人的财产所有权，并将这些资金作为维持国家机器运营的物质基础，相对人不再享有请求获得该财产的权利。但社会保险费的征缴，只是对公民财产所有权的一种限制而并非剥夺，国家并不因此而获得社会保险基金的所有权。当社会成员在年老、生育或遭遇失业、工伤、疾病等社会风险时，可以主张从社会保险基金中获得相应的保险金以保障其生存。

可见，社会保险费的"征缴"，只是因其强制性的特点而赋予了社会保险基金公权化的色彩，并不能就此认定社会保险基金的形成是一种财产权的单向转移。

（三）社会保险基金权属的再思考

1. 社会保险基金是国家私产还是国家公产？

对国家所有的资产进行公产与私产的划分早在罗马法上已有所体现。早期罗马法将所有权归属于国家之物都统一称为公有物。但随后在实践中逐渐认识到，公有物的功能与作用并不完全相同，于是又根据其作用的不同对公有物进一步划分为公产与私产。譬如奥古斯都时，将国家的土地分成两部分：一部分（公产）由元老院管理，一部分则为帝皇的私产，帝皇有权将私产卖给私人。在近代，法国是最早区分公、私产并建立起独立的公产制度的大陆法系国家。1833 年，法国法学家 V. 普鲁东首次在其著作《公产论》中对公产理论进行了较为系统的阐述，并区分了公产与私产的区别——政治共同体的财产中有一些是公共的财产，供一般公众使用，在它们的用途没有改变之前不能转让，也不能作为取得时效的标的。它们区别于政治共同体的另一部分财产——私产；私产，是属于共同体所有的，正如私人的财产属于私人一样，是生产性的可以用以谋取利益的财产。①其后法国对公产与私产的区分标准便沿着使用目的的方向在理论上发展，继而逐步建立起独立的公产制度并不断加以完善。通过将国家财产区分为公共领域中的财产和民事领域中的财产，并给予不同的法律地位并由不同的法律规范来调整，从而保证为公共利益服务的财产能真正地造福人民，促进公民的福祉，而不会逃避为公共利益服务的目的"遁入私法"，这正是公产制度的立法旨意。根据法国行政法，公产又分为公务公产和公用公产。公务公产，是直接供行政机关用以执行其任务，并由行政人员自行利用之财产。公用公产，则是指以维持、增进公共福利为目的，而由行政主体提供给一般公众，在既定的使用目的范围内进行使用的财产。

---

① 参见王名扬著：《法国行政法》，中国政法大学出版社 2003 年版，第 303 页。

　　与法国法以"财产"为核心建立起的公产制度不同，德国法以"物"为范畴创设出公物（öffentliche Sachen）的概念。德国法学界通说认为，公物是基于特定的法律基础，由物之所有人贡献出来用于完成公共任务的物。[①]对于公物，德国法上主要关注其对于大众福祉的贡献以及对行政主体自身需要的满足，而"物"的权属问题并不是关注的重点，因而并没有专门的国家所有权或者公共所有权的概念。在德国法上，公物乃公法人[②]的财产，原则上适用民法的规定；但是，公物一旦被设定为公用，即产生公法上的法律关系。[③]德国法学界普遍认为，尽管公法法人基于公法行为而产生，旨在完成公共任务，并以动用国家强制手段为特征，但在参与民事法律关系时，其地位与民事主体无异。[④]可见，在德国法上，公物与私法上的"物"相比，并不具有特殊地位，只是为了确保公物的利用而设定了公法上的限制而已。公物，是供公共使用，并处于国家或其他行政主体所得支配之物；实质上是国家以强制力（法律、法规或者公共机构章程，有时也可以通过抽象行政行为）在私物上成立一种"公法之役权"[⑤]的权利负担，并限定其公共用途。公物并不以国家或行政机关所有为必要条件，只要是基于公共行政目的，在事实上由行政主体支配管理即可，而不论其所有权的归属。公物这种一方面仍为私财产法规范客体，一方面又为公法上秩序需要而受其支配、限制的特性，被德国学者称为公物的二重结构（dualistiche Konstruktion）特性。德国的公物理论在日本与我国台湾地区得到继承与发扬，均采用了"公物"这一法律概念，强调公物的公

---

① Franz-Josef Peine: Allgemeine Verwaltungsrecht: mit höchstrichterlichen Entscheidungen auf CD-ROM, 9. Auflage, C. F. Müller, VerlagsgruppeHüthig Jehle Rehm GmbH, Heidelberg, München, Landsberg, Berlin, 2008.

② 从德国《民法典》第 89 条规定公法人来看，公法人在德国法上是个民法概念。

③ ［德］平特纳著：《德国普通行政法》，朱林译，中国政法大学出版社 1999 年版，第 169 页。

④ Karl Larenz, Manfred Wolf: Allgemeiner Teil des Bürgerlichen Rechts, 8. Auflage, C. H．Beck'sche Verlagsbuchhandlung, München 1997, S. 167ff．

⑤ 参见陈敏：《行政法总论》，台湾三民书局 1998 年版，第 843 页。

用性。

法国法上的"公产"与德国法上的"公物"，尽管存在一定差异，但都以强调公用目的、提供公共使用作为前提。

在英美法系中，由于没有明确的公、私法之分，因而也没有明确的公产、私产的概念，但这并不代表英美法系国家就没有公产的存在。在美国，理论上就有 public domain 的概念，其含义包括广义上的全部公有或者国有财产。在实践中，基于美国宪法人权保护的基本原则的要求，从罗斯福新政起，就开始大量修建公共基础设施，并加大涉及社会给付的公共事业的发展。同时，相关的公民救助、公共医疗等社会保障制度也都相继得以建立并完善。在英国，公产制度以公共信托理论为基础。在公私法一体化的格局下，英国的公产制度也要受到财产法的调整，只是在对其使用的规则上与一般的私产有所不同。

我国尚未建立公物这样的法律概念，在实体法上以所有权为中心将财产划分为国有财产、集体财产和私有财产。但这种笼统的划分显然已无法适应现时代的发展变化。根据上述理论，我们认为，社会保险基金，其目的是促进公共福祉，其形成来源于国家强制手段，其使用范围限于为社会成员提供保障，因而更符合"公产"或"公物"的概念。

2. 社会保险基金属于国家所有抑或只是国家受托代持而占有？

如前文所提出的问题，社会保险基金具有公法上的特点，是否意味着社会保险基金就属于国家所有呢？首先，从社会保险基金的来源来看，用人单位的缴费是最主要最稳定的来源，国家征缴社会保险费，是国家以强制手段对社会成员财产权的一种限制，要求公民"用今天的钱为自己的明天买单"，并非对公民财产权进行剥夺而变为国家所有。尽管国家在社会保险基金中承担"最后出资人"的角色，但其只是源于"主权代表者的职责"。主权者的职责取决于公民赋予主权时所要达到的目的，即保障社会成员的基本生存。国家在社会保险基金中承担的补贴责任，不对社会保险基金所有权的归属产生决定性影响。其次，从社会保险基金的使用目的来看，社会保险基金是为了公共利益和社会福祉，是为社会成员生存必需所提供的最后一道屏障，属于公产而不是私产，是公用公产而不是公务公产。从社会保险基金的给付范围来看，并不是所有社会成员均有权主张享有统筹账户基金待遇的资格，只有那些依法被纳入社会保险制度，参加社会基本保险，并依法符合享受保险待遇的退休人员及参保人员，才有权现时或在将来获得统筹账户基金的支付请求权。社会保险基金对于符合领取条件的主体以外的其他民事法律主体，具有排他性。尽管社会保险基金由国家占有，但不代表归国家所有，而只是由国家代为持有，并在社会保险基金中扮演公共管理者的角色。因此，我们认为，社会保险基金并非国家所有，只是参与社会保险的社会成员基于社会风险的分担和对社会保险待遇未来给付的需求，委托国家信托持有的结果。

第二节　社会保险基金的私法性

社会保险基金以货币的形式存在，并内涵财产权。尽管社会保险基金因国家强制干预而体现出浓厚的公权化色彩，但从其形成的过程以及形成的法律关系来看，又呈现出私法上的属性。具体来说，主要表现为"准物权性"与"准债权性"两方面。

一、社会保险基金的准物权性

（一）物权变动与社会保险基金之形成

1. 社会保险基金属于民法上之"物"

我国《物权法》并未明确对"物"进行直接定义，仅将物分为动产和不动产。在民法学界，通说认为，凡是存在于人身之外，能够满足人们一定的社会需要而又能为人所控制和支配的自然物及人类创造物，都能成为民法上的物。货币属于民法上之"物"且为特殊种类物。社会保险费在形式上表现为货币，投保人依法缴纳社会保险费交付转移货币的占有后，形成社会保险基金。社会保险基金来源于社会保险费，其本质上为货币。[①]无论是社会保险费还是形成后尚未进行投资运作的社会保险基金，[②]本质上均为货币，当然属于民法上"物"的范畴。

2. 社会保险基金的形成是一种"物权变动"

物权变动，是指物权的设立、变更、转让和消灭。社会保险基金的来源是以货币作为存在形式，而货币是一种动产。在物权法上，物权的变动以动产的交付为必要条件。从社会保险费的缴纳到社会保险基金的形成，发生了货币的交付移转占有，物权的变动随之发生。[③]尽管货币是一种动产，但极具特殊性因而有别于其他动产。首先，货币是具有高度代替性的种类物。货币本身不具有个性，它所表现的价值是以其表面所示货币单位金额来计算的，等值之货币可以毫无障碍地互换。其次，货币是具有典型消费性的物。货币作为交换和流通的媒介，以时时易主为常态。货币以交换价值为使用价值，一经使用即归他人，原所有人不得再行使用。我国民法学界通说认为，货币的特殊性质决定了货币的所有权与占有须臾不可分离。"凡占有货币者，不分合法、非法，均取得货币所有权；凡丧失对货

---

① 中国政法大学刘少军教授在财产的基本类型理论中，提出了原生财产与衍生财产的划分，并以财产价值基础的不同，将原生财产分为：物质财产、知识财产和货币财产，与之相对应的分别是物权、知识产权和货币财产权。参见刘少军、王一轲著：《货币财产（权）论》，中国政法大学出版社2009年版，第26页。笔者认为货币依旧是物，至于物权和财产权只是两大法系的用语不同，所以货币财产权本质上还是物权。但是刘少军教授的这一观点，笔者认为，恰好说明了货币财产权的存在和重要性。

② 社会保险基金投资运营后，因投资交易等可能会发生形态的转变。因此这里仅强调形成后尚未投资运作的社会保险基金。

③ 参见王利明主编：《民法》（第四版），中国人民大学出版社2008年版，第198页。

币的占有，不论是否自愿，均丧失货币所有权……对于货币，不适用《物权法》第 34 条关于原物返还请求权的规定、第 245 条关于占有回复请求权的规定；丧失货币所有权的人，只能根据合同关系、不当得利制度或侵权行为制度获得救济。此外，货币亦不发生善意取得问题。《物权法》对此虽无明文规定，亦应作同一解释。"[①] 但货币"占有即所有"的原则并非无一例外。在一些特殊情况下，货币与占有可以同时成立；[②] 对于某些特定账户的资金，并不适用"占有即所有"原则。如依照我国《信托法》及最高人民法院的司法解释，某些专用资金账户中的钱款，其所有权不属于占有该资金的银行等受托人，最为典型的就是信托资金账户中的钱款。[③] 在信托法律关系中，所有权人将其所有的货币从实物性财产利益转化为价值性财产利益，并通过特定账户予以特定，从而否定货币所有权移转的法律关系。我们认为，社会保险基金是社会成员基于社会风险的分担和对社会保险待遇未来给付的需求，通过社会保险的形式，缴纳社会保险费并委托国家信托持有的结果。社会成员基于对国家公权力的信赖和社会契约，为了得到一种"保障"——即在出现社会风险及符合法定情形时可以获得相应的保险待遇，通过"缴纳"社会保险费这一行为，实现动产的交付，并由国家占有从而引起了物权的变动。

3."物权变动"导致社会保险关系的成立

社会保险基金形成继而引起的物权变动不是根据民事合同，而是源于法律的强制性规定。而物权变动的结果也是法定的且不可逆转的。基于社会保险费缴纳的强制性，社会保险费一经缴纳，缴纳义务人无权要求退还，且如不依法按期并足额缴纳还将承担一定的法律后果。社会保险法律

---

① 梁慧星著:《民法总论》，法律出版社 2011 年版，第 156—157 页。

② 参见王利明:"货币所有权"，载《物权法研究》，王利明著，中国人民大学出版社 2002 年版，第 37—40 页。

③ 参见周显志、张健:"论货币所有权"，《河北法学》2005 年第 9 期；其木提:"货币所有权归属及其流转规则——对'占有即所有'原则的质疑"，《法学》2009 年第 11 期。

关系的产生，始自参保人缴纳社会保险费，交付货币给法律指定的"接受者"①。可见，社会保险法律关系的产生是基于物权变动即社会保险费的缴纳并进而形成社会保险基金。依法缴纳社会保险费，完成货币移转交付，形成社会保险基金，从而在法律规定的条件发生时享受社会保险待遇，是社会保险费的形式客体"货币"这一特种物进行物权变动所追求的法律上的效果。这种法律效果虽然不是纯粹意义物权法上的效果，但是却因为物权的变动导致了社会保险关系的产生。基于国家干预和国家政策指导下的法律的限制，这种"物权变动"在形成社会保险基金的同时，社会保险法律关系也因具备缴费完成这一要件而得以成立，从而社会保险的被保险人取得了依法享受社会保险待遇的权利，即保险待遇给付请求权。

可见，社会保险基金的形成与"物权的变动"有着密不可分的关系。一方面，社会保险基金的形成引起了物权的变动，是物权变动发生的原因。另一方面，这种物权的变动导致了社会保险关系的产生。社会保险关系的形成是物权变动的结果。

（二）公权介入对社会保险基金"物权性"的影响

国家公权力介入，是国家为了维护社会秩序和公共利益，通过公权强行改变私权主体权益结构并对私权进行渗透，从而实现社会的公平正义的手段。建立统一、公平的社会保险制度离不开国家公权力的干预和介入。我国《宪法》与《社会保险法》中都明确规定了国家在社会保障制度中的责任，凸显了国家在社会保险制度中的主体和主导地位。当然，政府主导并不意味着政府包办，也不意味着政府在社会保障领域中的各个环节中介入的程度都一样。我国社会保险的国家责任具体表现为政府通过公权力的

_____

① 这里之所以称其为"接受者"，是因为接受者可能为社会保险基金的实际管理人，也可能只是某种意义上的受托人或被信赖人或是政府的代理人。

介入，为社会保险提供制度供给、财政支持、监督管理等多方面的支持，保障社会保险事业的可持续发展。

对于社会保险制度的基石——社会保险基金，从其资金来源来看，尽管主要来源于用人单位和劳动者的缴纳，但是国家仍对其承担补充责任，以确保公民的社会保险权利能够得以充分实现，其资金来源体现出"公、私"融合的特点。同时，社会保险基金的缴费比例、出资主体，除了受一国社会经济发展的影响外，社会政策、公权力的介入都会对其产生巨大的影响。公权的介入与国家的干预，使得"社会保险费缴纳"这一货币的转移交付的性质和法律后果都有别于纯粹的私法上的意义。从社会保险基金的形成来看，征缴社会保险费引起了物权变动，物权变动带来了法律上的效果。但需要注意的是，这一法律效果并不是纯粹物权法意义上的。发生"物权变动"的原因是基于公权介入即国家干预而不是基于私法上的事由。国家干预，使得社会保险费的缴纳具有强制性，这种强制性不是基于和民事任意性规范相区别的民事强制性规范而产生，不适用民法中的协商自愿原则。社会保险费强制缴纳这一特征，使得"社会保险费交付"——这一物的转移发生了公法上和社会法上的法律效果，并使得社保基金的法律属性由纯粹民法意义上的物权性质转化成了私法、公法相混合的"准物权性"。

（三）社会保险基金"准物权性"的法律思考

英国著名法学家梅因认为，用"准"字作为标志的概念和原来的概念之间，在比较上有着一种强有力的表面类比或者相似。[1] 但是，标志"准"字的概念和原来的概念之间，毕竟再相似也不同，且这种不同因为其所处的制度或规则的不同而内涵和外延与原概念之间均有差异。对于"准物

---

[1] 参见［英］梅因著：《古代法》，沈景一译，商务印书馆1959年版，第194页。

权"这一概念，有学者认为，一些国家的民法将某些准用民法上物权规定的其他财产权（如渔业、矿业权）称为准物权，[1] 并认为准物权虽然具有物权的某些法律特征，但并非物权。我国台湾学者王泽鉴先生认为，准物权行为的概念，在德国民法、我国台湾地区民法上，旨在表明它与物权行为同属于处分行为，两者同样适用于标的物特定原则，以处分人有处分权为要件、法律效力原则上不受原因行为的影响等。[2] 对于某种权利是否为准物权，我国崔健远教授认为应当综合以下因素进行判断：权利构成的复合性、权利的排他性、权利客体的特定性、权利的追及性以及权利优先性是否具有特色等。而其中最为重要的当属权利客体是否具有不特定性。在他看来，或许有的准物权不具有客体的特定性，但是，就权利构成而言，大多准物权具有复合性的特点；在排他性和优先性方面，准物权可能和物权一样，具有优先性和排他性，但是也可能只具备其中一种；在权利是否具有公权色彩方面，大多具有公权性的特点；在权利的取得方面，大多需要行政特许；在追及效力和一物一权方面也表现出不同于普通物权的特殊性。[3]

　　结合上述理论来考察社会保险基金，不难发现，就其承载的社会保险权来看，其权利构成上具有复合性。从其形成来看，由于是国家强制征缴社会保险费而形成，因此明显带有公权化的色彩；在优先性方面，社会保险费在破产程序的处理中具有优先受偿性；就单个社会保险权的主体（个人）来讲，因为社会保险基金具有集合性和整体性，无法区分界定单个权利主体对应的社会保险基金，只能根据法律规定的标准去计算单个权利主

---

① 参见崔建远著：《准物权研究》，法律出版社 2003 年版，第 26—27 页。

② 参见王泽鉴著：《民法总则》，三民书局 2000 年版，第 284—285 页。

③ 参见崔建远著：《准物权研究》，法律出版社 2003 年版，第 24—26 页。由于崔建远教授对准物权特殊性的归纳是以对矿业权、水权、渔业权和狩猎权特殊性考察的基础上得出来的，因此其关于准物权的讨论，视野方面开阔性和包容性并不够，但是他提供给了我们一个思考准物权特点的新维度，笔者认为这一思维方式针对类似问题的研究是非常有价值的。

体的社会保险待遇，因此其权利客体不具有特定性。另外，就社会保险基金或对应权利的保护机制来看，不单纯适用民法上的"物权保护"[①] 机制。在民法上，物权受到侵害的情况下首先要适用平等保护原则。物权法规定了确认物权请求权以及专门的保护物权的请求权。社会保险基金受侵害后的法律救济和法律保护则更为复杂，物权法不足以独自提供法律救济和法律保护。

可见，准物权性是社会保险基金的私法特点之一。社会保险基金的形成，体现了对物权的"由所有到利用和交换"。社会保险基金承载的社会保险权，从私法的角度观察虽然具有物权的特点，但本质上有别于物权[②]。社会保险权在性质上是对物的利用，是基于出让交换价值而获得的，是以获得社会保险待遇为目的的权利，而不是以支配货币（社会保险费或社会保险金）为内容的权利。

二、社会保险基金的准债权性

（一）社会保险基金的"准债权性"

债权是债权人请求特定债务人为特定行为的民法上的权利。债权与债

[①] 所谓物权保护，就是指在物权遭到侵害的情况下，采用法律规定的维护物权人的利益、保障权利人不受侵害的各种保护方法。参见王利明主编：《民法》（第四版），中国人民大学出版社 2008 年版，第 364 页。

[②] 关于准物权是否是物权的问题，学术界有不同的观点。有人认为准物权根本就不是物权，也有人认为准物权就是一类具有特殊性的物权，如崔建远教授，他认为准物权的个性是在符合物权基本属性前提下的特殊性。具体观点参见崔建远著：《准物权研究》，法律出版社 2003 年版，第 26 页。对此，笔者持保留意见。因为笔者觉得太多的个性，可能已经慢慢与共性背道而驰了，勉强归入没有太大意义，毕竟准物权从权利取得、权利构成、权利的效力到权利的法律保护机制都有了太多的个性。因此，笔者认为社会保险基金承载了准物权属性，但是社会保险基金本身承载的参保人的权利即社会保险权即使从私法的角度看，可以归入准物权，但是也绝对不是物权。社会保险基金本身，已不仅仅是民法意义上"物"的概念，关于这一点，本章的下一节将重点讨论。

务、请求权与给付义务，统一构成债的内容，不能单独存在。债权的法律特征主要表现为：债权是一种请求权，而不是支配权；债权为相对权，只在债权人和债务人之间发生效力，债权人只能向特定的债务人主张权利而不得向债务人以外的第三人主张权利。纵观社会保险基金自形成到支付的过程，产生了两种请求权：其一，是在征缴社会保险费，并形成社会保险基金之时，社会保险征收机构对于用人单位有社会保险费的征收请求权。就劳动者或用人单位而言，其缴纳社会保险费具有法律上的强制性，因而负有社会保险费用的缴纳义务；其二，是在社会保险基金形成之后，当符合法定情形时，参保人员对社会保险经办机构享有一种给付保险待遇的请求权。相应地，社会保险经办机构依法应当按时足额支付社会保险待遇是一种给付义务。这两种请求权与私法上的债权又有着明显不同。民法学通说认为，债权属于请求权，但请求权并不等同于债权。债权上的请求权通常是基于合同、不当得利或无因管理等。而社会保险基金上的这两种"请求权"均不是基于民事法律的规定或合同约定而发生，而是依据社会保险法的规定产生的，其体现出"债权"的属性，但并不是纯粹私法意义上的债权。因此，我们认为，社会保险基金，是一种准债权，其源自社会保险基金准契约债务的特点。① 因此，在这里笔者称之为"准债权性"。

1. 社会保险费用征收请求权和社会保险费用缴纳义务

就劳动者个人或用人单位而言，其缴纳社会保险费具有强制性，通过缴纳社会保险费，完成社会保险费这一"物"的移转交付，即通过物权行为为其将来（当符合法律规定的社会风险发生时）享有社会保险待遇（债权内容）完成了法律规定的前提条件。社会保险费用的缴纳请求权即为"债权"（法律规定之债），社会保险费用的缴纳义务即为"债务"。

---

① 查士丁尼的《法学总论》中把不是根据契约发生的，但又不是由于侵权行为产生的债务，称为准契约的债务，即仿佛是根据契约即根据准契约发生的。参见查士丁尼著：《法学总论——法学阶梯》，张企泰译，商务印书馆 1989 年版，第 184 页。

2. 社会保险待遇给付请求权和社会保险待遇给付义务

劳动者或用人单位依法缴纳社会保险费后，社会保险法律关系随之发生。当具备法律规定的条件或情形时，参保人员即有权获得社会保险待遇。笔者认为，这时社会成员享有的社会保险待遇给付请求权，可以视同"债权"，承担社会保险基金给付职责的机构负有支付社会保险待遇的义务即为"债务"。

社会保险基金承载的社会保险权，其本质的权利内容就是在符合法定条件时行使给付请求权，享受社会保险待遇；对于义务一方来讲，就是满足社会保险的被保险人的社会保险待遇的给付请求权，完成其承担的给付义务。从这一角度来看，社会保险基金本身蕴含的债权不是为了取得对社会保险基金的财产权，而是为了享有社会保险待遇。正如德国著名法学家拉德布鲁赫所言，"债权已不是取得对物权和物利用的手段，它本身就是法律生活的目的。"①

（二）公权介入对社会保险基金"债权性"的影响

近代民法上的权利，作为一个整体是建立在个人与国家对立的基础之上的，其目的在于对抗国家的公权力。如上所述，社会保险基金的形成是国家公权介入限制个人私有财产的结果。从私法的视角考察，实际上是公权介入私权进而发生物权变动的产物。请求权和给付义务之间是私法上的一种对应关系，因债的生成形成债权人和债务人之间对应的法律关系。但是，由于公权的介入，负有缴纳社会保险费义务的人即债务人的债务具有了强制性，如果违反，其承担的法律后果已不仅仅是私法意义上的法律后果，其承担的责任形态和适用的法律责任类型可能包括行政处罚和行政强制措施的适用。我国《社会保险法》分别规定了对未按时足额缴纳社会保

————————

① ［德］G. 拉德布鲁赫著：《法哲学》，王朴译，法律出版社 2005 年版，第 145 页。

险费的用人单位除限期缴纳或补足外，可能对其采用扣押或冻结等行政强制措施。①

社会保障制度是为了保障社会成员最基本的生存，为实现社会成员"底线公平"而建立起来的基本制度。从国家、政府的角度来看，政府利用公权力建立起社会保障制度，以缓解社会矛盾，减少社会冲突，弱化政治风险，从而有效地维护社会基本面的稳定，从而维护其统治。不论政府是否是慈善的统治者，是否以社会利益最大化作为统治目标，社会保障制度本质上仍是政治共同体作出的一种社会政策，体现出国家的统治性和治权性。从社会成员的角度来看，则是基于自身以及长远利益的公共选择的结果。② 根据"公共选择理论之父"布坎南的理论，无论是作为个体的人还是组织，都有自己的利益，都需要与他人与其他组织发生联系与利益关系，为此也要通过选择以求得最大利益的实现，从而通过公共选择来整合多种利益主体的利益以求得平衡。正是公权介入和公共选择使得社会保险基金承载的债权具有公法、社会法的特点，从而区别于一般民法意义上的债权。

（三）社会保险基金"准债权性"的法律思考

社会保险基金在形成与支付过程中导致了"准债"的发生，体现出物权债权化的特点。自萨维尼将财产权分为物权与债权以来，物权与债权的二元划分长期统治着传统民法学说。物权体现的是静态的财产关系，债权体现的是动态的财产关系。但在当今物权价值化的时代，多数财产都具有流动性，传统的物权和债权的划分，已不再适应时代发展的需要。在

---

① 参见《中华人民共和国社会保险法》第 63 条、第 86 条。
② 所谓公共选择是指人们通过民主决策的政治过程来决定公共物品的需求、供给和产量，是把私人的个人选择转化为集体选择的一种过程（也可以说是一种机制），是利用非市场决策的方式对资源进行配置。

物权和债权之间，并不能用刀子把它们精确无误地切割开来。"物权债权化"和"债权物权化"的现象体现出物权与债权之间的流转。在社会保险基金中，社会保险费缴纳形成的交付移转占有，引起了物权变动。但缴纳之后，参保人无权要求返还或退还已经缴纳的保险费，其失去了对保费的所有权或物权请求权，享有的是类似于债权的请求权即保险待遇给付请求权。社会保险基金的形成过程充分展现了物权债权化的过程，是物权和债权相对化的典型代表。

在社会保险基金的形成即社会保险费的缴纳环节以及社会保险基金的给付环节中，产生的两种请求权——社会保险费征收请求权与社会保险待遇给付请求权，体现出债权的属性，也是社会保险费缴纳并产生社会保险法律关系后，投保人享有的最具有经济价值并以实现社会保险待遇为目的的"债权"。在这里，享受社会保险待遇变成了一种"债权"目的。从广义上来讲，社会保险亦属于保险的范畴，其本质上仍然是对于风险管理的一种手段。但是社会保险与商业保险相比，无论是在制度的设定目标，还是在保险法律关系的成立、保险费等方面均存在明显的区别，因而并不是私法意义上的债权。社会保险基金的形成并不是当事人之间的意思表示一致的结果，而是基于法律的强制性规定。社会保险基金所形成的社会保险法律关系同样来自于强制性规定，而且保险关系的主体、保险关系的内容及变更都主要基于法律的强制性规定。[①] 可以说，是公权介入使得社会保险基金的"债权"已脱离纯粹私法意义上的债权范围，而体现出自身的独特性。具体表现为：首先，在债的发生上具有特殊性。社会保险费的征缴依法律的规定而发生，当事人无选择权；其次，在债的变更上也具有特殊性。社会保险费缴纳后，参保人员享有社会保险待遇的给付请求权，但无权将此"债权"予以转让，也无权自行确定债权的期限和债权的实现。

---

① 参见黎建飞主编：《中华人民共和国社会保险法释义》，中国法制出版社 2010 年版，第 1 页。

三、社会保险基金私法性的体现

社会保险基金除了具有"准物权性"与"准债权性"这两大类似于私法上的属性外，在其他方面也呈现出私法上的特点。

（一）社会保险基金形成中的私法性

1. 社会保险基金以雇佣关系的存在为基础

社会保险基金的主要资金来源于用人单位的缴纳。[①] 根据社会保险法的规定，职工应当缴纳的社会保险费由用人单位代扣代缴，同时，用人单位应当按时足额缴纳社会保险费。缴纳社会保险费的前提在于用人单位与劳动者之间存在劳动关系。社会保险费的征缴以及社会保险基金的形成，通常以劳动雇佣关系——这一具有私法性质的法律关系的存在为前提。[②] 社会保险费在征缴后所形成的社会保险法律关系一般是以劳动雇佣关系为主体形成的。当然，劳动者社会保险权的实现，还有一个权利诉求对象转变和权利具体实现形式的问题。社会保险权，实际上是通过劳动合同的约定转化为劳动者的个人权利。一般而言，在劳动关系存续期间，劳动者权利的直接诉求对象主要是雇主，如职工社会保险费的缴纳。当劳动者与用人单位不存在劳动关系时，劳动者的社会保险权的诉求对象就是国家，国家有责任保障劳动者的社会保险待遇给付得以实现。

2. 社会保险基金的形成引起"物权变动"

社会保险费以及社会保险费集合形成后未进行投资运作的社会保险基

---

① 根据我国《社会保险法》第10条、第23条的规定，无雇工的个体工商户、未在用人单位参保的非全日制从业人员以及其他灵活就业人员可以自行参保，由个人缴纳相关的社会保险费。主要适用于基本养老保险和基本医疗保险。

② 这种雇佣关系是劳动法上的，已被注入了社会化的因素，有别于民法意义上的雇佣关系。但其仍承载一定的私法性。

金，形式上都体现为货币，属于民法上"物"的范畴。① 社会保险基金是社会保险权的物质载体，社会成员的社会保险权通过该"物"实现。从社会保险费的缴纳到社会保险基金的形成，随着货币的移转占有以及占有主体的变化，物的变动和物权的变动随之发生。由于社会保险费缴纳的强制性，这一物权变动不是基于民法的规定，也不是根据民法的意思自治来完成，而是遵守法律强制规定的结果，因而有别于纯粹私法意义上的"物权变动"。但正如前文所述，从私法的角度来审视，这种"物权变动"以及因"物权变动"而引起的请求权，体现出一定的私法上的特点。

（二）社会保险基金承载利益的私益性

私法、公法、社会法分别以个人利益、公共利益、社会利益为本位。之所以各个法域以不同的利益为本位，主要是因为存在诸多不同的利益以及各利益之间存在着张力和选择。根据耶林的观点，"法律的进化不是像在真理问题方面一样仅是一个知识问题，而也是一个利益斗争的结果问题。"② 个人利益是个人生存和发展需要的满足。社会的进步和文明的发展同个人自我价值的实现以及个人利益的满足应当且必然是成正比的。但个人利益不是个别人的利益，而是指一切个人的利益。公共利益，是基于宪法共同体价值而确定的价值标准，是社会各种利益的整合，体现了社会、国家与个人之间的利益关系。国家是公共利益的维护者。③ 当代社会法学派代表庞德将社会利益与"个人利益"、"公共利益"（相当于国家利益）相对应而提出了著名的社会利益学说，认为社会利益是"包含在文明社会

---

① 参见梁慧星、陈华彬著：《物权法》，法律出版社 2005 年版，第 34 页。

② ［德］耶林："为权利而斗争"，胡宝海译，载《民商法论丛》（第 2 卷），梁慧星主编，法律出版社 1994 年版。

③ 参见韩大元："宪法文本中公共利益的规范分析"，《法学论坛》2005 年第 20 卷第 1 期。

并基于这种生活的地位而提出的各种需求与要求"。① 公共利益与社会利益之间的界限主要在于"社会利益具有功利性和排他性",社会利益不一定代表公共利益的要求。社会利益的主体不是国家而是社会成员。

但是,各领域法在各自的利益本位之外,并不否定和排斥其他利益的存在。各个利益之间也并非是"水火不容"的角力。多元化的社会决定了多元利益的存在及其法理上的正当性。"作为一般的、普遍的和具有共性特点的社会利益,寓于作为个别的、特殊的和具有个性特点的个人利益之中,而个人利益则体现着社会利益的要求,是社会利益在各个个别人身上的利益表现,并且受到社会利益的制约。社会利益不是简单地存在于个人利益之中,而是借助于个人利益以不同的形式和不同的强度来表现出来"。② 因此,保障社会利益并不是否定个人利益和个人的权利。社会是由个人组成的,一切人的个人权利也就有机地构成了社会整体利益。正如霍布豪斯所言:"每一个人的权利所服从的共同利益乃是一种每一个人都能分享的利益"。③ 当社会利益被法律确认而成为一种权利之后,其主体也相应地被具体化了。社会保险法的宗旨是为了保障社会利益,社会保险基金的筹集和给付是为了社会利益的实现和维护,但是从社会保险基金的给付请求权人和最终受益人来看,是符合法定条件的社会成员即个人从社会保险基金中获得物质利益的满足。另外,从母体"保险"这一角度来考察,社会保险基金实际上是个人通过缴纳一定的社会保险费,将风险转移到社会和国家,由更多的社会成员以及政府来承担风险损失,从而完成个人利益向社会利益的转化。因此,社会保险基金,尽管以社会利益为本位,但若具体化来看,仍承载了满足各个参保人享受保险给付待遇的私益性。

---

① 参见 [美] 罗斯科·庞德著:《法理学》(第三卷),廖德宇译,法律出版社 2007 年版,第 14—22 页。
② 公丕祥著:《马克思法哲学思想述论》,河南人民出版社 1992 年版,第 283—284 页。
③ [英] 霍布豪斯著:《自由主义》,朱曾汶译,商务印书馆 1996 年版,第 64 页。

（三）社会保险基金私法性的思考：共有财产抑或集体财产？

社会保险基金是由社会成员缴纳的社会保险费集合而成。对此，有学者认为社会保险基金是全体参保人的共同财产，[1] 也有人认为"社会保险基金是所有参保人的公共基金"，[2] 还有人认为社会保险基金属于一定范围内的集体所有财产。[3] 在对前述观点进行评价之前，笔者认为，首先需要对共有财产的基本理论进行认识；其次，需要按一定的逻辑层次对前述结论逐步厘清：第一，共同财产和共有财产是否同一概念？第二，假设是同一概念，社会保险基金的参保人是谁？第三，结合共有财产的基本理论就社会保险基金与共有财产之间的关系进行讨论。

1. 共有财产的基本理论

民法意义上的共有，是所有的下位概念，共有权是所有权的组成部分。对于共有权与所有权的关系，我国台湾学者王泽鉴认为："民法上的所有权，分为两类，一为单独所有权，二为共有。共有又分为分别共有和共同共有。"[4] 对于共有，我国民法学者分别给出了自己的定义，主要有以下表述：（1）共有是指某项财产由两个以上权利主体共同享有所有权。[5]（2）数人对于一项财产共同享有所有权的状况，就是财产的共有。[6]（3）财产共有是指两个以上的民事主体对同一项财产共同享有所有权。[7]（4）共有权

---

① 参见郑尚元主编：《劳动和社会保障法学》，北京师范大学出版社 2010 年版，第 289 页。

② 参见林嘉、张世诚主编：《社会保险立法研究》，中国劳动社会保障出版社 2011 年版，第 289 页。

③ 有学者认为社会保险基金中的统筹基金，从产权性质来看，属于社会集体所有。参见张京萍主编：
《社会保障法教程（修订第二版）》，首都经济贸易大学出版社 2007 年，第 240—241 页。

④ 王泽鉴著：《民法物权（1）通则·所有权》，中国政法大学出版社 2001 年版，第 321 页。

⑤ 佟柔主编：《中国民法》，法律出版社 1990 年版，第 281 页。

⑥ 王利明、郭明瑞、方流芳著：《民法新论》（下册），中国政法大学出版社 1988 年版，第 98 页。

⑦ 刘云茂主编：《民法学》，中国公安大学出版社 1992 年版，第 257 页。

是指两个或两个以上的民事主体对同一项财产所共同享有的所有权。① 从前述定义不难看出，构成民法上的共有，至少需要满足两个要素：第一，主体必须为两个以上的民事主体；第二，客体是同一项财产。

与单独的所有权相比，共有又具有以下特征：首先，从权利的主体来看，共有的权利主体具有多元性。共有的主体通常是两个以上。这种主体的多元性有别于单独的所有权。但是，多数人共同所有一物，不代表一物上存在多个所有权。共有物上只有一个所有权，只不过由两个以上的主体享有。其次，从权利的客体来看，共有的权利客体具有统一性。共有物，可以是独立物也可以是集合物，但必须是统一的、未进行分割的财产。在共有关系存续期间，共有人不能对共有物进行分割，也不能就共有物的某部分享有所有权。换言之，每个共有人的权利及于整个共有物。再次，从权利的内容来看，共有的权利内容具有复合性。共有物在共有关系存续期间不能被分割为各个部分，而只能作为一个统一的整体，由所有共有人对共有物享有所有权。但是，在共有关系的内部，各个共有人可以对共有物共同享有权利并承担义务，也可以按照各自的份额对共有物享有权利和承担义务。因此，按照这种内部关系，共有也可以分为共同共有和按份共有。在共有的关系外部，可以以一个单一的所有权整体向第三人主张权利。

共有与公有的概念又有所不同。"公有"一般是指社会经济制度，即公有制，也可以指一种财产权的形式。就公有财产来说，它与共有在法律性质上存在着较大的区别。一方面，共有财产的主体具有多元性，而公有财产的主体具有单一性。共有的主体一般为两个以上的自然人或者法人。而公有财产的主体是单一的。在我国，公有财产的主体一般是国家或集体组织。全民所有的财产归属于国家所有，集体所有的财产属于集体组织成员集体所有。在法律上，任何个人都不能成为公有财产的权利主体。另一

---

① 杨立新："财产共有权基本问题研究"，《甘肃政法学院学报》1994 年第 4 期。

方面，共有在内部关系中可以分为一定份额，而公有财产已脱离个体存在，无论是内部还是外部都不能由个人按照一定份额享有财产权利。

2. 财产共有与社会保险基金

从共有的特征来看，主体上，社会保险基金是多个参保人的社会保险费以及国家财政补贴的集合；客体上，社会保险基金是集合物，是一项统一的财产；权利内容上，每个参保人员都享有社会保险基金的保险待遇给付请求权利，均符合共有的特征。从社会保险基金的使用范围和目的来看，并不是所有社会成员均有权利获得统筹账户基金的支付资格，只有那些按照现行政策纳入社会保险，并依法符合领取条件的退休人员及参保人员，才有权现时获得或在将来退休时获得统筹账户基金的支付请求权。即该基金对于符合领取条件的主体以外的其他民事法律主体，具有排他性。因此，从私法的视角审视，社会保险基金对于符合领取条件的法律主体来说，符合共同共有的法律特征，即两个以上的主体基于共同关系（社会保险），共同享有一物（统筹账户基金）的所有权。共同共有人平等地享有权利（保险金支付请求权）和承担义务（保险金缴纳义务），但在共同共有关系存续期间，共有人享有不确定的份额，并不能划分自己的财产份额。

3. 社会保险基金与集体所有权

有学者认为，一个集体所有权是一个单一主体的所有权，不是共有的问题。只有他们作为一个主体，与其他主体共同组成所有权的主体时，才构成共有，这时，公有的性质就被淹没在共有的所有权当中了。[①] 同时，国家所有权、集体所有权、私人所有权这三种形式都不是共有所有权，而是单独所有权。只有与其他主体共同享有所有权，才构成共有。笔者认为，单位或个人缴纳社会保险费时，单位和单位之间、单位和个人之间并

---

① 参见杨立新著：《共有权理论与适用》，法律出版社 2007 年版，第 33 页。

无意思联络 ①，因此，视为一个集体并不合适。另外，社会保险基金本身代际转移给付功能、社会统筹等功能决定了社会保险的参保人随时都可能发生变化，社会保险基金的规模和社会保险待遇的受益人也随时都发生变化，因此将社会保险基金定性为个人所有权的简单累加并不妥当。在社会保险基金形成过程中，社会保险费的载体——货币随着"物"的交付已经发生了所有权的转移。如果所有权都未在参保人的控制之下，反过来却将社会保险基金视为参保人的共有财产，逻辑上显然是不通的。

四、社会保险基金私法性的再审视

物权的变动以及债权的发生，在没有公权力介入的情况下，属于私法的领域，体现出意思自治原则。但是，社会保险基金，已经脱离意思自治的空间而涉及到国家公权力的介入。社会保险基金的建立之所以需要国家以公权力的方式介入，而不以意思自治为前提，其根本原因在于个人力量无法抵御社会风险以及社会变动带来的巨大冲击，需要国家、政府为人们提供持久和可靠的保障。社会保险基金是用今天的钱为明天买单的一种风险管理方式，且该项"买单"并不是每一个支付者都能得到"收益"的，"No pay no gain"在这项制度中有可能演化为"Pay but no gain"。正是这一点，在很大程度上影响着人们"买单"的冲动。要让人们为未来的、或然的需求产生"买单"的冲动，至少需要具备三个条件：一是人们有了"闲钱"，即人们在满足现实生活的必然性需求后，有剩余能力为未来的可能性需求存储。这是一种客观条件。二是不仅人们有剩余能力为未来的可能性需求存储，而且人们还愿意为未来的可能性需求存储。否则，即便有了"闲钱"，人们依然可以"明日有事明日忧"。这是一种主观条件。第三项条件更为"苛刻"，或者说更加具有道德意义上的挑战性，即由有"闲钱"

---

① 尽管用人单位与劳动者之间存在劳动关系。

者为没有"闲钱"的人的现实需求"埋单",或者将有"闲钱"的人为未来的支付用于无闲钱者未来的需求。这一条件比之前二者要求更高。在市场自由竞争中,每个经济人都是以追求物质利益为目的而进行经济活动的主体。人的私利性决定了大多数人都以追求个人利益,并以满足个人利益最大化为基本动机,形式平等下的自由缔约往往导致出优胜劣汰的结果,并呈现出一种强弱分化的态势。私法上的意思自治对于保护弱势群体,实现社会成员"底线公平"显得力不从心。社会保险制度,实际上是一种国家强制性的权利和利益分配机制,体现出国家从不惊扰个人生活的守夜人变成了矫正和分配公平的掌舵者。通过公权力的强制缴纳社会保险费,将其作为一项法定义务,一项具有国家强制力的法律责任。这一义务和责任的理论基石是社会公平与社会共存。尤其是后者,它向全体社会成员,尤其是社会生活中的幸运儿宣示:全体社会成员的稳定生活是每一个社会成员稳定生活的前提;任何一个社会成员都应当关注自己生存的人的环境,关心与自己共同生存的其他社会成员,这比关注与关心自然环境中空气或者水的质量更为重要。"关心他人就是关心你自己"这句话不仅具有诗的美感,还在于它是真理。

社会保险基金,体现出一定的私法特点。但是以社会利益为本位,以及公权力的介入使得其不再只属于公法领域或只属于私法的范畴,而是兼具了公法上和私法上的特点。社会保险基金所形成的法律关系,不是简单的劳动关系中的用人单位与劳动者之间的法律关系,而是国家与用人单位、劳动者之间的法律关系;它也不是一个商业保险上的支付保险费而追索保险待遇的对价关系,而是以国家为后盾,保障社会成员基本生存的物质帮助关系。社会保险基金,作为公私法融合的产物,其法律性质如何,已不能简单地从公法或私法的视角去考察,否则只会得出"像雾像雨又像风"的结论。只有从社会保险基金承载的权利和适用的法域中进行研究和探讨才能揭开其面纱,看清楚其真正的属性。

第三节　社会保险基金的社会法属性

从公法、私法的领域对社会保险基金法律性质的探索，虽然具有一定的意义，但是仍无法得出符合社会保险法价值理念、社会保险基金本质及社会保险制度战略目标的答案。社会法作为独立的第三法域已得到学界普遍的认同。社会保险基金的法律性质应从社会法的角度进行考察。

一、社会保险基金本质的多维度思考

（一）社会保险权与社会保险基金

耶林曾说："权利是在法律上受保护的利益，权利的保护是法的目的，……权利一方面从法律内获得生命；另一方面也反过来给予法律以生命。"[①] 社会保险法，从其立法目的来看，是为了保护劳动者的社会保险权，可以说，社会保险法实质上就是社会保险权利保障法。社会保险权，是劳动者基本人权的重要内容，是保障劳动者基本生存条件的权利。物质需求的满足是社会保险权的主要内容。根据马克思的需要理论：需要是发展变化的，每一代人都根据变化了的需要改变其社会制度；每一个人都是根据某种需要而进行活动；需要在社会的发展中既是一个决定的因素，同时又是一个被决定的因素。将这一理论具体结合到法律领域中来看，人的法律需要是对人的某些需要的一种法律保证，是对人的某些需要的确认、保护和扩展。人的法律需要是以人的某些需要的内容为依据的，其特殊性在于它并没有淹没在这些需要之中，也未在这些需要面前失去自己独立的

[①] ［德］耶林："为权利而斗争"，胡宝海译，载《民商法论丛》（第 2 卷），梁慧星主编，法律出版社 1994 年版，第 22 页。

品格，而使这些需要中的部分需要成为人的法律需要。正如，为了满足人的生存需要，立法者以法律来保障社会成员的某些物质生活条件得到满足。在社会保险法律制度中，国家强制社会成员缴纳社会保险费，正是对社会成员在需要时享受社会保险待遇，享有社会保险权的一种法律保证。

社会保险基金是承载社会保险权的财产，是社会保险权的物质载体，体现了其所要维护和保障的社会利益。社会保险基金的形成，形式上看是对个人财产权的强制性限制，但实质上是国家为了保障社会成员的社会保险权而建立起来的一种物质基础。社会保险基金自形成之时起，就已经脱离了私有财产的范畴而进入社会法的领域，并肩负起实现社会保险权的使命。由于"个人的自由必须受到其他人的平等的自治和人们在社会中共同生活的条件的限制"，① 因而个人对其财产自由的让渡实际上是用来交换获得相应的社会保险权。在社会保险基金中，缴纳与使用是相分离的，劳动者并不是使用自己缴纳和用人单位为自己缴纳的特定款项，而是以一个劳动者的身份通过享受集体共同创造并长期积累的社会保险基金来实现自身的社会保险权。

（二）社会义务与社会保险基金

古典自由主义宣扬的"财产权神圣不可侵犯"的观点是近代以来财产权法律保护的思想根基。自由主义的代表人物约翰·洛克在其著作《政府论》中就提到："既然劳动是劳动者的无可争议的所有物，那么对于这一有所增益的东西，除他以外就没有人能够享有权利"，"这种所有物是旁人无权要求的。"② 这宣示了劳动者经过劳动而获得的财产具有绝对至上的权利。不仅如此，在洛克看来，公民社会就是为了对财产权利提供保护才产生

①［德］托马斯·莱塞尔著:《法社会学导论》，高旭军等译，上海人民出版社2011年版，第179页。
②［英］洛克著:《政府论》（下篇），叶启芳、瞿菊农译，商务印书馆1996年版，第19、22页。

的，人们组成国家和政府的主要目的就在于保护私有财产不受侵犯。然而随着现代社会的发展，近代民法上"所有权绝对"理念的统治地位遭到根本性地动摇。"绝对的所有权，也就是那种不考虑社会利益的所有权是不存在的。历史已经让这一真理深入人心"，① 社会义务逐渐被注入到财产权的内涵之中，直到 1919 年德国魏玛宪法第 153 条第 3 款明确规定："所有权负有义务，财产权的行使要以公共福祉为目的。"首次以宪法的形式规定财产权的社会义务，标志着财产权理念的重大转变。

社会义务，是对自由主义带来的负面后果的反思和修正。主张私人财产负有社会义务，并不是对财产权自由的全盘否定，而是认为财产权天然有其社会的边界，个人在财产权上的自由意志要与社会的普遍意志相一致。② 从财产权绝对到财产权承担社会义务的演变，意味着财产权的功能也在发生改变。③ 财产权已不再仅仅只是传统意义上的保护个人对财产的"私使用性"，还要承担起社会利益分配与协调的功能。从这种意义上来说，社会保险基金是社会成员私有财产与社会成员社会义务的结合。社会保险费的缴纳与社会保险基金的形成，其实质上承载了社会成员的社会义务，是社会成员原私有财产所有权遭受公法上的限制的结果。④ 社会义务是对财产权的轻微限制⑤，这种限制是可以预见的、轻微的，并不会危及财产权的本质。社会保险基金，可以视为一种互助基金，社会成员缴纳社

---

① Jhering, Rudolph von: Der Geist des römischen Rechts auf den verschiedenen Stufen seiner Entwicklung, Teil.1, Aufl.,Leipzig, Druck und Verlag von Breitkopf und Härtel, 1878, S.7.

② 参见［德］康德著:《实践理性批判》，邓晓芒译，人民出版社 2003 年版，第 609—610 页。

③ Vgl. Peter Badura, § 10, Eigentum, in: Ernst Benda, Werner Maibofer, Hans-Jochen Vogel(Hrsg), Handbuch des Verfassungserchts der Bundesrepublik Deutschland, 2. Aufl.Berlin usw.1994, S. 328ff.

④ 所谓所有权之公法上的限制，是对于所有权之享有或行使的限制。对于享有的限制，是禁止私人不得以某物为自己之所有。至于行使的限制，是对所有权的效果—物之使用收益处分的自由加以拘束，若违反拘束，国家即科以公法上的制裁，或以国家权力加以强制执行。参见［日］美浓部达吉著:《公法与私法》，黄冯明译，中国政法大学出版社 2003 年版，第 235 页。

⑤ Stödter, Rolf: Über den Enteigungsbegriff, DÖV 1953, S. 136ff.

会保险费的最终目的可概括为"给予，以获得他人的给予"。社会成员按照法律的强制性规定，缴纳社会保险费，构成了对其私有财产权的一种约束、限制，这种约束、限制的正当性就在于社会成员所负担的社会义务，是个人主义所有权的社会负担。这种社会负担，通过法律的强制性规定，从道理的有效性领域上升到法律的有效性领域，转变成了法律义务。[1] 即使所有权的社会义务在物权法等私法中没有予以明确，但是基于宪法对基本权利的保护，所有权的社会义务是一直伴随社会的存在和所有权的存在而存在的。因此，社会保险基金是私有财产承担社会义务的产物。

（三）国家责任与社会保险基金

根据社会契约论的国家学说[2]，国家是社会契约的产物。人们为了摆脱自然状态下彼此争斗的不利生存境遇，通过让渡自己的部分自然权利，以社会契约的方式建立起国家和政府。国家在社会契约的有效期内，承担着管理和负责社会契约约束力正常发挥作用的责任和义务。为公民提供基本生存条件和生活保障是国家、政府应尽的责任和义务，也是国家、政府自身合法性的基础。随着人类社会从农业社会进入工业化时期，人们维持生存的基本物质基础已不再是土地、房屋等私有财产，大量的社会成员需要通过雇佣劳动获得物质资产。社会风险的增多，使得个人力量无力对抗接踵而至的工业化风险，而有赖于国家提供物质帮助。当"个人生存保障与生活的基础，很大程度上已经不再建立在传统民法意义上的私人财产所有权上，而是建立在每个人的工作以及参与分享由国家提供的生存保障与社会救济的基础上"[3]，国家应担负其保障人们基本生活，实现社会权的责任。

---

[1]［德］G. 拉德布鲁赫著：《法哲学》，王朴译，法律出版社 2005 年版，第 137—144 页。

[2] 社会契约论的国家学说的典型代表人物是霍布斯与洛克。

[3] Konrad Hesse, Grundzüge des Verfassungsrechts der Bundesrepublik Deutschland, 20. Aufl., Heidelberg, C. F. Müller Verlag, 1999, Rn. 433.

社会保障的国家责任具体表现为政府采取积极措施建立并完善社会保险制度，为社会保险提供制度供给、财政给付、监督管理等多方面的支持，确保社会保险事业的可持续发展，从而公平、公正地实现全体公民的社会保险权。对于社会保险对象中的边缘群体，政府从社会公共利益出发，对他们的利益诉求和权利保护给予特殊的关注并承担特别的责任。少数公民陷入生存困境可能是自然或者其自身因素造成的，但很大程度上也可能是由于社会原因导致的，政府有责任通过社会保障制度对社会利益受损者予以补偿，对陷入生存困境的公民在提供社会保险制度化的基础上再行使专项补助的额外责任承担。为了防止弱势群体和少数人的生存危机诱发社会性的认同危机，政府有必要把保护弱势群体作为自己的核心利益所在，通过强化国家的社会保障责任，在分配上向社会弱势群体倾斜，减少社会转型过程中的社会冲突和政府风险，从而有效地维护社会基本面的稳定和经济的可持续发展。

由于社会保险基金对社会成员公共福利、国家稳定、经济发展影响巨大，在界定社保基金所有权的基础上，为社会保险基金的安全和社会成员社会福利的实现着想，政府可以保留对社保基金一定的权力，这种权力本身，从另一个侧面看也是国家在社会保险制度或社会保险基金管理制度中的责任。"政治权力就是为了规定和保护财产而制定法律的权利……使用共同体的力量来执行这些法律和保卫国家不受外来侵害的权利，而这一切都只是为了公众福利。"[1] 社会保险基金，是国家确保社会成员的基本生存和"底线公平"构筑的物质基础，是国家义务、政府责任承担的体现。国家通过社会保险的形式对国民收入进行再分配，使公民中的特殊群体和弱势群体的基本生活得到保障。在社会保险基金中，国家以"出资人"的角色和"管理者"的身份承担责任。

---

①［英］洛克著:《政府论》(下篇)，瞿菊农、叶启芳译，商务印书馆 1997 年版，第 3 页。

二、社会保险基金的社会权属性

（一）社会法上的社会权

社会法在调整法律关系中既维护特定当事人的合法权益，又着眼于全社会的整体利益的维护。而且，是以维护社会利益为宗旨，并在维护社会利益的前提下平衡当事人的权利与利益。它不同于以国家权力为本位的公法，也有别于以个体权利为本位的私法，是在社会公共利益为本位的前提下形成的、具有"公私混合法"的相对独立法域。社会权，是社会法上的由社会成员享有的维持其基本生存需求，并能够体面而有尊严地生活的基本权利。社会权的目的和价值在于国家采取经济安全保障措施或给予一定的物质帮助使社会成员维持其生存、发展，能够体面而有尊严地生活。社会保障权是社会权的一种。《世界人权宣言》规定的八类经济、社会和文化权利，有学者将其概括为"社会权利"，其中一项就是社会保障权。[①]

社会权的产生是时代与社会发展的必然产物。人类从传统的个人自给自足的生活方式发展到市场经济下息息相关的分工、合作、交易的连带社会关系，社会经济基础的巨变导致了人们基本权利的演进，个人自由至上的原则要受到社会公共利益的制约。社会权正是个人本位向社会本位转变的产物。社会权的权利主体是社会成员，尤其是社会弱势群体。法律在对社会关系进行调整时，对于处于弱势的一方，法律的天平需要适当地倾斜，原因在于如果势均力敌，双方都不需要法律；如果强弱之势明显，强者不需要法律。在社会中，只有那些通过自身力量正义得不到伸张、公平不能够实现的弱者才是真正需要法律的人，才是必须得到法律帮助的人。[②]这便是黑格尔所描述的——"不法是对法的否定，法是对不法的否定，通

[①] 参见龚向和著：《作为人权的社会权—社会权法律问题研究》，人民出版社 2007 年版，第 9 页。

[②] 黎建飞："从雇佣契约到劳动契约的法理和制度变迁"，《中国法学》2012 年第 3 期。

过否定之否定，来达到一个肯定。"[①] 社会法，说到底是社会弱者的法律。社会权实质上是社会弱者得到社会强者协助的权利，只不过这种协助是通过国家或政府的积极作为来获得。社会权的义务主体是政府或社会。但政府终究是社会成员公共选择的结果，政府对社会权的保障义务最终要通过社会成员来承担和落实。

（二）社会保险基金社会权属性的表现

1. 社会保险权的社会性决定社会保险基金的社会性

社会保险权是现代社会基本人权的有机组成部分，也是社会权中最重要的一种权利。社会保险权具有社会权的属性，即社会性。社会权是存在于社会关系中的权利。社会关系体现为各个社会成员之间分工、合作、交易、互助的连带关系。这种连带关系是社会保险以大数法则分散小部分成员风险的基础。社会保险权是社会成员所享有的权利，游离于社会之外的人，无从主张这种权利。社会保险基金承载了社会保险权，是社会保险权得以实现的物质基础。社会保险基金是在社会成员发生法律规定的社会风险时，有权从其中获取物质帮助的一种基金，是关涉社会利益与福祉的基金，也是社会保险制度的基石。"保险"一词本意是指稳妥可靠，后衍生为一种保障机制。从广义上来讲，社会保险亦属于保险的范畴，其本质上仍然是对于风险管理的一种手段。但是社会保险与商业保险相比，无论是在制度的设定目标，还是在保险法律关系的成立、保险费等方面均存在明显的区别，其中最本质的区别还在于，商业保险以营利为目标，具有私益性，强调意思自治；而社会保险以保障社会成员的生存为宗旨，具有社会性，强调协助弱者和追求社会公平。保障社会保险权，实际上就是在一定程度上将某些社会成员个人难以承受的社会风险分担给全体社会成员来承

---

① [德] 黑格尔著：《法哲学原理》，范扬、张企泰译，商务印书馆 1961 年版，第 75 页。

担。社会保险具有广泛的社会性，社会保险的权利由社会成员共同、平等地享有，并且随着社会经济条件地发展逐步扩展待遇和项目。社会保险基金，以物的形式作为社会保险权的权利载体，体现出社会权的属性。

2. 社会保险基金的筹集体现社会权的互助性

社会保险基金的形成要求社会成员必须依法按时足额缴纳社会保险费，通过社会保险费集合形成社保基金。国家通过立法的形式要求用人单位和劳动者必须参保，并通过法律对缴费比例、享受社会保险的条件、社会保险待遇等直接予以了强制性规定。社会保险费缴纳的强制性，形式上是对单位或个人的财产权进行了限制，但是这一限制是从社会公共利益出发，以促进全体社会的公共福祉为目的，其造成的轻微损害远远小于对社会公共福利的惠益，因而具有法律上的正当性。在现代社会，个人的财产权并不是绝对自由的，而是存在其社会的边界。那种"个人利益无论如何都应高于社会整体利益"的财产权制度已经被抛弃。在强调个人财产自由的同时，同样要重视自由的社会相容性。社会保险费的强制缴纳，体现了公民的私有财产应当受到社会关系的约束，考虑社会因素并服从法律所设定的社会界限。在社会保险基金的形成中，尽管缴纳社会保险费义务是当事人必须履行和不可选择的，但是有一部分项目，是部分当事人（用人单位）尽义务，另一部分当事人（劳动者）只享受权利，比如工伤保险和生育保险。这也体现出社会权互助性的属性。因为社会权，说到底是社会强者协助社会弱者而实现的权利。

3. 社会保险基金的法律保护是实现社会权的前提

尽管社会权是一种社会弱者得到社会强者协助的权利。但是人的私利性决定了，在没有法律强制力的情况下，社会强者未必会积极地对社会弱者提供帮助。社会保险制度，正是国家为扭转自由主义下产生的"强者愈强，弱者愈弱"的负面影响，建立的对弱者进行强于强者的关怀、保护的制度。对社会成员社会保险权的法律保护，体现了国家在社会保障制度中的义务和责任。社会保险权的法律保护，首先在我国宪法中进行了明确规定。① 其次，我国《社会保险法》的主要立法目的，就是为了"维护公民参加社会保险和享受社会保险待遇的合法权益"②，即保护社会保险权。我国《社会保险法》对社会保险权的法律保护包括：第一，国家对社会保险基金的筹集、必要的经费支持以及税收优惠政策均体现了对社会保险制度建立、社会保险基金形成的法律保护。第二，设立专门的监管制度以实现社会保险基金的安全，同时也实现了对社会保险权的法律保护。第三，各具体保险项目的保险待遇的内容，则是将抽象的社会保险权具体化，通过社会保险基金来实现。将社会保险待遇获得的条件法定化，提供了社会保险权的权利内容和实现路径，从而有利于减少侵害社会保险基金行为的发生。

三、社会保险基金法律性质的再审视

（一）正义理念对社会保险基金性质之影响

社会法最重要的价值基础就是追求正义。究竟何谓正义？不同时期、不同群体、从不同的视角给出的定义犹如万花筒般缤纷。"什么是正义这一问题是永远存在的。为了正义的问题，不知有多少人流下了宝贵的鲜血与痛苦的眼泪，不知有多少杰出的思想家，从柏拉图到康德，绞尽了脑汁；可是现在和过去一样，问题依然未获解决。"③ 这大概是因为"正义有着一张普罗透斯似的脸，变幻无常，随时可呈现不同形状并具有极不相同的面貌。当我们仔细查看这张脸并试图解开隐藏其表面背后的秘密时，我们往往会深感迷惑。"④ 早在古罗马时期，查士丁尼就在《法学阶梯》的开篇提

---

① 参见《中华人民共和国宪法》第14条、第44条、第45条。

② 参见《中华人民共和国社会保险法》第1条。

③ 转引自张文显著：《二十世纪西方法哲学思潮研究》，法律出版社1996年版，第575页。

④ ［美］E.博登海默著：《法理学：法律哲学与法律方法》，邓正来译，中国政法大学出版社1999年版，第252页。

出：正义是给予每个人他应得的部分的这种坚定而永恒的愿望，法学是关于正义和非正义的科学，法律的基本原则是为人诚实、不损害他人、给予每个人他应得的部分。亚里士多德的正义学说将正义分为分配正义和矫正正义。罗尔斯主张"正义即公平"，分配正义的主题是社会基本制度安排。"为了平等地对待所有人，提供真正的同等的机会，社会必须更多地注意那些天赋较低和出生较不利的社会地位的人们。这个观念就是要按平等的方向补偿由偶然因素造成的倾斜。"① 社会保险基金的筹集和给付体现和贯彻着分配正义的价值理念。社会保障法应通过社保基金的运作建立一种公正的体制，即社会体制的正义。② 在讨论社会保险基金的法律性质时，我们不应忽视社保基金蕴含的正义价值理念。社会保险基金是法律创设的产物。而法律是人类的作品，并且像其他的作品一样，只有从它的理念出发，才可能被理解。③ 社会保险基金法律性质，应以社会保障法的核心价值理念即分配正义为基础，并结合社保基金的利益本位、社会权属性等，对社保基金的法律性质进行定性。

（二）资金来源和用途对社会保险基金性质的影响

首先，从社会保险基金的来源来看，用人单位和劳动者缴纳的社会保险费是最主要的来源。国家财政的投入在不少国家也是重要来源，在我国则主要体现在税前列支、财政托底以及补贴等方式。社会保险基金的来源，实际上是国家、单位、个人三方分担，但就其财源本身又有各自特点。企业缴费是既归入企业成本，又属于企业福利费用支出，是一种集体

---

① [美] 约翰·罗尔斯著：《正义论》，何怀宏、何包钢、廖申白译，中国社会科学出版社 1988 年版，第 95—96 页。
② 社会体制的正义，因为对个人生活的影响具有根本性和持久性，相对于其他领域或层面的一切正义具有实质性，而被认为是首要的正义。
③ [德] G. 拉德布鲁赫著：《法哲学》，王朴译，法律出版社 2005 年版，第 3 页。

公助性质；个人缴费实际是其本人工资预先支出，所以具有自助属性；国家财政资助来自于公共税收，其表现出的社会互助性最为明显。此外，社会保险的特性所赋予社会保险基金的再分配功能，又使社会保险基金具有共济互助性质。由此可知，社保基金实际是公助、自助和互助三种属性的结合物，它与社会保障基金中完全依赖于公助（财政拨款）的社会救助基金、社会优抚基金，以及基金来源更为广泛的社会福利基金，有着明显的区别。

其次，就社会保险基金的用途来看，社会保险基金的使用范围和目的都是明确的，并以立法的形式予以确定和保护。一方面，社会保险基金具有生存救济的预备意义，其保障的是社会成员不至在风险和灾难面前难以维持生计。社会保险基金必须做到专款专用，不得挪作他用，也不得列入国家的其他财政开支，只能用于社会成员社会保险权的实现；另一方面，并非所有社会成员均有权利获得统筹账户基金的支付资格，只有那些按照现行政策纳入社会保险，并依法符合领取条件的参保人员，才有权现时获得或在将来退休时获得社会保险待遇给付。

（三）社会保险基金所有权问题的探讨

对于社会保险基金究竟所有权归属如何，社会法上多数学者认为，社会保险基金属于"全体参保人"所有。也有人提出"社会保险基金是属于全体社会成员的社会财产"。① 其理由有二：一是社会保险制度中的参保人在外延上是流动、变动的，社保制度的参保人随着社会成员的生老病死、就业失业等各种情况的发生，也在随时发生着变化。二是社会保险制度的发展趋势是实现全民覆盖。基于这两点，作者认为社会保险基金应当属于全体社会成员而不仅仅是属于参保人员所有。笔者认为，这种观点是值得商榷的。首先，就其第一个理由来说，社会保险制度中的参保人员确实是

---

① 参见彭丽萍著：《社会保障基金信托法律问题研究》，法律出版社 2013 年版，第 58—59 页。

流动的，但这是由其母体"保险"本身所决定的。保险本质上是对风险的一种管理方式，通过大数法则分摊损失，消化风险。风险对全体社会成员来说，具有现实性却不具有必然性，因而当社会成员选择保险作为自己未来保障时，实际投保的永远都只是其中的一部分。① 参保人员的流动性只是反映出风险的不确定性。如果社会保险基金属于全体社会成员所有，那么如何解释只有参保人员才享有保险待遇给付请求权呢？事实上，并非全体社会成员均有权利获得统筹账户基金的支付资格，只有那些按照现行政策纳入社会保险，并依法符合领取条件的参保人员，才有权现时获得或在将来退休时获得社会保险基金的支付请求权，即该基金对于符合领取条件的主体以外的其他法律主体，具有排他性。就其第二个理由来说。首先，作者混淆了社会保险制度的应然性与实然性。社会保险制度以全覆盖为发展趋势，只是体现了社会保险制度发展的应然性。而社会保险基金的权属问题，则是一个实然性的问题。其次，需要弄清楚的是，"全覆盖"是否等同于"全民覆盖"？"全民"是否就是指"全体社会成员"？从字面意义上来看，全覆盖可以理解为"全面覆盖"或"全民覆盖"。全面覆盖体现在制度建设上，全民覆盖体现在成员人数上。前者强调制度上的健全与完善，后者强调成员的普遍性。后者的外延显然要比前者宽泛。因为制度上的完整并不意味着人人都能实际享有其中的权利，也不意味着制度中的每一项政策都能惠及每一个社会成员。从世界范围来看，大部分发达国家在社会保险制度上都实现了全覆盖，但对于人人无一例外的"全民覆盖"只限于北欧国家，且"全民"也只限于具有公民身份的本民族国民，移民被排斥在外。因此，全民覆盖中的"全民"，并不能简单等同于"全体社会成员"。具体到社会保险基金中来说，全民，指的是依法应当参加社会保险的成员，而不是泛指国家的公民、居民或全体社会成员。"全体社会成

① 参见黎建飞："社会保险立法的时机与难点"，《中国法学》2010 年第 6 期。

员"对于界定社会保险基金的权属关系来说，外延过于宽泛。

社会保险基金，作为一种具有社会权属性的财产，是属于特定社会成员的共有财产，而并不是全体社会成员的社会财产。特定的社会成员是指符合法律规定依法被纳入社会保险范围内的参保人员。[①] 社会保险基金是基于社会成员之间的社会契约，以及社会成员对于公权力的信赖而形成的一种财产。社会保险基金，体现出在国家干预下，国家与社会成员之间的一种社会契约关系。在这一社会契约中，社会保险基金所有权和占有权的分离，管理权和受益权分离的所有者是社会成员（即法定参保人员），占有者是国家。社会契约性导致了国家对社会保险基金负担的义务以及社会保险待遇给付之债的产生。社会保险基金，承载着以分配正义为价值理念，以社会利益为本位的使命。社会保险基金从形成到给付，体现了社会成员的互助，这种互助虽然是法律的强制性规定，但是实质上体现了社会成员对国家的信任。

四、小结

综上，我们不难得出如下结论：社会保险基金具有社会性，以社会利益为本位。社会保险基金的形成，体现出社会成员之间的互助。社会保险基金的功能在于消散社会风险，为社会成员社会保险权的实现提供物质基石。社会保险基金作为"物"，虽然具有准债权性、准物权性，但是社会性才是其最本质的法律属性。社会保险基金的筹集对象、给付对象均具有社会性。社会保险基金的社会性决定了它既"不是私人财富，也不是行政公产，不能由私人任意支配，也不能服务于政府。故此，社会保障基金是进入资本主义社会以来的第三种资本"。[②]

---

① 参保人员并不是指投保人，而是被保险人。如工伤保险与生育保险完全由用人单位缴纳，而实际被保险人或受益人是劳动者。

② 郑尚元主编:《劳动和社会保障法学》，北京师范大学出版社 2010 年版，第 405 页。

　　厘清社会保险基金的法律性质，才可能厘清社会保险基金所有权及社会保险基金这一财产的财产权内容。所有权不仅具有对物的享有这一积极方面，也具有排斥他人这一消极方面，而且在其作为资本的社会学形象中，所有权不仅从确定的所有权对象上，还甚至从所有权上将他人排除在外。[①] 界定社会保险基金所有权的归属，是选择社会保险基金管理路径的重要前提。社会保险基金作为一项"财产"，其所有权具有社会化的特点。社会保基金是公产、私产之外的第三种财产，是属于社会成员共有的财产。社会保险基金从形成伊始，就意味着所有权和占有权的分离，管理权和受益权的分离。

---

①［德］G. 拉德布鲁赫著:《法哲学》，王朴译，法律出版社 2005 年版，第 141 页。

第二章　我国社会保险基金管理的困境

　　社会保险是国家保障社会成员基本生存，帮助其抵御社会风险的制度安排。社会保险基金是实现这一制度安排的物质基础。社保基金管理，是以社会保险基金的安全以及保值增值为目标，按照一定的管理模式、管理体制对社会保险基金进行规划和实施的一系列活动。社会保险基金管理的主要内容包括：社会保险基金收支管理、社会保险基金的预算决算管理、社会保险基金投资运营管理、社会保险基金的监督管理等活动。按照保险项目的不同，社会保险基金管理包括基本养老保险基金、基本医疗保险基金、工伤保险基金、失业保险基金和生育保险基金的管理。按照管理范围的大小，社保基金管理有广义和狭义之分。广义的社保基金管理包括社保基金的募集、管理投资运营以及给付等各个环节。狭义的社保基金管理仅仅指社保基金的投资运营管理。

　　社会保险基金管理牵涉到政府、企业、投保人、受益人等方方面面的利益，可谓影响甚巨。社会保险基金管理的效果和社会保险基金管理的法律架构和相关法律的完善程度密切相关。而社会保险基金管理法律规范的有效和完善，又直接取决于立法者对实践问题的关注和解决程度。为此，本章从管理实践和立法实践两方面来分析我国社会保险基金管理中存在的问题。

第一节　我国社会保险基金管理的现状分析

一、我国社会保险基金管理之境况

（一）近年社会保险基金收支及结余的相关情况

社会保险基金的收支包括筹资和给付两个重要环节。筹资，是社会保险基金形成的基础，也是社会保险制度稳定运行的前提。没有社会保险基金的筹集，也就谈不上社会保险基金的投资管理运作，社会保险基金的给付将成为无源之水，无本之木。给付，是指依法将社会保险基金付给有权享受社保待遇的受益人。给付是社会保险基金得以形成的缘由，也是社会保险制度目标的最终体现。结余，是一定时期内社会保险基金收入（包括筹资以及国家财政补贴等收入）与支出（包括给付以及管理成本等其他费用的支出）相抵之后的余额。下面就近年来的相关数据为例对社会保险基金募集、支出等情况进行分析、说明。

单位：万人

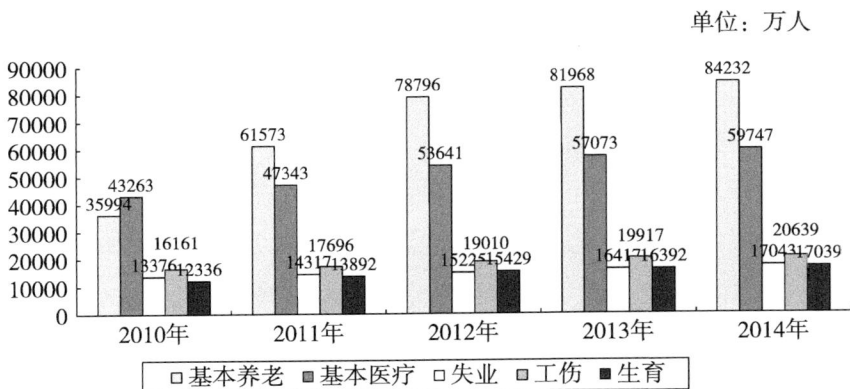

图一　2010-2014 年近 5 年社会保险参保人数

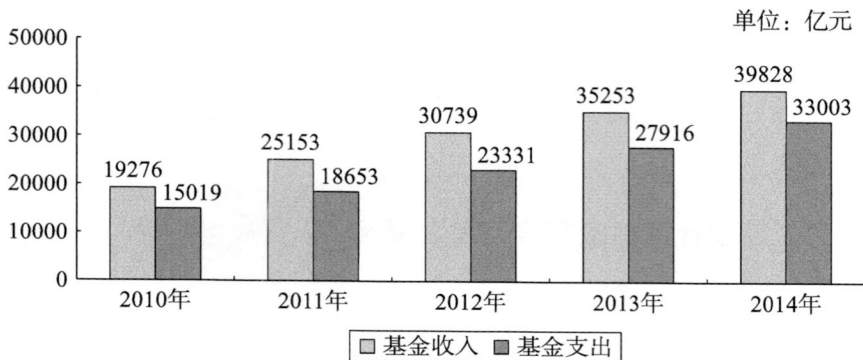

图二　2010-2014 年近 5 年社会保险基金收支情况 ①

　　近年来，随着国家对社会保障事业的日益重视与大力支持，我国社会保险事业取得了长足发展，社会保险基金资产规模不断扩大。根据人力资源和社会保障部公布的资料显示，我国社会保险的参保人数逐年增加；相应地，社会保险基金的收入与支出也逐年递增。自 2010 年至 2014 年，我国社会保险基金每年的收支均已超过 1.5 万亿元（见上图二）。自 2010 年至 2014 年，短短 5 年时间，社会保险基金的收支情况均翻了一番；基本养老保险（含城乡居民养老保险）、基本医疗保险（含城乡居民医疗保险）、工伤保险、失业保险、生育保险（以下简称五项社保）基金总收入从 2010 年的 19276 亿元增长到 2014 年的 39828 亿元；五项社保基金支出从 2010 年的 15019 亿元增长到 2014 年 33003 亿元。2014 年，五项社保基金收入比 2013 年增加 4575 亿元，增长 13.0%；其中基金征缴收入 32734 亿元，比 2013 年增加 4308 亿元，增长 15.2%，和 5 年前相比，2014 年五项社保基金总收入比 2009 年增加 23713 亿元，年平均增长 19.8%；其中基金征缴收入比 2009 年增加 19124 亿元，年平均增长 19.2%。2014 年五项社保基

---

① 数据来源：《2014 年度人力资源和社会保障事业发展统计公报》，参见人力资源和社会保障部网站，网址：http://www.mohrss.gov.cn，最后访问时间 2015 年 7 月 15 日。

金总支出 33003 亿元，比 2013 年增加 5087 亿元，增长 18.2%；比 2009 年增长 20701 亿元，年平均增长 21.8%。五项社保基金收支规模达到 72831 亿元，比 2013 年增加 9662 亿元，增长 15.3%；比 2009 年增长 44414 亿元，年平均增长 20.7%。五项社保基金累计结余 52463 亿元，比 2013 年增加 6875 亿元，增长 15.1%；比 2009 年增长 33456 亿元，年平均增长 22.5%。[①] 以下是近 3 年来社会保险基金募集、给付与结余的具体情况。

1. 2012 年社会保险基金的收支与结余情况 [②]

社会保险工作深入开展，社会保障体系建设取得重大进展。全国 31 个省份和新疆生产建设兵团已建立养老保险省级统筹制度。在山西、上海、浙江、广东、重庆等 5 个省市开展的事业单位工作人员养老保险制度改革试点工作稳步推进。全年五项社会保险（不含城乡居民社会养老保险）基金收入合计 28909 亿元，比上年增长 4866 亿元，增长率为 20.2%。基金支出合计 22182 亿元，比上年增长 4127 亿元，增长率为 22.9%。各项社会保险的具体情况如下：

（1）基本养老保险：截止到 2012 年年末，全国参加基本养老保险人数为 70795 万人，比上年末增加 9222 万人。全年城镇基本养老保险基金总收入 20001 亿元，比上年增长 18.4%。其中征缴收入 16467 亿元，比上年增长 18.0%。各级财政补贴基本养老保险基金 2648 亿元。全年基金总支出 15562 亿元，比上年增长 21.9%。年末基本养老保险基金累计结存 23941 亿元。全年城乡居民社会养老保险基金收入大幅增长，基金收入 1829 亿元，比上年增长 64.8%。其中个人缴费 594 亿元，比上年增长 41.0%。基金支出 1150 亿元，比上年增长 92.2%。基金累计结存 2302 亿元。

---

① 数据来源：《中国社会保险发展年度报告 2014》，参见人力资源和社会保障部网站，网址：http://www.mohrss.gov.cn，最后访问时间 2015 年 7 月 15 日。

② 数据来源：《2012 年度人力资源和社会保障事业发展统计公报》，参见人力资源和社会保障部网站，网址：http://www.mohrss.gov.cn，最后访问时间 2015 年 7 月 15 日。

（2）医疗保险：年末全国参加城镇基本医疗保险人数为53641万人，比上年末增加6298万人。全年城镇基本医疗保险基金总收入6939亿元，支出5544亿元，分别比上年增长25.3%和25.1%。年末城镇基本医疗统筹基金累计结存4947亿元（含城镇居民基本医疗保险基金累计结存760亿元），个人账户积累2697亿元。

（3）工伤保险：工伤保险参保人数和享受工伤保险待遇的人数持续增加。年末全国参加工伤保险人数为19010万人，比上年末增加了1314万人。全年认定（视同）工伤的人数有所减少，总计117.4万人，比上年减少2.8万人。全年享受工伤保险待遇人数增加，总人数191万人，比上年增加28万人。2012年全年工伤保险基金收入与支出都有所增长，但支出增长率远高于收入增长率，收入总金额为527亿元，支出总金额406亿元，分别比上年增长12.9%和41.9%。年末工伤保险基金累计结存737亿元，储备金结存125亿元。

（4）失业保险：参保人数增长，失业保险基金收入持续增长，领取失业保险金人数比上年略有增加。截止到2012年年末，全国参加失业保险人数为15225万人，比上年末增加908万人。年末全国领取失业保险金人数为204万人，比上年末增加7万人。全年失业保险基金收入1139亿元，比上年增加23.4%；支出451亿元，比上年增长4.1%。年末失业保险基金累计结存2929亿元。

（5）生育保险：截止到2012年年末，全国参加生育保险人数为15429万人，比上年末增加1537万人。全年共有353万人享受了生育保险待遇，比上年增加88万人。全年生育保险基金收入304亿元，比上年增长38.4%，支出219亿元，比上年增长57.6%。基金支出增长率高于基金收入增长率。年末生育保险基金累计结存428亿元。

2. 2013 年社会保险基金的募集、给付及结余情况 ①

2013 年全年五项社会保险（含城乡居民基本养老保险）基金收入合计 35253 亿元，比上年增长 4514 亿元，增长率为 14.7%；基金支出合计 27916 亿元，比上年增长 4585 亿元，增长率为 19.7%。基金支出增长率高于基金收入增长率。各项社会保险的具体情况如下：

（1）基本养老保险：全国参保人数进一步增加，年末全国参加基本养老保险人数为 81968 万人，比上年末增加 3172 万人。截止到 2013 年年末，全国基本养老保险基金收入为 24733 亿元，比上年增长了 13.3%。其中征缴收入 19270 亿元，比上年增长 12.9%。全年基本养老保险基金支出 19819 亿元，比上年增长 18.6%。年末基本养老保险基金累计结存 31275 亿元。其中，全年城镇职工基本养老保险基金总收入 22680 亿元，比上年增长 13.4%。其中征缴收入 18634 亿元，比上年增长 13.2%。各级财政补贴基本养老保险基金 3019 亿元。全年基金总支出 18470 亿元，比上年增长 13.2%。年末城镇职工基本养老保险基金累计结存 28269 亿元。全年城乡居民基本养老保险基金收入 2052 亿元，比上年增长 12.2%。其中个人缴费 636 亿元，基金支出 1348 亿元，基金累计结存 3006 亿元。年末全国有 6.61 万户企业建立了企业年金，比上年增长 20.8%；参加职工人数为 2056 万人，比上年增长 11.4%；年末企业年金基金累计结存 6035 亿元。

（2）医疗保险：年末全国参加基本医疗保险人数为 57073 万人，比上年末增加 3431 万人。基本医疗保险基金总收入进一步增长。全年城镇基本医疗保险基金总收入 8248 亿元，支出 6801 亿元，分别比上年增长 18.9% 和 22.7%。年末城镇基本医疗统筹基金累计结存 5794 亿元（含城镇居民基本医疗保险基金累计结存 987 亿元），个人账户积累 3323 亿元。

---

① 数据来源：《2013 年度人力资源和社会保障事业发展统计公报》，参见人力资源和社会保障部网站，网址：http://www.mohrss.gov.cn，最后访问时间 2015 年 7 月 15 日。

（3）工伤保险：工伤保险参保人数和享受工伤保险待遇的人数均进一步增加。至 2013 年年末，全国参加工伤保险的人数为 19917 万人，比上年末增加 907 万人。其中，参加工伤保险的农民工人数为 7263 万人，比上年末增加 84 万人。全年认定（视同）工伤 118.3 万人，比上年增加 0.9 万人。全年享受工伤保险待遇人数为 195 万人，比上年增加 5 万人。全年工伤保险基金收入 615 亿元，支出 482 亿元，分别比上年增长 16.7% 和 18.7%。年末工伤保险基金累计结存 996 亿元（含储备金 168 亿元）。

（4）失业保险：参保人数继续增加，失业保险基金收入进一步增长，领取失业保险金人数有所下降。年末全国参加失业保险人数为 16417 万人，比上年末增加 1192 万人。年末全国领取失业保险金人数为 197 万人，比上年末减少 7 万人。全年共为 77 万名劳动合同期满未续订或提前解除劳动合同的农民合同制工人支付了一次性生活补助。截止到 2013 年年末，全年失业保险基金收入 1289 亿元，比上年增长 13.2%，支出 532 亿元，比上年增长 18.0%。年末失业保险基金累计结存 3686 亿元。

（5）生育保险：生育保险在过去一年中参保人数、享受生育保险待遇的人数都有所增加，生育保险基金收入和生育保险支出都有增长。年末全国参加生育保险人数为 16392 万人，比上年末增加 963 万人。全年共有 522 万人次享受了生育保险待遇，比上年增加 169 万人次。全年生育保险基金收入 368 亿元，支出 283 亿元，年末生育保险基金累计结存 515 亿元。

3. 2014 年社会保险基金的募集、给付及结余情况 ①

2014 年全年五项社会保险（含城乡居民基本养老保险）基金收入合计 39828 亿元，比上年增长 4575 亿元，增长率为 13%。基金支出合计 33003 亿元，比上年增长 5086 亿元，增长率为 18.2%。各项社会保险的具体情况如下：

---

① 数据来源：《2014 年度人力资源和社会保障事业发展统计公报》，参见人力资源和社会保障部网站，网址：http://www.mohrss.gov.cn，最后访问时间 2015 年 7 月 15 日。

（1）基本养老保险：截止到 2014 年年末，全国参加基本养老保险人数为 84232 万人，比上年末增加 2263 万人。其中，参加城镇职工基本养老保险人数为 34124 万人，比上年末增加 1906 万人。全年城镇职工基本养老保险基金总收入 25310 亿元，比上年增长 11.6%。其中征缴收入 20434 亿元，比上年增长 9.7%。各级财政补贴基本养老保险基金 3548 亿元。全年基金总支出 21755 亿元，比上年增长 17.8%。年末城镇职工基本养老保险基金累计结存 31800 亿元。年末城乡居民基本养老保险参保人数 50107 万人，比上年末增加 357 万人。其中实际领取待遇人数 14313 万人。全年城乡居民基本养老保险基金收入 2310 亿元，比上年增长 12.6%。其中个人缴费 666 亿元，比上年增长 4.7%。基金支出 1571 亿元，比上年增长 16.5%。基金累计结存 3845 亿元。年末全国有 7.33 万户企业建立了企业年金，比上年增长 10.8%；参加职工人数为 2293 万人，比上年增长 11.5%；年末企业年金基金累计结存 7689 亿元。

（2）医疗保险：年末全国参加城镇基本医疗保险人数为 59747 万人，比上年末增加 2674 万人。全年城镇基本医疗保险基金总收入 9687 亿元，支出 8134 亿元，分别比上年增长 17.4% 和 19.6%。年末城镇基本医疗统筹基金累计结存 6732 亿元（含城镇居民基本医疗保险基金累计结存 1195 亿元）。

（3）工伤保险：至 2014 年年末，全国参加工伤保险人数为 20639 万人，比上年末增加 722 万人。全年认定（视同）工伤 114.7 万人，比上年减少 3.6 万人。全年享受工伤保险待遇人数为 198 万人，比上年增加 3 万人。2014 年全年工伤保险基金收入 695 亿元，比上年增长 13.0%；支出 56 亿元，比上年增长 16.3%。年末工伤保险基金累计结存 1129 亿元（含储备金 190 亿元）。

（4）失业保险：全国参加失业保险人数为 17043 万人，比上年末增加 626 万人。年末全国领取失业保险金人数为 207 万人，比上年末增加 10 万人。全年共为 78 万名劳动合同期满未续订或提前解除劳动合同的农民合同制工人支付了一次性生活补助。相比上年度，2014 年失业保险基金支出增长率远大于收入增长率。其中全年失业保险基金收入 1380 亿元，比上年增长 7.1%，支出 615 亿元，比上年增长了 15.6%。年末失业保险基金累计结存 4451 亿元。

（5）生育保险：生育保险在过去一年中参保人数大幅增长，享受生育保险待遇的人数大增。年末全国参加生育保险人数为 17039 万人，比上年末增加 647 万人。全年共有 613 万人次享受了生育保险待遇，比上年增加 91 万人次。截止到 2014 年年末，全年生育保险基金收入 446 亿元，支出 368 亿元，分别比上年增长 21.1% 和 30.2%。年末生育保险基金累计结存 593 亿元。

（二）社会保险基金预算基本情况

社会保险基金预算是反映社会保险收支及各项社会保险基金投资运营活动的特定收支计划，是政府管理和监督社会保险基金的一种方法。编制社会保险基金预算是政府介入社会保险事务，统筹安排社会保险基金供求，规范社会保险基金管理的一种重要手段。

根据 2010 年《国务院关于试行社会保险基金预算的意见》的规定，社会保险基金预算是根据国家社会保险和预算管理法律法规建立、反映各项社会保险基金收支的年度计划。通过对社会保险基金筹集和使用实行预算管理，增强政府宏观调控的能力，并强化社会保险基金的管理和监督，保证社会保险基金安全完整，提高社会保险基金运行效益，促进社会保险制度的可持续发展。从财政民主的角度来看，所有政府性支出都应该纳入预算，接受权力机关的内部监督，以体现规范的财政治理和主权在民的原则。如果政府可以在预算之外开支，就意味着政府在没有监督的情况下随意动用公共资金而无须向人民负责，这种情况当然是不能被民众接受的。根据我国《预算法》的规定，国家预算包括一般公共预算、政府性基金预算、国有资本经营预算、社会保险基金预算。由于社会保险基金的所有权并不是归属于国家（政府），国家（政府）只是代为持有并占有，社会保险基金本质上并不属于国家的财政资金。因此，社会保险基金的预算与国有资本经营预算、政府性基金预算有着本质上的差别。政府公共预算的分配主体是作为政权组织者的政府，其分配目的是为了公共事业，它凭借政治权力经由非市场渠道进行分配，具有强制性和无偿性，以税收为主要收入手段，主要安排各项公共事业的支出。国有资产经营预算的分配主体是作为生产资料所有者代表的政府，它以资产所有权为分配依据，收支内容基本上围绕着对国有资产和国有资源进行价值管理和分配。社会保险预算的分配主体既不是代表国家政治权力的政府，也不是国有资产的所有者，而是作为社会管理者的政府，其分配目的是为了保护社会成员的长远利益，协调收入的时间分配和代际分配，分配对象是参与者共同出资的社会保险基金。

全国社会保险基金预算按险种分别编制，包括基本养老保险基金、基本医疗保险基金、失业保险基金、工伤保险基金、生育保险基金等社会保险基金。社会保险基金预算的主要内容包括社会保险基金收入计划、社会保险基金支出计划以及社会保险基金预算编制说明。社会保险基金预算收入包括：用人单位与职工缴纳的社会保险费收入、基金利息收入、财政补贴收入、转移收入、上级补助收入、下级上解收入、其他收入等。社会保险基金预算支出项目包括：社会保险待遇支出、转移支出、补助下级支出、上解上级支出、其他支出等。下面是 2013 年与 2014 年社会保险基金预算的具体情况。

1. 2013 年社会保险基金预算 [①]

根据财政部公布的《2013 年全国社会保险基金预算情况》，汇总中央和地方预算，2013 年全国社会保险基金收入 32829 亿元，比上年增长 9.9%，其中保险费收入 24664 亿元，财政补贴收入 7180 亿元；支出 27913 亿元，

---

① 数据来源：《2013 年全国社会保险基金预算情况》，参见中华人们共和国财政部网站，网址：http://www.mof.gov.cn/index.htm，最后访问时间 2015 年 7 月 15 日。

比上年增长 16.8%；本年收支结余 4915 亿元，年末滚存结余 40943 亿元。①
财政部公布的 2013 年全国社会保险基金预算情况中，列举了主要险种预
算收入情况。其中包括：

企业职工基本养老保险基金收入 18791 亿元，比上年增长 8.2%，其中
保险费收入 15501 亿元，财政补贴收入 2669 亿元；支出 16460 亿元，比上年
增长 17.4%；本年收支结余 2331 亿元，年末滚存结余 24010 亿元。居民社会
养老保险基金收入 2098 亿元，比上年增长 9.4%，其中保险费收入 617 亿元，
政府补贴收入 1414 亿元，比上年增长 16.4%；支出 1390 亿元，比上年增长
15.0%；本年收支结余 708 亿元，年末滚存结余 3026 亿元。

失业保险基金收入 1145 亿元，比上年增长 9.5%，其中保险费收入 1089
亿元；支出 579 亿元，比上年增长 23.7%；本年收支结余 566 亿元，年末滚存
结余 3383 亿元。

居民基本医疗保险基金 ② 收入 3763 亿元，比上年增长 17.0%，其中保
险费收入 716 亿元，政府资助收入 3012 亿元；支出 3426 亿元，比上年增
长 15.3%；本年收支结余 337 亿元，年末滚存结余 1916 亿元。城镇职工
基本医疗保险基金收入 6189 亿元，比上年增长 11.2%，其中保险费收入
5933 亿元，财政补贴收入 70 亿元；支出 5379 亿元，比上年增长 15.5%；
本年收支结余 810 亿元，年末滚存结余 7208 亿元。

工伤保险基金收入 522 亿元，比上年增长 10.4%，其中保险费收入
493 亿元，财政补贴收入 13 亿元；支出 436 亿元，比上年增长 17.4%；本
年收支结余 86 亿元，年末滚存结余 910 亿元。

生育保险基金收入 321 亿元，比上年增长 13.6%，其中保险费收入

---

① 编制 2013 年社会保险基金预算时，2012 年社会保险基金决算尚未编报完成，故本文作上下年度对比
分析时使用 2012 年社会保险基金预计执行数。
② 居民基本医疗保险基金包括单独管理的城镇居民基本医疗保险基金、新型农村合作医疗基金以及城乡
统筹地区统一实行的城乡居民基本医疗保险基金。

314 亿元，比上年增长 15.1%；支出 243 亿元，比上年增长 19.9%；本年收支结余 78 亿元，年末滚存结余 489 亿元。

2. 2014 年社会保险基金预算情况 [①]

2014 年 4 月，财政部公布了《2014 年全国社会保险基金预算情况》。汇总中央和地方预算，2014 年全国社会保险基金收入 37667 亿元，比上年增长 9.1% [②]，其中：保险费收入 28088 亿元；财政补贴收入 8212 亿元。支出 32581 亿元，比上年增长 13.9%。本年收支结余 5086 亿元，年末滚存结余 48527 亿元。分险种情况如下：

企业职工基本养老保险基金收入 21489 亿元，比上年增长 8.1%，其中：保险费收入 17554 亿元；财政补贴收入 3038 亿元。支出 19117 亿元，比上年增长 14.5%。本年收支结余 2371 亿元，年末滚存结余 28251 亿元。

城乡居民基本养老保险基金收入 2296 亿元，比上年增长 9.5%，其中：保险费收入 648 亿元；政府补贴收入 1569 亿元。支出 1554 亿元，比上年增长 10.5%。本年收支结余 743 亿元，年末滚存结余 3790 亿元。

城镇职工基本医疗保险基金收入 7242 亿元，比上年增长 10.2%，其中：保险费收入 6949 亿元；财政补贴收入 67 亿元。支出 6314 亿元，比上年增长 13.3%。本年收支结余 929 亿元，年末滚存结余 8618 亿元。

居民基本医疗保险基金 [③] 收入 4399 亿元，比上年增长 14.1%，其中：保险费收入 816 亿元；政府资助收入 3523 亿元。支出 4083 亿元，比上年增长 11.9%。本年收支结余 316 亿元，年末滚存结余 2133 亿元。

---

① 数据来源：《2014 年全国社会保险基金预算情况》，参见中华人们共和国财政部网站，网址：http://www.mof.gov.cn/index.htm，最后访问时间 2015 年 7 月 15 日。

② 编制 2014 年社会保险基金预算时，2013 年社会保险基金决算尚未编报完成，故本文作上下年度对比分析时使用 2013 年社会保险基金预计执行数。

③ 居民基本医疗保险基金包括单独管理的城镇居民基本医疗保险基金、新型农村合作医疗基金，以及城乡统筹地区统一实行的城乡居民基本医疗保险基金。

　　工伤保险基金收入 613 亿元，比上年增长 8.9%，其中：保险费收入 577 亿元；财政补贴收入 10.7 亿元。支出 514 亿元，比上年增长 15.1%。本年收支结余 99 亿元，年末滚存结余 1061 亿元。

　　失业保险基金收入 1230 亿元，比上年增长 2.6%，其中：保险费收入 1159 亿元；财政补贴收入 0.6 亿元。支出 676 亿元，比上年增长 18.9%。本年收支结余 554 亿元，年末滚存结余 4115 亿元。

　　生育保险基金收入 397 亿元，比上年增长 14.2%，其中：保险费收入 386 亿元；财政补贴收入 2.6 亿元。支出 324 亿元，比上年增长 15.8%。本年收支结余 73 亿元，年末滚存结余 560 亿元。

　　根据规定，社会保险各项基金预算严格按照有关法律法规规范收支内容、标准和范围，专款专用，不得挤占或挪作他用。社会保险基金在政府预算中保持相对的独立性。当社会保险基金收大于支的情形，政府也不得动用社会保险基金来平衡其他政府预算或者弥补财政赤字。而当社会保险基金收不抵支时，由政府财政予以补贴，从而确保参保人的社会保险给付待遇能够得以充分实现。社会保险基金预算是否意味着社会保险基金的收支成为国家财政行为？社会保险基金预算能发挥的作用如何，能否实现有效社会保险基金的保值增值？这些都是值得思考和讨论的问题。

（三）社会保险基金的投资情况 [1]

　　根据《社会保险法》的规定，社会保险基金在保证安全的前提下，按照国务院规定投资运营来实现保值增值。按照国务院规定的现行政策，我国社会保险基金的投资范围严格限定于银行存款和购买国债，禁止投入其他金融和经营性事业。将社会保险基金投资于国债和银行储蓄，尽管所得利息收入稳定，具备良好的流动性，是一种低风险的投资方式。这样的投

---

[1] 这里的收入情况事实上是扣除缴纳的社保费收入后的投资收益金额。

资模式的选择符合当时我国资本市场发展尚不成熟的国情，在当时对于社会保险基金的安全起到了一定的保证作用。但如今我国市场经济迅速发展，今非昔比，仍然以银行储蓄和国债作为单一的投资渠道已不合时宜。从近年的投资收益来看，这两种投资方式的投资回报率都是非常低的，一般只有 2%～3% 左右，远远低于国际上社会保险基金投资长期债券平均6% 的实际收益率。2010 年，审计署公布了对抽查的部分地区五项社会保险金基金的投资收益率，尚不到 2%。2011 年，根据对西部某市五项社会保险基金平均收益率审计发现，五项社会保险基金年平均收益率分别为2.36%、2.5%、1.98%、2%、1.37%，均低于 2011 年银行一年期整存整取利率（3.5%）和同年居民消费价格指数涨幅（4.5%）。① 由于投资渠道单一，以及受到近年来较高通货膨胀的影响，社会保险基金贬值缩水的问题严重。以社会保险基金中的养老保险为例。养老保险金是社会保险基金的重要组成部分，约占到整个社保基金比重的 90%。根据人社部发布的《中国社会保险发展年度报告 2014》显示，2014 年末城镇职工基本养老保险基金累计结存 3.18 万亿元。如果加上城乡居民养老保险基金累计结存 3845亿元，全国基本养老保险滚存超过 3.5 万亿元。这 3.5 万亿元资金沉睡在全国各地的财政专户中，只收取 2% 的利息，贬值严重。随着社会保险基金征缴力度的加大，统筹基金结余和做实后的个人账户基金结余会越来越多，投资国债和银行储蓄这种单一的投资模式只会造成巨大的基金贬值。相比之下，用于战略储备的全国社会保障基金，由于允许市场化运营，自2000 年成立至 2013 年年底，基金累计投资收益 4187.38 亿元，年均投资收益率 8.13%，远超过同期 2.46% 的年均通货膨胀率。

　　社会保险基金的收入包括社会保险费收入 ②、利息收入、财政补贴收

---

① 参见中华人民共和国审计署网站：http://www.audit.gov.cn/n6/n41/c20710/content.html，最后访问时间2015 年 7 月 15 日。

② 社会保险费的收入就是指缴费单位和个人按照缴费基数的一定比例缴纳的基本养老保险费、基本医疗保险费、失业保险费、工伤保险费和生育保险费。其中工伤保险费和生育保险费个人不承担缴费义务。

入、转移收入、上级补助收入和下级上解收入及投资获益等其他收入。由于我国目前统筹层次较低，①社会保险基金尚未形成统一的管理机制，而是实行属地管理、分散管理。社会保险基金的投资收入情况尚未真正建立起来信息披露制度。根据上文所给出的数据，截至 2014 年年末，全年基本养老保险基金总收入 27620 亿元，其中征缴收入 21100 亿元，而基本养老保险基金的投资收入，包括利息收入、财政补贴收入、转移收入、上级补助收入和下级上解收入及投资获益等其他收入共计才 6520 亿元，不到基本养老保险基金总收入的四分之一。另外，尽管人力资源社会保障部每年都会公布《人力资源和社会保障事业发展统计公报》公布基本养老保险（含城乡居民养老保险）、基本医疗保险（含城乡居民医疗保险）、工伤保险、失业保险、生育保险五项社保基金各自的总收入以及相比上年的增长率或减少率。但是，除了基本养老保险的基金总收入列明了征缴收入即社会保险费外，其他各项保险的收入中多少是筹集来的社会保险费，多少是社会保险基金的投资收益所得，并不清晰。此外，财政部公布的全国社会保险基金预算中也仅有笼统的各项保险险种每年的保险费收入、政府补贴收入与支出的数据，并没有各项社会保险收入与支出的具体内容。2015 年 7 月，人力资源社会保障部发布了《中国社会保险发展年度报告 2014》，以此作为首次发布社会保险发展状况的年度报告，并决定将进一步健全社会保险信息披露制度，从 2015 年开始定期以年度报告的形式向社会公众披露全国社会保险发展状况。但是从人力资源社会保障部在官方网站公布的该报告的主要内容来看，除了增加了补充保险（包括企业年金和补充医疗保险）的相关数据外，关于其他五大社会保险险种的数据、情况与其公布的《人力资源和社会保障事业发展统计公报》并无二致，关于投资收益等信息披露仍止于表面，不够细化和深入。

---

① 全国 31 个省份和新疆生产建设兵团已建立养老保险省级统筹制度。

（四）社会保险基金的支付环节问题

我国社会保险制度自改革以来，社会保险基金年年结余，并且结余规模越来越大。截至 2014 年底，我国养老、医疗、失业、工伤、生育五项社会保险基金全年总收入达到 39828 亿元，支出 33003 亿，结余资金总额达 52463 亿元。社保基金结余增多的根本原因是扩大社会保险覆盖面。近年来，我国五项社会保险参保人数增长速度一直在 7% 左右，基金收入则始终保持在 20% 上下，后者明显快于前者的主要原因在于制度缴费人数增长速度高于退休人数，因此结余并非意味着社会保险基金充足，无支付风险。社会保险基金支付环节存在的主要问题是经办单位虚列支出、挤占挪用、虚报冒领、转移基金等行为，参保人员违规操作或骗保行为。2006年上海社保案后，全国大力稽查和整治社会保险基金挪用、侵占问题，从严监管，绝大部分省份挪用基金的现象已经减少。但是就目前而言，社会保险金在支付环节缺乏统一的规范管理，不规范行为时有发生，加重了社会保险基金支付的危机。主要体现在以下几方面：在基本养老保险中，有较为严重的虚报、冒领情况，如死亡不报告、更改死亡时间、多处同时领取养老金等。更值得重视的是提前退休问题。有的地方违反政策规定，在富余职工安置过程中抛包袱，强迫职工提前退休，一度造成提前退休成风。大量职工"未老先退"，导致退休队伍年轻化。提前退休造成人力资源浪费和挤占就业岗位（退出国有企业而未退出劳动力市场）并存，而最直接的后果就是造成社会保险基金的流失。在医疗保险领域，骗保花样百出，改病历，换药名，假单据等。在失业保险中，有隐性就业问题，一些人在享受失业保险金的同时又在从事有报酬的工作，造成失业保险基金的流失。支付使用环节涉及的对象十分宽泛，不仅包括参保人、受益人，还包括各类社会保险服务管理机构及其工作人员，与日常具体业务关系密切，但是相关部门从未向社会公开基金的收缴、赔付、结余等情况，公众无从了解资金确切的使用状况，由于法律和监管的缺失，支付环节问题倍加严重。

（五）社会保险基金的监督情况

新中国成立以来，我国劳动保障行政部门承担着劳动保险基金监管职责。根据 1999 年 1 月由国务院颁布的《社会保险费征缴暂行条例》，"国务院劳动保障行政部门"负责全国的社会保险费征缴管理和监督检查工作。2011 年 7 月施行的《社会保险法》正式以法律形式确定了监管主体。目前，我国已建立了专门的社会保障监督机构，明确了社会保险基金的监督主体，并形成了统一规范的筹资、管理、支付体系和相互制约、相互协调的管理体制框架。我国社会保险基金的监督包括权力机关的监督、行政机关的监督（包括政府社会保险行政部门、财政部门、审计机关的监督）、专门机构（社会保险监督委员会）的监督。[①] 具体情况为，人力资源和社会保障部负责养老保险的一般监督工作，受委托的社会保险经办机构是养老保险基金的管理和运营机构；养老保险费由社会保险经办机构统一收缴、管理和支付；养老保险费存入财政部门在银行开设的社会保险基金财政专户，养老保险缴费单位接受本单位职工的监督；社会保险经办机构接受行政、业务和社会监督。目前我国医疗保险基金的监督人，城镇职工医疗保险和城镇居民基本医疗保险制度的监管人是人力资源和社会保障部门，新型农村合作医疗制度的监管人是卫生部。生育保险基金的筹集和使用由社会保险经办机构作出年度报告，并接受同级财政、审计监督。人力资源和社会保障部、人力资源和社会保障厅（局）依法对工伤保险费的征缴和工伤保险基金的支付情况进行监督检查。此外，财政部门和审计机关依法对工伤保险基金的收支、管理情况进行监督。

---

① 参见《中华人民共和国社会保险法》第 76 条至第 83 条。

　　从我国社会保险基金的实践来看，国家重视并加强基金管理监督工作，初步建立起了基金监管的基本制度，明确了以维护基金安全为根本任务的思路和目标；组织开展了多种形式的监督检查，查处纠正了大量违纪违规问题，促进了基金规范管理；形成了普遍检查与重点查处相结合、现场监督与非现场监督相结合、部门监督与社会监督相结合等工作机制，一定程度上遏制了侵占挪用基金现象的发生，基金监管得到加强，安全程度逐步提高。但是从我国现行的监管体制来看，目前我国社会保险基金的监督主要以行政监督为主，无论是各统筹地区的社会保险经办机构，还是各地设立的社保基金监督委员会，通常都是隶属于各地方的劳动和社会保障部门。这就造成地方社保部门既负责社保基金征缴、支付和营运管理，又要履行日常的行政监督职责，丧失了监督地位的独立性。同时，由政府社会保险行政部门、财政部门、审计机关共同监管的行政监督，不仅成本较大、效率不高，实际上也弱化了监督效果。由于参与各方通常依附于各个上级主管部门，各自为政，各行其是，监管往往难以形成合力，发挥作用有限。事实上，有效的社保基金监管体系应当综合发挥行政监管、专业监管和社会监管的力量，特别是社保基金监管专业性很强，涉及财政、税收、金融、法律等多个领域，需要专门机构和专门人才的介入。但是，各相关部门对专门机构的设立和专门人才（特别是投资运营人才）的引进和培养都缺乏应有的重视，导致专业监管机制缺失。另一方面，因为尚未建立公开透明的信息披露制度，基金管理的公开性、透明度不高，公民信息获取困难，信息不对称，无法有效地发挥公民监督和社会的监督作用。由于行政监管一支独大，专业监管和社会监管严重不足，加上行政监管还存在政监不分的弊端，现有社保基金运营和监管体系效果有限、甚至监管流于形式，难以发挥应有的作用，侵占、挤占、挪用基金的案件时有发生，基金安全仍存在隐患，直接影响到了社会保险对象权益的实现和国民经济与社会的和谐稳定。加强社会保险基金法律监管及完善其制度设计，无论是对社会保险制度的发展还是对经济社会的健康稳定都显得尤为重要。

二、我国社会保险基金管理之桎梏

（一）政监不分行政化色彩浓厚

根据我国现行法律的规定，[①] 社会保险基金从筹集、登记、管理、支付、监管，各个环节几乎全都交由社会保险经办机构[②] 负责。地方政府社保部门既是委托人、投资人和资产管理者又是监督人，政监一体的体制凸显出浓厚的行政化色彩，导致社会保险基金缺乏独立和足够的监管。由于政监不分，即使制度再严、规定再多，监管也只能停留在内部监察层面，相当于"左手管右手"，监管作用十分有限。同时，对于社会保险经办机构的职责权限，也缺乏相应的权力制约机制和监管机制，更没有明确的法律规范予以规制。[③]

此外，我国当前的社会保险基金管理过分依赖行政。社会保险基金的投资运营主要由政府部门来完成，统一管理、垄断经营，缺少市场化的专业管理机构的参与以及竞争元素。但事实上，不仅市场会失灵，政府也会失灵。有限理性、官僚主义、垄断等多重因素，都会导致社会保险基金难以实现有效运作和保值增值。另外，根据政府主管部门颁布的规范性文件，社会保险基金的结余大多分散于地方政府，虽然被限定用于银行存款和购买国债，有助于防范金融风险，但由于缺少社会保险基金投资管理的具体规范和完善的责任追究机制，容易引发社会保险基金结余资金闲置、浪费甚至被挤占、挪用的危机。

---

① 参见《社会保险费征缴暂行条例》、《社会保险登记管理暂行办法》、《社会保险费申报缴纳管理暂行办法》、《社会保险稽核办法》的相关规定。

② 社会保险经办机构是由劳动保障行政部门按照国务院规定设立的事业单位。

③ 笔者认为，法律是对公权力的最好的限制，如果公权力得不到法律的约束，那么公权力必然会过度扩张侵害其他权益。

（二）政府权限职责不清

　　我国政府在社会保险基金管理中的权限职责不清主要体现在以下几个方面：首先，政府补贴责任不清晰。尽管我国《社会保险法》规定了政府的经费支持或政府补贴等政府责任，但是规定十分笼统，政府究竟承担怎样的补贴责任，数额或比例如何确定，在立法上均是一片空白。[①] 其次，社会保险费的募集机构不统一。这种不统一的弊端肇始于相关规定：1999年国务院《社会保险费征缴暂行条例》只适用于基本养老保险费、基本医疗保险费、失业保险费的征收、缴纳，同时规定了三项社会保险费集中、统一征收。但在征收机构的确定上，国务院又授权省、自治区、直辖市人民政府规定。根据该条例，征收机构可以由税务机关或社会保险经办机构担任。1999年劳动和社会保障部《社会保险登记管理暂行办法》规定，"县级以上劳动保障行政部门的社会保险经办机构主管社会保险登记"。根据前述规定，社会保险征收机构和登记机构不统一。当二者不统一时，对于两者之间的数据传送以及系统的应用、业务的衔接等，并没有相关的规定出台。这种状况，不仅增加了管理环节，提高了管理成本，而且一定程度上必然影响社会保险费的按时足额筹集入户以及之后的管理运营。此外，由于没有竞争机制的引入，不利于社会保险经办机构提高成本意识和效率意识。社会保险经办机构经费、管理费等支出路径规定不统一，[②] 也容易导

---

① 参见《中华人民共和国社会保险法》第5条、第11条。

② 根据《中华人民共和国社会保险法》第72条第2款的规定，社保经办机构的人员经费和经办社会保险发生的基本运行费用、管理费用，由同级财政按照国家规定予以保障。此前，1998年国务院《关于建立城镇职工基本医疗保险制度的决定》规定：社会保险经办机构的事业经费不得从基金中提取，由各级财政预算解决。但是，1994年劳动部《企业职工生育保险试行办法》第9条规定，社会保险经办机构可从生育保险基金中提取管理费，用于本机构经办生育保险工作所需的人员经费、办公费及其他业务经费，管理费提取比例最高不得超过生育保险基金的2%。我国《社会保险法》生效后，后两个规定也依旧有效，不仅造成了规定之间的冲突，而且容易引发道德风险，造成管理费用的重复提取。

致重复报账的发生。再次，缺乏明确的投资运营管理主体。投资运营是社会保险基金管理中的关键环节。然而，长期以来我国的社会保险基金都缺乏一个明确的投资运营管理主体。即便是《社会保险法》，也未能从立法高度明确规定基金投资运营的主体。目前也没有对社会保险基金的收支、管理和运营出台配套的法律法规。由于投资运营的主体不明确，各地通常由社保经办机构与同级财政部门来共同管理地方的社保基金投资运营。但是投资运营主体的不明确以及权责划分不清晰，容易导致各部门的积极性不高以及出现相互推诿的情形。此外，现有的监管体制存在着"重基金管理使用监督，轻投资运营监督"的现象。社会保险基金的投资运营缺乏有效的责任跟踪和监督问责机制，在无形之中给社会保险基金的安全运营带来威胁。

（三）社会保险基金预算机制不完善

我国社会保险基金预算管理制度是伴随社会保障事业的快速发展和政府预算制度改革不断完善建立的。早在 1993 年《中共中央关于建立社会主义市场经济体制若干问题的决定》中就提出："建立政府公共预算和国有资产经营预算，并可以根据需要建立社会保障预算和其他预算。" 1994 年全国八届人大通过的《劳动法》和 1995 年开始实施的《预算法》及其《实施条例》都以法律形式规范了社会保险基金管理和监督，明确建立社会保障预算制度。1996 年的《预算法实施条例》中明确提出将社会保障预算作为复式预算的组成部分。随后 1996 年财政部在《关于建立社会保障预算的初步设想》中提出了编制社会保障预算的具体形式。1999 年国务院在《社会保险费征缴暂行条例》中专门规定社会保险基金纳入财政专户，实行收支两条线管理。但是，由于社会保障基金包括社会保险基金、社会福利基金、社会救济基金与社会优抚基金，而社会保险与社会福利基金、社会救济基金与社会优抚的资金来源、管理等存在着较大差异，很难将这几种社会保障基金纳入统一的预算。真正意义上的社会保障预算制度迟迟没有建立起来。至此，我国完整的社会保障预算始终没有真正建立起来，其根本原因就在于社会保障制度的碎片化。即便社会保险，也因基金统筹层次不一致、财政出资责任不落实、业务经办机构不统一、社保费征缴主体不明确等一系列原因，难以形成全国统一的社会保险基金预算。因此，亟待整合分散在各部门的社会保险基金收支活动，建立起与公共财政框架相配套的、相对独立的社会保险基金预算，以全面反映社会保险基金收支运营情况。而后考虑到社会保障预算体系庞杂难以一蹴而就的现实，2007 年财政部、劳动和社会保障部调整工作思路，围绕基金管理提出两步走战略：第一步先建立单独的社会保险基金预算，待条件成熟后，再第二步将公共财政预算中用于社会保障的支出与社会保险基金预算合并，最终建立完整的社会保障预算。后经完善，2010 年初国务院同意此建议并发布了《国务院关于试行社会保险基金预算的意见》，决定从 2010 年起在全国范围内单独编制社会保险基金预算，从而迈出了构建完整社会保障预算的第一步。直至 2012 年 3 月，第十一届全国人民代表大会第五次会议通过的《第十一届全国人民代表大会财政经济委员会关于 2011 年中央和地方预算执行情况与 2012 年中央和地方预算草案的审查结果报告》明确提出，"2013 年向全国人大正式提交全国社会保险基金预算。"2013 年，财政部会同人力资源和社会保障部、卫生部正式编制全国社会保险基金预算，并经国务院同意后，提交全国人大审议。这是我国社会保险基金首次以预算报告的形式公开，并接受我国最高权力机关监督。

　　随着我国人口老龄化的日益提高，未来我国社会保障资金需求越来越大，构成未来对政府财政最大的风险源。加强对社会保障收支的预测和收支的科学安排，防止社会保障收支出现的缺口冲击政府财政收支的安排和可承受力，必须加强对社会保障资金收支风险的预测和把握。其中社会保险基金收支风险首当其冲。社会保险基金预算的建立与完善，就是加强政府对全国社会保险基金收支形势的科学预测和合理安排，有效应对人口老龄化对社会保险基金的需求；同时，提醒各级政府提前做好社会保险基金筹资准备和平衡收支的打算，比如加大社会保险基金的征管力度和动用一般税收与其他筹资手段，弥补社会保险基金的不足。正是社会保险基金预算的计划性与科学性，是各级政府对安排社会保险基金收支中各种增减收支因素早知道、早准备，做到心中有数，及早采取措施平衡社会保险收支，确保社会保险基金收支的正常与可持续运行。不仅如此，预算的目的还在于接受权力机关的内部监督和人民的外部监督。从公众的知情权的角度来看，建立社会保险基金的预算的确有利于满足公众的知情权，并使得民众可以充分了解社会保险基金的年度收支情况。但是从 2013 年与 2014 年编制的社会保险基金预算来看，预算的信息并不够细致和充分，各项保险基金从哪个渠道进行核算，又从哪些渠道进行开支都不清楚。社会保险基金的预算除了在数据统计层面上使公众能够大体了解到社会保险基金总体的年度收支情况之外，并没有发挥应有的效果。对于社会保险基金的管理运营、法律制度的完善也并无提升和促进的作用。主要原因在于，我国社会保险基金尚未实现全国统筹，不存在全国统一的社会保险基金。我国《社会保险法》第 64 条规定，基本养老保险基金逐步实行全国统筹，其他社会保险基金逐步实行省级统筹，具体时间、步骤由国务院规定。在现实中，社会保险基金统筹层次基本上仍是县市一级政府。社会保险基金由地方政府统筹，中央对各地社会保险基金的盈亏不能进行调剂，也不能依据各地社会保险基金的收入情况确定其支出范围和标准。中央政府编报的全国社会保险基金预算只是全国各地社会保险基金预算的汇总。该汇总信息反映的有关收支计划，仅是分散在全国各统筹地区的各个基金收支计划的累积。

从社会保险基金预算的相关法律体系来看。目前试编社会保险基金预算的法律依据是《国务院关于试行社会保险基金预算的意见》，只是临时性行政法规，具有指导性，不具强制性。此外，《国务院关于试行社会保险基金预算的意见》明确社会保险基金预算是根据国家社会保险和预算管理法律法规建立的，但社会保险基金预算法律制度与《社会保险法》以及《预算法》等法律法规制度之间的关系如何衔接和协调，并没有明确。比如，社会保险收入预算所规定的收入计算方法和指标如何与社会保险相关法律法规对社会保险缴费方法与指标的规定相衔接；同样社会保险支出预算所规定的支出计算方法与指标如何与社会保险相关法律法规规定的支出对象和支出标准相一致。同时，社会保险基金预算编制与执行涉及的法律主体关系、职责、程序如何，都没有相关规定。2014 年 8 月 31 日修订后的《预算法》也并没有实质性的制度创新。

（四）社会保险基金收益率低

目前，我国尚没有健全的法律法规指导社会保险基金的保值增值运作，主要的投资方式严格限于国债和银行存款。这种单一、低风险的投资模式，尽管能一定程度上降低社会保险基金投资的风险，并保证其安全性，但是由于受到近年来高通货膨胀的侵蚀，社会保险基金贬值缩水的现象严重，基金保值增值无从实现。下面就我国社会保险基金结余情况以及收益情况作具体数据分析：

1. 最近 10 年我国社保基金分项结余情况统计表 [①]

据可查资料显示，从 2004 年到 2013 年的十年期间，我国基本养老保险基金、医疗保险基金、失业保险基金、工伤保险基金和生育保险基金各保险基金分项结余均呈现出大幅上升趋势。基本养老保险基金分项结余从 2004 年的 756 亿元，到 2013 年的 4914 亿元，十年增长了 550%；增长率

---

① 表中数据来源为中华人民共和国国家统计局网站（http://www.stats.gov.cn）所载 2004—2007 年度劳动和社会保障事业发展统计公报、2008—2013 年度人力资源和社会保障事业发展统计公报。

最高的年度是 2009 年，增长率为 93.8%；增长率最低的年度是 2012 年，增长率为 7.5%。医疗保险基金分项结余，从 2004 年的 279 亿元，到 2013 年的 1447 亿元，十年增长了 418.6%，年均增长 20.07%，增长率最高的年度是 2007 年，增长率为 47.9%；增长率最低的年度是 2010 年，增长率为 -11.9%。失业保险基金分项结余从 2004 年的 80 亿元，到 2013 年的 757 亿元，十年增长了 846.3%，年均增长 28.37%，增长率最高的年度是 2011 年，增长率为 115.6%；增长率最低的年度是 2009 年，增长率为 -35.6%。工伤保险基金分项结余，从 2004 年的 25 亿元到 2013 年的 133 亿元，十年增长了 432%，年均增长 20.41%，增长率最高的年度是 2011 年，增长率为 93.5%；增长率最低的年度是 2012 年，增长率为 -32.8%。生育保险基金分项结余从 2004 年的 13 亿元到 2013 年的 85 亿元，十年增长了 553.8%，年均增长 23.2%，增长率最高的年度是 2011 年，增长率为 62%；增长率最低的年度是 2013 年，增长率为 0。各项基本社会保险的分项结余及变化情况如下表：

2004年—2013年我国社会保险基金分项结余（亿元）

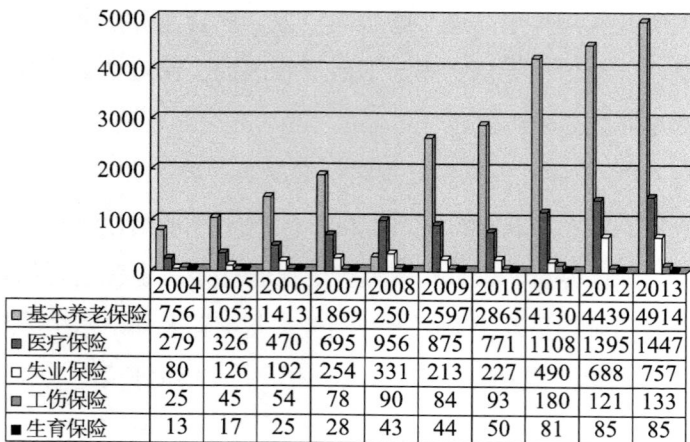

	2004	2005	2006	2007	2008	2009	2010	2011	2012	2013
基本养老保险	756	1053	1413	1869	250	2597	2865	4130	4439	4914
医疗保险	279	326	470	695	956	875	771	1108	1395	1447
失业保险	80	126	192	254	331	213	227	490	688	757
工伤保险	25	45	54	78	90	84	93	180	121	133
生育保险	13	17	25	28	43	44	50	81	85	85

2. 最近 10 年我国社保基金累计结余情况统计表 ①

从 2004 年到 2013 年，我国基本养老保险基金、医疗保险基金、失业保险基金、工伤保险基金和生育保险基金各自累计结余也均呈现出大幅上升趋势。基本养老保险基金的累积结余从 2004 年的 2975 亿元到 2013 年 31275 亿元，十年增长了 951.2%，年均增长 29.87%；增长率最高的年度是 2005 年，增长率为 35.8%；增长率最低的年度是 2010 年，增长率为 22.7%。医疗保险基金的累计结余从 2004 年的 958 亿元到 2013 年的 9117 亿元，十年增长了 851.7%，年均增长 28.45%；增长率最高的年度是 2007 年，增长率为 41.4%；增长率最低的年度是 2010 年，增长率为 18%。失业保险基金的累计结余从 2004 年的 386 亿元到 2013 年的 3686 亿元，十年增长了 854.9%，年均增长 28.5%；增长率最高的年度是 2006 年，增长率为 38.6%；增长率最低的年度是 2010 年，增长率为 14.8%。工伤保险基金的累计结余从 2004 年的 119 亿元到 2013 年的 828 亿元，十年增长了 595.8%，年均增长 24.05%；增长率最高的年度是 2005 年，增长率为 37.8%；增长率最低的年度是 2013 年，增长率为 12.3%。生育保险基金的累计结余从 2004 年 56 亿元到 2013 年的 515 亿元，十年增长了 819.6%，年均增长 27.96%；增长率最高的年度是 2006 年，增长率为 34.7%；增长率最低的年度是 2013 年，增长率为 20.3%。最近十年我国社会保险基金累计结余情况如下表：

---

① 表中数据来源为中华人民共和国国家统计局网站（http://www.stats.gov.cn）所载 2001—2007 年度劳动和社会保障事业发展统计公报、2008—2013 年度人力资源和社会保障事业发展统计公报。

2004—2013年我国社会保险基金累计结余（亿元）

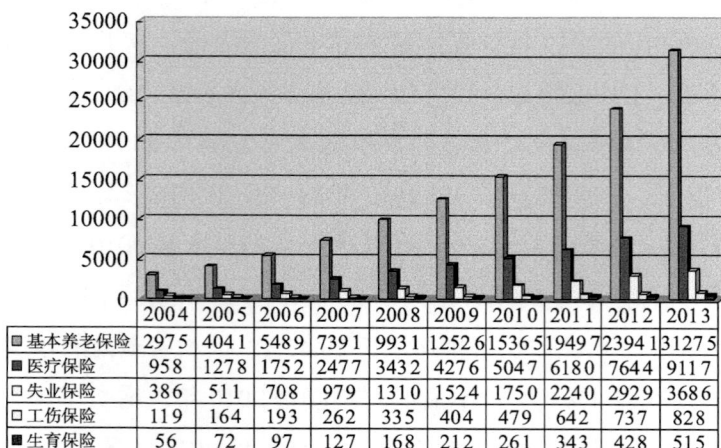

	2004	2005	2006	2007	2008	2009	2010	2011	2012	2013
基本养老保险	2975	4041	5489	7391	9931	12526	15365	19497	23941	31275
医疗保险	958	1278	1752	2477	3432	4276	5047	6180	7644	9117
失业保险	386	511	708	979	1310	1524	1750	2240	2929	3686
工伤保险	119	164	193	262	335	404	479	642	737	828
生育保险	56	72	97	127	168	212	261	343	428	515

3. 我国社会保险基金的收益情况分析（兼与通货膨胀率、存款利率、贷款利率、国库券年化收益率做比较）

基本养老保险投资收益

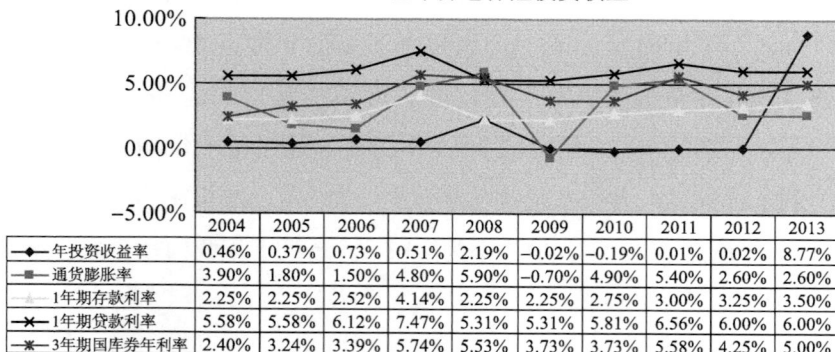

	2004	2005	2006	2007	2008	2009	2010	2011	2012	2013
年投资收益率	0.46%	0.37%	0.73%	0.51%	2.19%	−0.02%	−0.19%	0.01%	0.02%	8.77%
通货膨胀率	3.90%	1.80%	1.50%	4.80%	5.90%	−0.70%	4.90%	5.40%	2.60%	2.60%
1年期存款利率	2.25%	2.25%	2.52%	4.14%	2.25%	2.25%	2.75%	3.00%	3.25%	3.50%
1年期贷款利率	5.58%	5.58%	6.12%	7.47%	5.31%	5.31%	5.81%	6.56%	6.00%	6.00%
3年期国库券年利率	2.40%	3.24%	3.39%	5.74%	5.53%	3.73%	3.73%	5.58%	4.25%	5.00%

注①：年投资收益=年末累计结余－年度分项结余－上年末累计结余；年投资收益率=年投资收益÷（年末累计结余＋上年末累计结余）×200%；2004年至2013年，基本养老保险年均投资收益率为1.29%。

---

① 表中数据来源为全国社会保障基金理事会网站（http://www.ssf.gov.cn）所载2001—2010年社保基金年报、年报附件中的年度会计报表和审计报告。

个人账户基金投资收益

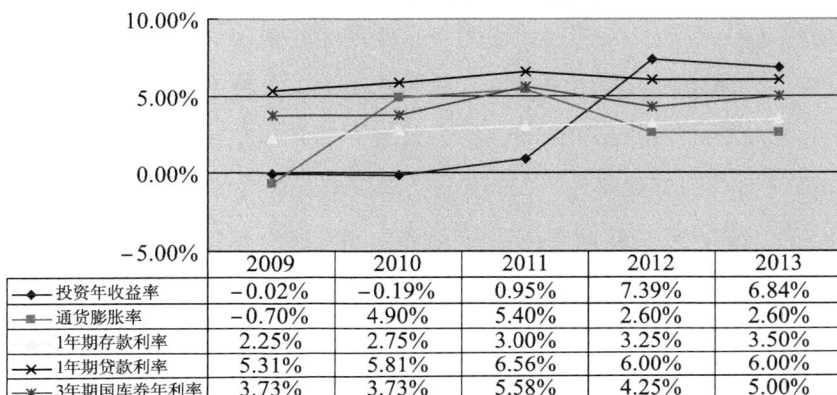

	2009	2010	2011	2012	2013
投资年收益率	−0.02%	−0.19%	0.95%	7.39%	6.84%
通货膨胀率	−0.70%	4.90%	5.40%	2.60%	2.60%
1年期存款利率	2.25%	2.75%	3.00%	3.25%	3.50%
1年期贷款利率	5.31%	5.81%	6.56%	6.00%	6.00%
3年期国库券年利率	3.73%	3.73%	5.58%	4.25%	5.00%

注①：个人账户投资收益=年度基金投资收益×年末个人账户基金÷（年末全国社保基金+年末个人账户基金）；个人账户投资年收益率=个人账户投资收益÷（年末个人账户基金+上年末个人账户基金）×200%；2009年至2013年，个人账户基金年均投资收益率为2.99%。

　　从以上数据不难看出，社会保险基金结余看似金额不少，但是社会保险基金投资管理收益率并不高，相反，随着近年来通货膨胀的不断侵蚀和影响，社会保险基金现行的投资运营模式只会让社会保险基金继续缩水和贬值。鉴于社会保险基金中有部分资金存在中长期闲置的可能，为结余资金寻找适合的保值增值路径并予以规范成为当务之急。

　　（五）社会保险基金监管机制不完善

　　要实现社会保险基金安全、有效地保值增值，离不开社会保险基金监管机制。但我国现行的社会保险基金监管机制尚不够健全。根据现行制度，社会保险基金监督主要包括：一是人民代表大会的监督；二是各地社

① 表中数据来源为全国社会保障基金理事会网站（http://www.ssf.gov.cn）所载2001—2010年社保基金年报、年报附件中的年度会计报表和审计报告。

会保险监督委员会的监督；三是行政监督，即审计监督、财政监督、税务征收监督以及劳动保障部门执法监督；四是经办机构的内部监督；五是社会监督。目前监管机制中主要以行政监管为主，且社会保险基金监管制度对于行政监督过分倚重和依赖，行政监管外的其他监管，如专业监管、社会监督均未得到有效实现。"行政主管部门监督为主、行政专项监督为辅的自上而下的严密行政监督体系"[①] 是我国目前社会保险基金行政监督体制的基本架构。毫无疑问，行政监督作为社会保险基金监督体系的核心和关键，可以在更大程度上防范由于信息不对称和系统性金融风险所导致的社会保险基金风险。但是过分依赖行政监督显然是行不通的。有限理性、官僚主义、经济人、垄断性等多重因素都有可能导致政府失灵，并造成行政监管低效率，甚至零效率的情况。从现行监管体制来看，一方面，社会保障监督机构没有与管理机构严格划分开来，政府部门权力过大，容易导致制衡的失效和监督机制流于形式。目前，全国多数省份的社保部门集社会保险基金收缴支付、管理运营、监督检查三项职能于一身。权力的过度集中，使得监管成了"左手管右手"，难以实现实质意义上的监督作用。另一方面，由于尚未建立公开透明的信息披露制度，基金管理的公开性、透明度不高，公民信息获取困难，信息不对称，无法有效地发挥公民监督和社会监督的作用。由于行政监管一支独大，社会监管严重不足，加上行政监管还存在政监不分的弊端，对社会保险基金运营的监管捉襟见肘，实难发挥其应有的作用，侵占、挤占、挪用基金的案件仍时有发生，基金安全仍存在隐患。近年来，尽管我国加大了基金监管力度，社会保险基金安全程度有所提高，但是由于社会保险基金监管体制的不健全，社会保险基金管理不透明、不规范、监管不到位，一直是我国社保基金管理存在的

---

① 马立业、马卓檀、刘丽："试论社会保障基金筹集与运营法律制度的若干问题"，《当代法学》1996 年第 5 期。

弊病。

在 2011 年《社会保险法》实施之前，社会保险基金的监管制度缺乏立法层面的规定。实践中，社会保险基金监管随意化、非法治化特征明显，地方各级社保经办机构的行为基本属于自查自纠，缺乏有效监督。一方面，由于统筹层次低、管理分散，中央对地方以政府名义违规动用社会保险基金的行为的监督不及时且显得鞭长莫及、有心无力。另一方面，对于已经发生的损失，缺乏真正的法律救济和法律责任追究机制。自管、自查、自纠的以行政监管为主的监管制度，监督部门和经办部门实质上属于同一个利益群体，导致监督力度不够，监管制度难以完全发挥功能和作用，难以为社保基金的安全性提供制度保障。《社会保险法》实施后，虽然规定了权力机关的监督、行政部门监督、财政部门和审计部门的监督等，但是缺乏社会保险基金权利主体的监督机制和社会监督机制；所谓的社会保险监督委员会实施的社会监督还是在统筹地区人民政府的指导下成立，社会保险监督委员会和社会保险经办机构同在政府管辖之下，利益联结的纽带还是没有解开。① 如何建立完善的监管制度，建立有效的外部监督机制，提高社会保险基金管理的透明度和政府在社会保险制度中的公信力，改变我国现行社会保险基金管理模式中既不向受益人负责也不受其约束的状况，是社会保险基金监管中要解决的问题。

（六）社会保险基金给付压力大

基本养老保险基金和医疗保险基金是社会保险基金中最为重要的基金。② 我国当前人口流动加速和人口老龄化情况严重，对基本养老保险基金和医疗保险基金的需求增大。根据 2010 年第六次全国人口普查数

---

① 参见我国《社会保险法》第 79 条、第 80 条的规定。

② 这里的重要，是从募集金额、结余额及受益人群的覆盖率方面来讲。

据，我国 60 岁及以上老年人口已达 1.7765 亿，占全国总人口的比重达 13.26%，占全球老年人口的比重达 23.6%。[①] 老龄化意味着人口老年负担系数不断提高，也同时意味着劳动投入的减少。按照第五届全国人民代表大会常务委员会第二次会议批准的《国务院关于安置老弱病残干部的暂行办法》和《国务院关于工人退休、退职的暂行办法》的规定，职工的退休年龄一般为女性五十、男性六十。养老保险基金面临在职人员趋于减少，退休人员急剧增加的形势。退休人员的增多，不仅造成熟练劳动力的供给减少，而且增大了养老保险基金的给付压力。工作人员在职缴费年限相对于其就业年限缩短，退休受益年限延长，社会赡养率大幅增加，与之相反的是社保基金运作回报率低。此外，老龄化的上升程度和速度，也增加了医疗保险基金的支出。提高社保基金的给付能力，除了要建立有效的保值增值机制，还必须重视提前退休和医疗保险基金的不当给付对社会保险基金给付能力造成的影响。一方面，要综合考虑我国的人口年龄结构、就业压力等因素，择机延长退休年龄[②]；另一方面，应采取措施减少、消除社会保险基金的不当给付，抑制社会保险费用的过快增长。

我国实行的是部分积累制的社会保险基金筹集模式，这种模式由于存在资金累积，具有天然的保值增值需求。从历年社会保险基金银行存款利率与同期全国通货膨胀率的对比中，可以看出以社会保险基金目前的投资渠道难以实现保值、增值，反而因高通货膨胀率而呈缩水、贬值之势。社会保险基金投资运用的收入，在社会保险基金中的地位十分重要，重视社

[①] 根据 2010 年第六次全国人口普查数据显示：全国 60 岁及以上老年人口已达 1.7765 亿，占总人口的比重达 13.26%，与 2000 年第五次全国人口普查相比，上升了 2.93 个百分点。全国 65 岁及以上老年人口达 1.1883 亿，老年抚养比为 11.9%，较上年末上升 0.3 个百分点。参见全国老龄工作委员会办公室：《2010 年度中国老龄事业发展统计公报》，2011 年 8 月公布，网址：http://www.cncaprc.gov.cn，最后访问时间 2011 年 10 月 21 日。

[②] 2012 年 7 月，人力资源和社会保障部社会保障研究所所长何平提出，我国应逐步延龄退休，建议到 2045 年不论男女，退休年龄均为 65 岁。现行退休年龄是为，男性 60 周岁，女性 50 周岁。

会保险基金的投资管理，实现社会保险基金投资收入的增加，是社会保险基金长期、稳定运作的必需，也是社会保险制度稳健、可持续发展的基础。因此，扩大社会保险基金的覆盖面和资金来源，拓宽社会保险基金的投资渠道，促进社会保险基金的投资管理运作，是实现社会保险基金安全、保值、增值管理目标的必要途径。从节支的角度来看，实现社会保险基金的规范给付，降低管理成本，防止给付漏洞的发生，避免社会保险基金的非法流失是确保社会保险基金安全、有效运作的前提和基础。构建合适的社会保险基金管理模式，加强社会保险基金管理的法律规制，实现社会保险基金保值增值已是刻不容缓。

（七）社会保险经办机构缺乏独立性与专业性，责任约束机制缺失

首先，我国的社会保险经办机构是以服务为主，但具有行政管理职能，负责社会保险事务工作的事业性单位，[①]具有"准政府"的性质。社会保险经办机构和社会保险行政机构未真正做到管办分离，独立性不足。其次，社会保险基金的保值增值，和资本市场有着密切关系，需要通过资金进入资本市场运作来完成，管理人员需要具备专业知识，而社会保险经办机构各相关部门对专门机构的设立和专门人才（特别是投资运营人才）的引进和培养都缺乏应有的重视，资本市场实际投资管理的经验不足以及投资管理专业人员的缺乏都决定了社会保险经办机构的专业性不强。再次，社会保险经办机构对社会保险基金管理的权力很大，但是约束不足。社保经办机构在筹集、管理和给付社保基金的过程中可能发生违法违规行为，但立法上却缺乏相应的责任追究机制。人力资源和社会保障部曾联合

---

① 参见叶静漪："社会保险经办机构的法律定位"，《法学杂志》2012 年第 5 期。

多部门，在对社保基金专项治理的工作中，列举了相关情形。① 我国社会保险法或相关立法对于社保经办机构在筹集、管理和给付社保基金的过程中发生的以下行为，尚需建立和完善相关的责任追究制度：第一，违规从社会保险基金中提取费用的行为。我国《社会保险法》规定了社会保险经办机构的经费、社会保险运行、管理费用的资金来源。② 该法颁布前，也曾专门发文禁止社保经办机构从社会保险基金中提取费用，但实践中仍存在社保经办机构违规提取费用的情况，且《社会保险法》对此类行为未予以直接明确规定相应的法律责任，虽然可以援引适用该法第89条中的兜底条款，③ 但是责任承担方式和处罚力度均偏弱，容易导致在实践中类似行为屡禁不止。第二，未按照法律规定核定或擅自更改社会保险费的缴费基数、基率或者未将社保基金存入专户的行为。目前我国《社会保险法》虽然有专门的法条规定了前述行为的法律责任，但是只是规定了责令改正、退还以及行政处罚中的处分。对于赔偿责任的适用，附加了限制条件即要求造成损失。笔者认为，首先，对前述侵害社保基金的行为，应加大惩处力度，规定适合的刑事处罚；其次，就未将社会保险基金存入专户的行

---

① 第一，不依法核定社会保险缴费基数，不及时征缴社会保险费；收入不按规定入账，隐瞒、转移社会保险费收入；自行制定征缴优惠政策，造成社会保险费应收未收的问题。第二，不严格执行社会保险基金支付政策，擅自扩大使用范围；不按规定及时、足额支付社会保险待遇，或管理失职，致使群众利益得不到保障；不按规定及时结算医疗费用，影响基金的使用效益；贪污、截留、挤占、挪用社会保险基金，采取欺诈手法套取、骗取社会保险基金的问题。第三，不按规定开设银行账户、传递票据、划转资金和进行会计核算，个人账户不按规定记录，基金不按规定归集的问题。第四，不按规定存储结余基金，不执行国家规定的社会保险基金利率政策，或违规投资造成基金损失；历史遗留的挤占挪用基金问题一直得不到解决，基金安全缺乏保障的问题。参见人力资源和社会保障部、财政部、中国人民银行、国家税务总局、监察部、国务院纠风办等十部门《关于印发社会保险基金专项治理工作方案的通知》（人社部发〔2008〕55号）。

② 参见《中华人民共和国社会保险法》第72条第2款，社会保险经办机构的人员经费和经办社会保险发生的基本运行费用、管理费用，由同级财政按照国家规定予以保障。

③《中华人民共和国社会保险法》第89条，"（五）有违反社会保险法律、法规的其他行为的。"

为，由于该行为不仅可能导致社会保险基金的挪用和挤占，而且一定程度上会影响到社会保险基金的利息收入以及保值增值等，所以应取消《社会保险法》中"造成损失"的结果性条件，从而确保社会保险基金能及时足额地存入专户。

第二节　我国社会保险基金管理的立法现状

一、我国社会保险基金管理的相关法律

（一）我国社会保险基金管理相关立法梳理

我国社会保险制度的建立起步较晚，并呈现出一种"步步为营"的缓慢推进过程。关于社会保险基金，我国目前已经颁布了一系列有关的法律、法规、规章以及相关的规范性文件，下面就这些法律法规作一个系统的梳理。

1. 综合性立法

自 1984 年全国各地进行养老保险制度改革以来，我国社会保险事业在 20 世纪 90 年代初期有了较大发展，从最初的在国有企业固定职工中实行养老保险，发展到在城镇各类企业、各类职工中普遍实行养老保险、医疗保险、失业保险、工伤保险和生育保险五大保险险种。社会保险事业的发展凸显出社会保险基金收支管理的重要性。为此，1997 年劳动部出台了《社会保险业务管理程序》，规定了依据社会保险基金的来源与流向，将社会保险基金从筹集到支付分为缴费核定、费用征集、费用记录处理、待遇核定、待遇支付、基金会计核算与财务管理六个环节，形成了社会保险业务管理程序。1999 年财政部会同劳动部制定了《社会保险基金财务制度》，加强企业职工基本养老保险基金、失业保险基金、城镇职工基本医疗保险

基金等各项社会保险基金的财务管理，除总则外，分则共 8 章较为详尽地规定了基金预算、基金筹集、基金支付、基金结余、财政专户、资产与负债、基金决算、监督与检查等各个环节的管理。1999 年还相继出台了《社会保险登记管理暂行办法》、《社会保险费申报缴纳管理暂行办法》、《社会保险费征缴监督检查办法》、《社会保障基金财政专户管理暂行办法》等四个规范性文件，进一步补充规范社会保险基金的管理活动；2001 年出台《社会保险基金监督举报工作管理办法》与《社会保险行政争议处理办法》以规范社会保险基金管理中的行政行为；2003 年出台《社会保障基金现场监督规则》与《社会保险稽核办法》；2010 年国务院出台了《关于实行社会保险基金预算的意见》；2011 年人力资源和社会保障部颁布《社会保险个人权益记录管理办法》、《社会保险基金先行支付暂行办法》；当然，在社会保险基金综合性立法中最为闪耀的成果，当是 2010 年颁布、2011 年实施，被誉为"民生基本大法"的《社会保险法》，其不仅立法位阶高，而且对于社会保险基金各险种的覆盖范围，社会保险待遇项目和享受条件、社会保险经办机构、社会保险基金监督、各项社会保险的缴纳领取等内容均作出了较为明确的规定。

2. 各项保险基金的规定

（1）基本养老保险

关于基本养老保险的规定，早在 1978 年国务院《关于工人退休、退职的暂行办法》中就有所体现。1984 年我国养老保险制度开始改革，并于 1986 年开始推行国有企业职工退休费社会统筹。1991 年国务院颁布《关于企业职工养老保险制度改革的决定》，要求"逐步建立起基本养老保险与企业补充养老保险和职工个人储蓄性养老保险相结合的制度"，并规定养老保险实行社会统筹，费用由国家、企业与职工三方分担。自此，我国开始逐步建立起多层次的养老保险体系。其后，1993 年劳动部颁布《企业职工养老保险基金管理规定》、1997 年国务院颁布《关于建立统一的企业职工基本养老保险制度的决定》、1998 年《企业职工基本养老保险基金实行收支两条线管理暂行规定》相继推动了全国统一的城镇企业职工基本养老保险制度的进程。2001 年劳动和社会保障部《关于完善城镇职工基本养老保险政策有关问题的通知》、2003 年劳动和社会保障部《关于调整基本养老保险个人缴费比例的通知》、2005 年国务院《关于完善企业职工基本养老保险制度的决定》，2014 年《城乡养老保险制度衔接暂行办法》等一系列完善养老保险制度的规定相继出台。此外，还有针对个人账户管理的《职工基本养老保险个人账户管理暂行办法》；针对养老待遇的《关于提前退休人员养老金计发有关问题的复函》、《关于各地不得自行提高企业基本养老金待遇水平的通知》等。关于农村养老保险的文件主要有 1992 年《县级农村社会养老保险基本方案（试行）》、2007 年《关于做好农村社会养老保险和被征地农民社会保障工作有关问题的通知》、2008 年《关于调整农村社会养老保险个人账户计息办法的通知》、2009 年国务院《关于开展新型农村社会养老保险试点的指导意见》。

（2）基本医疗保险

关于基本医疗保险的综合性规定主要有 1998 年国务院《关于建立城镇职工基本医疗保险制度的决定》、2002 年劳动和社会保障部办公厅《关于妥善解决医疗保险制度改革有关问题的指导意见》、2009 年人力资源社会保障部、财政部《关于全面开展城镇居民基本医疗保险工作的通知》。业务管理的规定主要有 1996 年劳动部办公厅《关于认真贯彻执行医疗保险制度改革实行属地管理原则的通知》、2000 年劳动和社会保障部关于《城镇职工基本医疗保险业务管理规定》、2009 年《流动就业人员基本医疗保障关系转移接续暂行办法》、2009 年人力资源社会保障部、财政部《关于进一步加强基本医疗保险基金管理的指导意见》、2011 年《关于领取事业保险金人员参加职工基本医疗保险有关问题的通知》、2015 年人力资源社会保障部、财政部《关于做好 2015 年城镇居民基本医疗保险工作的通知》。

参保与待遇的规定主要有 2003 年劳动和社会保障部办公厅《关于城镇灵活就业人员参加基本医疗保险的指导意见》、2004 年劳动和社会保障部办公厅《关于推进混合所有制企业和非公有制经济组织从业人员参加医疗保险的意见》。

（3）工伤保险

相较养老保险、医疗保险、生育保险来说，工伤保险的法制化程度较高。关于工伤保险的综合性规定主要有 2003 年劳动和社会保障部等《关于工伤保险费率问题的通知》、2004 年《工伤保险经办业务管理规程（试行）》、2004 年劳动和社会保障部《关于农民工参加工伤保险有关问题的通知》、2003 年通过 2004 年实施的《工伤保险条例》、2010 年人力资源和社会保障部《关于推进工伤保险市级统筹有关问题的通知》、2010 年修订后的《工伤保险条例》。特别的工伤待遇规定主要有 1992 年劳动部《关于外派劳务人员伤、残、亡善后处理问题的复函》、2003 年《因工死亡职工供养亲属范围规定》、最高人民法院行政庭《关于劳动行政部门是否有权作出强制企业支付工伤职工医疗费用的决定答复》等。

（4）失业保险

主要有 1998 年劳动和社会保障部、财政部《关于调剂失业保险基金支持企业再就业服务中心有关问题的通知》、1998 年劳动和社会保障部、财政部、人事部《关于失业保险基金管理工作有关问题的紧急通知》、1999 年《失业保险条例》、1999 年劳动和社会保障部、财政部《关于调整失业保险基金支出项目有关问题的通知》、1999 年劳动和社会保障部等《关于事业单位参加失业保险有关问题的通知》、2000 年《失业保险金申领发放办法》、2000 年劳动和社会保障部《关于不得擅自扩大失业保险开支项目的通知》、2000 年国家税务总局《关于失业保险费（金）免征个人所得税问题的通知》、2002 年劳动和社会保障部《关于建立失业保险个人缴费记录的通知》、2006 年劳动和社会保障部《优化失业保险经办业务流程指南》。

（5）生育保险

主要有 1988 年劳动部《关于女职工生育待遇若干问题的通知》、1994 年《企业职工生育保险试行办法》、1999 年劳动和社会保障部等《关于妥善解决城镇职工计划生育手术费用问题的通知》、2004 年劳动和社会保障部办公厅《关于进一步加强生育保险工作的指导意见》、2006 年劳动和社会保障部办公厅《关于生育保险覆盖范围的复函》、2009 年人力资源和社会保障部办公厅《关于妥善解决城镇居民生育医疗费用的通知》。

（二）社会保险基金征缴的规定

1999 年国务院《社会保险费征缴暂行条例》对基本养老保险费、基本医疗保险费、失业保险费的征收、缴纳作出了规定；1999 年劳动和社会保障部《社会保险费申报缴纳管理暂行办法》对社会保险费的申报缴纳作出了具体规定；2010 年我国《社会保险法》按照险种对社会保险基金的筹集进行了规定，包括覆盖范围、基金筹资方式、缴费基数和缴费比例、账户归入等问题。

1. 基本养老保险

我国基本养老保险实行社会统筹和个人账户相结合即部分积累制的基金筹集模式。[1] 费用负担的规定：必须参加基本养老保险的职工的社会保险费，实行国家、单位、个人三方共同负担的原则，即由用人单位和职工共同缴纳，政府补贴。其中，用人单位的缴费是最主要的资金来源，个人缴费是基本养老保险基金的组成部分，政府补贴体现了国家在养老保险基金中的责任。无雇工的个体工商户、未在用人单位参加基本养老保险的非全日制从业人员、其他灵活就业人员为可以参加基本养老保险的人员，基

---

[1] 参见《中华人民共和国社会保险法》第 11 条第 1 款，基本养老保险实行社会统筹与个人账户相结合。

本养老保险费由个人按照国家规定 ① 缴纳，分别记入基本养老保险统筹基金和个人账户。

缴纳比例和账户处理的规定：单位按照国家规定的本单位职工工资总额的比例缴纳基本养老保险费，记入基本养老保险统筹基金。② 职工个人应当按照国家规定的本人工资的一定比例缴纳基本养老保险费，记入个人账户。③

主要适用法律：1997 年国务院《关于建立统一的企业职工养老保险制度的决定》、2003 年劳动和社会保障部《关于调整基本养老保险个人缴费比例的通知》、2005 年国务院《关于完善企业职工基本养老保险制度的决定》以及 2010 年颁布的《社会保险法》④。

2. 基本医疗保险

基本医疗保险包括职工基本医疗保险（包括必须参加的职工和可以参加基本医疗保险的无雇工的个体工商户、未在用人单位参加基本养老保险的非全日制从业人员、其他灵活就业人员）、新型农村合作医疗保险以及城镇居民基本医疗保险。我国《社会保险法》未明确规定基本医疗保险实

---

① 《中华人民共和国社会保险法》第 10 条第 2 款，无雇工的个体工商户、未在用人单位参加基本养老保险的非全日制从业人员以及其他灵活就业人员可以参加基本养老保险，由个人缴纳基本养老保险费。

2005 年国务院《关于完善企业职工基本养老保险制度的决定》（国发［2005］38 号），规定城镇个体工商户和灵活就业人员参加基本养老保险的缴费基数为当地上年度在岗职工平均工资，缴费比例为 20%，其中 8% 记入个人账户，退休后按《企业职工基本养老金计发办法》计发基本养老金。

② 需要注意的是，关于单位缴纳的基本养老保险费，经历了一个划入个人账户到不再划入个人账户的过程，说明我国在社会保险实践中注意到了社会统筹互济的重要意义。2000 年 12 月 25 日，国务院《关于印发完善城镇社会保障体系试点方案的通知》规定，企业依法缴纳基本养老保险费，缴费比例一般为企业工资总额的 20% 左右，目前高于 20% 的地区，可暂维持不变。企业缴费部分不再划入个人账户，全部纳入社会统筹基金，并以省（自治区、直辖市）为单位进行调剂。

③ 2005 年国务院《关于完善企业职工基本养老保险制度的决定》（国发［2005］38 号），规定了为与做实个人账户相衔接，从 2006 年 1 月 1 日起，个人账户的规模统一由本人缴费工资的 11% 调整为 8%，全部由个人缴费形成，单位缴费不再划入个人账户。

④ 具体参见《中华人民共和国社会保险法》第 10 条、第 11 条、第 12 条、第 13 条。

行"社会统筹和个人账户"相结合的模式，但实践中为社会统筹加个人账户模式。①

费用负担的规定：基本医疗保险费的负担，必须参加职工基本医疗保险的，由用人单位和职工共同缴纳；可以参加职工基本医疗保险的，由个人缴纳；新型农村合作医疗，授权国务院规定；城镇居民的，实行个人缴费和政府补贴相结合。

缴纳比例和账户处理的规定：用人单位缴费率在职工工资总额的 6% 左右，职工缴费率一般为本人工资收入的 2%，前述缴费率可随经济发展作调整。在财务处理上，个人缴纳的全部计入个人账户；单位缴纳的，则分别划入统筹基金和个人账户，其中划入个人账户的比例一般为用人单位缴费的 30% 左右，具体比例由统筹地区根据个人账户的支付范围和职工年龄等因素确定。②

主要适用法律：1998 年国务院《关于建立城镇职工基本医疗保险制度的决定》、2003 年劳动和社会保障部办公厅《关于城镇灵活就业人员参加基本医疗保险的指导意见》以及 2010 年颁布的《社会保险法》③。

3. 工伤保险

工伤保险实行社会统筹，不存在个人账户，工伤保险基金逐步实行省级统筹。④ 费用负担的规定：工伤保险费由用人单位缴纳。缴费比例和账

---

① 根据 1998 年国务院《关于建立城镇职工基本医疗保险制度的决定》为统筹加个人账户。另外，根据该决定，基本医疗保险原则上以地级以上行政区（包括地、市、州、盟）为统筹单位，也可以县（市）为统筹单位，北京、天津、上海 3 个直辖市原则上在全市范围内实行统筹。所有用人单位及其职工都要按照属地管理原则参加所在统筹地区的基本医疗保险，执行统一政策，实行基本医疗保险基金的统一筹集、使用和管理。

② 参见 1998 年国务院《关于建立城镇职工基本医疗保险制度的决定》。

③ 参见《中华人民共和国社会保险法》第 23 条、第 24 条、第 25 条。

④ 根据 2010 年修订的《工伤保险条例》第 11 条，跨地区、生产流动性较大的行业，可以采取相对集中的方式异地参加统筹地区的工伤保险。具体办法由国务院社会保险行政部门会同有关行业的主管部门制定。

户处理的规定：先由国家确定行业差别费率和行业内费率档次；再由社会保险经办机构确定用人单位缴费费率；用人单位以本单位职工工资总额为缴费基数，按照社保经办机构确定的费率缴纳。主要适用法律：2010 年修订后的《工伤保险条例》及 2010 年颁布的《社会保险法》[①]。

4. 失业保险

失业保险实行社会统筹，失业保险基金的统筹层次因地而异。[②] 费用负担的规定：由用人单位和职工共同缴纳失业保险费。城镇企业事业单位、城镇企业事业单位职工缴纳的失业保险费、失业保险基金的利息、财政补贴以及依法纳入失业保障基金的其他资金共同构成失业保险基金。缴费比例的规定：城镇企事业单位按照本单位工资总额的 2% 缴纳，职工按照本人工资的 1% 缴纳，城镇企业失业单位招用的农民合同制工人本人不缴费。[③] 主要适用法律:《失业保险条例》和《社会保险法》。[④]

5. 生育保险

生育保险实行社会统筹。由用人单位缴纳费用，具体缴费比例为：企业按照其工资总额的一定比例，具体比例由当地政府根据计划内生育人数和生育津贴、生育医疗费等项费用确定，并可根据费用支出情况适时调整，但最高不超过工资总额的 1%。因此，在资金募集上，其具有可预见性的特点。此外，在生育保险费的缴纳上，其具有负担均衡性的特点，即所有企业或参加生育保险的用人单位不论是否有女职工或不论女职工人数多少，都要按工资总额的统一比例缴纳生育保险费。主要适用法律:《企业

---

① 参见《中华人民共和国社会保险法》第 33 条、第 34 条、第 35 条。

② 参见《失业保险条例》第 7 条，失业保险基金在直辖市和设区的市实行全市统筹；其他地区的统筹层次由省、自治区人民政府规定。

③ 参见《失业保险条例》第 6 条。

④ 参见《失业保险条例》第 5 条、第 6 条、第 7 条和《中华人民共和国社会保险法》第 44 条。

职工生育保险试行办法》和《社会保险法》的规定。①

（三）社会保险基金管理的规定②

1. 综合性规定

曾经有 1993 年劳动部《社会保险财务制度（试行）》和《社会保险会计制度》、1994 年劳动部和财政部《关于加强企业职工社会保险基金投资管理的暂行规定》③，但是前述规范性文件均已失效。1995 年，劳动部和国家审计署公布《社会保险审计暂行规定》就社保基金的审计制度作出了规定。1997 年劳动部《社会保险业务管理程序》规定了社会保险基金的业务管理程序问题。目前，规范社会保险基金财务管理和会计核算的是 1999 年劳动和社会保障部《社会保险基金财务制度》和财政部《社会保险基金会计制度》。1999 年国务院《社会保险费征缴暂行条例》就社会保障基金财政专户进行了规定。迄今为止，我国尚未出台针对基本社会保险基金管理的专门规定。④

---

① 参见《企业职工生育保险试行办法》第 4 条和《中华人民共和国社会保险法》第 53 条。

② 这里的管理为狭义的管理，不包括社会保险基金的筹集和给付。

③ 该文件规定：国家发行社会保险基金特种定向债券。职工养老保险基金收支相抵后的结余额，除留足两个月支付费用外，80% 左右应用于购买特种定向债券，在国务院没有作出新的规定前，不得在境内外进行其他直接投资和各种形式的委托投资。工伤保险等其他社会保险基金，在保证必要支出后，其结余额的一部分以及养老保险基金购买特种定向债券后的结余额，应根据国家下达的年度国债发行计划，积极认购其他种类的国家债券。其中，失业保险等其他社会保险基金结余额，也可视国债发行计划需要，认购一部分特种定向债券。社会保险基金购买国家债券以后仍有结余的部分，应按社会保险基金管理的有关规定存入银行的专户。

④ 目前，全国社保基金和作为补充养老保险的企业年金的管理，都有单独的规范性文件予以规定，分别是 2001 年劳动部和社会保障部《全国社会保障基金投资管理暂行办法》以及 2011 年人力资源和社会保障部、银监会、证监会、保监会联合发布的《企业年金基金管理办法》。前者属于国家储备型的社保基金，后者属于补充保险，遗憾的是，基本社会保险基金的具体管理规则至今没有。

2. 各项社会保险基金管理的规定

（1）基本养老保险基金

主要有 1991 年国务院《关于企业职工养老保险制度改革的决定》、1997 年国务院《关于建立统一的企业职工基本养老保险制度的决定》，规定了基本养老保险费应存入养老保险基金专户，专项存储、专款专用。银行对此应计息，[①] 所得利息并入基金。此外，地方政府应设立养老保险基金委员会，对养老保险基金管理实施指导和监督。基本养老保险基金实行收支两条线管理，基金结余额，除预留相当于 2 个月的支付费用外，只能用于购买国债和存入专户。

（2）基本医疗保险基金

主要是 1998 年国务院《关于建立城镇职工基本医疗保险制度的决定》，规定了专户管理以及专款专用，个人账户的本金和利息归个人所有，可以结转使用和继承。还规定了社会保险经办机构的事业经费不得从基金中提取，而由各级财政预算解决。此外，还规定了基本医疗保险基金的银行计息办法。[②]

（3）工伤保险基金

主要为修订后的《工伤保险条例》，该条例规定工伤保险基金存入财

---

① 按其存期照央行规定的同期城乡居民储蓄存款利率计息。

② 具体规定：当年筹集的部分，按活期存款利率计息；上年结转的基金本息，按 3 个月期整存整取银行存款利率计息；存入社会保障财政专户的沉淀资金，比照 3 年期零存整取储蓄存款利率计息，并不低于该档次利率水平。

政专户，并规定了工伤保险基金的用途和限制，^① 以及储备金的要求 ^②。

（4）失业保险基金

《失业保险条例》要求失业保险基金存入财政专户，实行收支两条线管理。存入银行和按照国家规定购买国债的失业保险基金，分别按照城乡居民同期存款利率和国债利息计息。失业保险基金的利息并入失业保险基金。失业保险基金专款专用，不得挪作他用，不得用于平衡财政收支。^③

（5）生育保险基金

主要是 1994 年劳动部《企业职工生育保险试行办法》。^④ 生育保险基金的收缴、支付和管理由社会保险经办机构负责。基金存入专户，按照城乡居民个人储蓄同期存款利率计息，所得利息转入生育保险基金。社保经办机构的管理费可从生育保险基金中提取。管理费提取比例最高不得超过生育保险基金的 2%。生育保险基金及管理费不征税、费。

（四）社会保险基金给付的规定

给付是社会保险基金管理的重要环节。它决定着社会保险基金参保人的社会保险权能否顺利实现，对社会保险基金的规模和预算也有着直接影响。社会保险基金给付的规定应包括给付条件、给付程序和给付内容。

---

① 参见《工伤保险条例》第 12 条，工伤保险基金用于本条例规定的工伤保险待遇，劳动能力鉴定，工伤预防的宣传、培训等费用，以及法律、法规规定的用于工伤保险的其他费用的支付。工伤预防费用的提取比例、使用和管理的具体办法，由国务院社会保险行政部门会同国务院财政、卫生行政、安全生产监督管理等部门规定。任何单位或者个人不得将工伤保险基金用于投资运营、兴建或者改建办公场所、发放奖金，或者挪作其他用途。

②《工伤保险条例》第 13 条，工伤保险基金应当留有一定比例的储备金，用于统筹地区重大事故的工伤保险待遇支付；储备金不足支付的，由统筹地区的人民政府垫付。储备金占基金总额的具体比例和储备金的使用办法，由省、自治区、直辖市人民政府规定。

③ 参见《失业保险条例》第 11 条。

④ 参见《企业职工生育保险试行办法》第 8 条、第 9 条。

1. 综合规定

我国《社会保险法》总则中规定，个人依法享受社会保险待遇。各项社会保险待遇的给付条件和给付内容，在该法总则之后的各单项保险中也予以了不同程度的规定。

2. 各项社会保险基金给付的规定

（1）养老保险待遇

我国《社会保险法》规定：参加基本养老保险，达到法定退休年龄时累计缴费满15年的，按月领取基本养老金。如果达到法定退休年龄时不足15年的，可以缴费至满15年然后按月领取，也可以转入新型农村社会养老保险或者城镇居民社会养老保险，按照国务院规定享受相应的养老保险待遇。① 至于基本养老金的计发方法，则遵循1997年《关于建立统一的企业职工基本养老保险制度的决定》（以下简称"97年决定"）以及2005年《关于完善企业职工基本养老保险制度的决定》（以下简称"05年决定"）。"97年决定"采取了"老人老办法，中人中办法，新人新办法"的处理方式，即针对三类人群规定了不同的养老金计发办法。② "05年决定"对基本养老金计发进行了完善规定，规定从2006年1月1日起，个人账户的规模统一由本人缴费工资的11%调整为8%，全部由个人缴费形成，单位缴费不

---

① 参见《中华人民共和国社会保险法》第16条。

② 具体规定为：（1）新人：实施后参加工作的职工，缴费年限累计满15年的，退休后按月发给基本养老金。退休时的基础养老金月标准为省、自治区、直辖市或地（市）上年度职工月平均工资的20%，个人账户养老金月标准为本人账户储存额除以120。（2）老人：本决定实施前已经离退休的人员，仍按国家原来的规定发给养老金，同时执行养老金调整办法。（3）中人：本决定实施前参加工作、实施后退休且个人缴费和视同缴费年限累计满15年的人员，按照新老办法平稳衔接、待遇水平基本平衡等原则，在发给基础养老金和个人账户养老金的基础上再确定过渡性养老金，过渡性养老金从养老保险基金中解决。

再划入个人账户；并改革了"97年决定"中的基本养老金计发办法。① 此外，对"05年决定"实施后到达退休年龄但缴费年限累计不满15年的人员，规定不发给基础养老金，个人账户储存额一次性支付给本人，终止基本养老保险关系。

（2）医疗保险待遇

1998年国务院《关于建立城镇职工基本医疗保险制度的决定》规定了统筹基金和个人账户划定各自的支付范围，分别核算，不得互相挤占。统筹基金的起付标准原则上控制在当地职工年平均工资的10%左右，最高支付限额原则上控制在当地职工年平均工资的4倍左右。②

（3）工伤保险待遇

《工伤保险条例》第三章规定了工伤认定的程序。我国《社会保险法》第38条以及《工伤保险条例》第五章规定了工伤保险待遇的具体内容。③

（4）失业保险待遇

我国《社会保险法》规定了失业保险金的领取条件、领取期限等内容。

---

① 具体规定：(1)新人：退休时的基础养老金月标准以当地上年度在岗职工月平均工资和本人指数化月平均缴费工资的平均值为基数，缴费每满1年发给1%。个人账户养老金月标准为个人账户储存额除以计发月数，计发月数根据职工退休时城镇人口平均预期寿命、本人退休年龄、利息等因素确定。(2)老人：本决定实施前已经离退休的人员，仍按国家原来的规定发给基本养老金，同时执行基本养老金调整办法。(3)中人："97年决定"实施前参加工作，"05年决定"实施后退休且缴费年限累计满15年的人员，在发给基础养老金和个人账户养老金的基础上，再发给过渡性养老金。

② 起付标准以下的医疗费用，从个人账户中支付或由个人自付。起付标准以上、最高支付限额以下的医疗费用，主要从统筹基金中支付，个人也要负担一定比例。超过最高支付限额的医疗费用，可以通过商业医疗保险等途径解决。统筹基金的具体起付标准、最高支付限额以及在起付标准以上和最高支付限额以下医疗费用的个人负担比例，由统筹地区根据以收定支、收支平衡的原则确定。

③ 因工伤发生的下列费用，按照国家规定从工伤保险基金中支付：治疗工伤的医疗费用和康复费用；住院伙食补助费；到统筹地区以外就医的交通食宿费；安装配置伤残辅助器具所需费用；生活不能自理的，经劳动能力鉴定委员会确认的生活护理费；一次性伤残补助金和一至四级伤残职工按月领取的伤残津贴；终止或者解除劳动合同时，应当享受的一次性医疗补助金；因工死亡的，其遗属领取的丧葬补助金、供养亲属抚恤金和因工死亡补助金；劳动能力鉴定费。

失业保险待遇的具体内容，包括失业保险金的给付标准，在《失业保险条例》第三章中予以了专章规定。

（5）生育保险待遇

主要包括生育医疗费用和生育津贴。生育医疗费用的具体科目和享受生育津贴的具体情形，在我国《社会保险法》第 55 条、第 56 条中予以了规定。具体规定参见 1994 年《企业职工生育保险试行办法》和 1988 年劳动部《关于女职工生育待遇若干问题的通知》。

（五）社会保险基金监管的规定

1. 综合规定

主要有 2001 年劳动和社会保障部《社会保险基金监督举报工作管理办法》、《社会保险基金行政监督办法》、2003 年劳动和社会保障部《社会保障基金现场监督规则》以及《社会保险稽核办法》、2005 年劳动和社会保障部《关于开展社会保险基金非现场监督工作的通知》、2006 年劳动和社会保障部《关于进一步加强社会保险基金管理监督工作的通知》、2006年劳动和社会保障部《关于贯彻落实国务院常务会议精神加强社会保险基金监管有关问题的通知》、2006 年劳动和社会保障部《关于印发社会保险基金要情报告制度的通知》。

2. 各项社会保险基金监管的规定

（1）养老保险基金

2005 年国务院《关于完善企业职工基本养老保险制度的决定》对加强基本养老保险基金征缴和监管进行了规定，要求全面落实《社会保险费征缴暂行条例》，对拒缴、瞒报少缴基本养老保险费、欠缴基本养老保险费、挪用养老保险费的行为进行了禁止性规定。2006 年劳动和社会保障部《关于开展社会保险经办机构养老保险内部控制检查的通知》，主要围绕基本养老保险经办管理内部控制制度的建立，从运行程序、权力制约、责任追究等方面进行了规定。

（2）医疗保险基金

1998 年国务院《关于建立城镇职工基本医疗保险制度的决定》要求健全基本医疗保险基金的管理和监督机制，建立健全内部审计制度、财务会计制度和预决算制度，严格控制社保经办机构的事业经费来源。该决定从劳动保障部门、财政部门和审计等部门的职权出发，分配了不同部门的监督职权职责。

（3）工伤保险基金

《工伤保险条例》第六章专章对监督管理进行了规定，监管内容包括工伤保险费用的核算和结算，工伤保险基金收支情况的定期公布，劳动保障行政部门、财政部门和审计机关的监督，组织和个人的监督权、工会监督权等。

（4）失业保险基金

《失业保险条例》规定了失业保险基金的专门监督，即财政部门和审计部门依法对失业保险基金的收支、管理情况进行监督。①

（5）生育保险基金

《企业职工生育保险试行办法》规定，生育保险基金的筹集和使用，实行财务预、决算制度，由社会保险经办机构作出年度报告，并接受同级财政、审计监督。市（县）社会保险监督机构定期监督生育保险基金管理工作。②

---

① 参见《失业保险条例》第 26 条。
② 参见《企业职工生育保险试行办法》第 10 条、第 11 条。

二、我国社会保险基金管理的立法缺陷

（一）社会保险基金管理的立法滞后

我国社会保险制度的建立起步较晚，且一直处于一个探索并缓慢推进的过程。对于社会保险基金的管理同样是"摸着石头过河"。实践经验的不足以及理论探索的滞后，使得社会保险基金管理的立法一直处于一种仓促应对实践，缺乏前瞻性的状态。从我国发展实践来看，养老保险、失业保险、医疗保险、工伤保险和生育保险五大社会保险险种的启动时间、统筹层次、制度实践等均有所不同，因而受重视程度与法制化程度也存在着较大差异。养老保险和医疗保险在我国社会保险制度中具有举足轻重的地位，其中养老保险基金在社会保险基金中的比重最大，在实践中影响力最大，影响范围最广，但由于其内容和制度较为庞杂，法制化程度不高。在《社会保险法》颁布实施之前，关于养老保险、医疗保险在立法上大多都是行政规章或规范性文件，并未呈现真正意义上的"法律"的面貌，且制度历经改革，政策法规凌乱。对于基本养老保险的规定，几乎是跟着政策走，亦步亦趋，立法严重滞后；对于医疗保险，由于一直跌跌撞撞在探索性的"医改"道路上，制度和实践都是一片凌乱，各种政策性文件之间更是存在模糊与混乱。生育保险，由于从受益对象和资金规模上来说都属于"小"险种，因而一直未能引起足够重视，立法层次低，规范效力不足。较之其他社会保险项目而言，失业保险立法较早，是五大险种中最早颁布单行条例的，基金累积最早，基金沉淀最厚，但法律实施效果较差。相比之下，工伤保险的统筹层次较低，但法制化程度较深。2004 年出台了《工伤保险条例》，后 2010 年又进一步予以修订和完善。当然，尽管工伤保险、失业保险出台了单行条例，但对于基金管理的规定仍然相当笼统，难以因应繁杂多变的实践状况。2010 年出台的《社会保险法》虽然是目前社会保

险基金管理立法位阶最高，法律规定最为全面的一部法律，但是对于管理实践中存在的诸多问题仍采取了迂回、回避的方式，未做出必要的回应，缺乏法律的前瞻性，体现出严重的滞后性。

（二）社会保险基金管理立法错位

在我国《社会保险法》出台之前，一些具有可操作性的社会保险立法大多散见在国务院的行政法规、相关部委的部门规章、地方立法和一些政策性文件中。大量的行政法规、行政规章甚至行政部门的规范性文件占据了本应由社会法予以规范的领域。虽然行政法规、地方性法规、部门规章也是中国特色社会主义法律体系的重要组成部分，但是部门规章取代不了法律法规的功能和作用，所适用的法律调整手段和方法也不一样，法律效果也不尽相同。尽管作为社会法领域中母体法的《社会保险法》已颁布实施，但是其中又存在诸多的授权性条款留下的立法空白，留待国务院颁布法规等来解决。国务院作为最高的国家行政机关，其立法应限于行政管理问题，而《社会保险法》作为社会法的核心组成部分，并不属于单纯的行政立法，以行政立法来调整社会保险关系是明显的立法错位。"社会保险法就其性质而言，不是社会保险管理法或社会保险行政法，而是社会保险权利保障法。这一法律直接的社会目的是保障劳动者的社会保险权利。"①在我国，《社会保险法》虽不属于《立法法》明文规定的只能由全国人民代表大会及其常务委员会制定法律的事项，但鉴于其事关公民基本权利的实现及其重大的社会影响，应作为国家权力机关立法的事项，立法权必须保留在拥有国家立法权的全国人大或全国人大常委会，而不应随意授权行政机关立法。社会保险立法错位的现象体现出立法理念的偏差，降低了法律的权威性和可操作性。

---

① 常凯："论社会保险权"，《工会理论与实践》2002 年第 3 期。

（三）社会保险基金管理立法缺位

从目前我国对于社会保险基金的相关立法来看，我国社保基金管理的规定政策多、法律少，原则多、规则少，法律层面的规范更少，具有明确导向性但缺乏可操作性，追求利于权力运行的秩序但公平与效率价值缺失。我国《社会保险法》虽然对"社会保险基金"予以了专章规定，但是规定粗疏，缺乏具体法律规则，只是对社会保险基金管理起到原则性的指导作用。该法关于社会保险基金的管理运营除了列有在先行政法规、行政规章已经规定的相关投资禁止条款外，对于社保基金的管理模式、管理流程依旧没有明确规定。对于社会保险基金的法律性质如何，以及管理社会保险基金的机构——社会保险经办机构的法律性质如何均没有明确规定；对于社保基金的管理运营又是再一次以"按照国务院规定"的授权规定把皮球踢给了国务院，而国务院的规定目前仍是空白。

此外，尽管《社会保险法》有五个条文规定了政府在社保基金筹集中的补贴责任，[①] 但是均为概括性规定，政府补贴的方式、补贴的额度或比例都没有详细的规定。社会保险经办机构及其工作人员造成社会保险基金损失时的责任承担如何，立法没有明确。"在我们的社会保险制度设计中只有个人和企业雇主的缴费责任，政府的财政责任从来不在视线之内，政府部门只有收别人钱、管别人钱和替别人用钱的权力，几乎不承担什么责任。"[②] 尽管《社会保险法》第89条规定了社会保险经办机构及其工作人员给社会保险基金、用人单位或者个人造成损失的，依法承担赔偿责任。但是，根据相关规定，社保经办机构属于事业单位，且是接受政府委托对社保基金行使管理权，那么社保经办机构赔偿责任究竟由谁来承担？是否

---

① 参见《中华人民共和国社会保险法》第11条、第13条、第20条、第25条、第65条。

② 转引自郑尚元、扈春海："中国社会保险立法进路之分析——中国社会保险立法体例再分析"，《现代法学》2010年第3期。

适用国家赔偿？总的来说，"社会保险法明确了单位和劳动者个人的参保义务和法律责任，但是对于政府在社会保险中应当承担何种责任和义务，却语焉不详。"[①]另外，社会保险争议处理程序规范的欠缺，比如，社会保障基金如果因社保经办机构及其工作人员的行为发生损失，谁有权主张权利保护和司法救济？谁是适格的诉讼主体？社保基金是否具有拟制人格，可以成为拟制法人，从而成为法律意义上的主体？上述问题，《社会保险法》都没有给出明确的答案。政府责任义务机制的缺失，以及行使社会保险权遭遇障碍时的救济机制缺失，将导致社会保险权力救济渠道不畅，制度运行难以实现公平正义。

（四）社会保险基金管理立法碎片化

多年来，我国社会保险基金管理立法政出多门、层次无序，规范分散、效力不清，立法碎片化的现象突出。综观我国现有的社保基金管理的规定，大多散见在国务院的行政法规、相关部委的部门规章、地方立法和一些政策性文件中。尽管我国已出台统一的《社会保险法》，但是由于该法存在大量授权性规定，以及相关立法的缺失，导致在实践操作中仍需要适用行政法规。立法层次偏低，立法主体多元化，立法内容零乱化、分散化、碎片化，各险种各自为"法"，导致社会保险基金的管理立法难以定性化、统一化、规范化。而大量现存的规范社会保险基金管理的行政法规和规范性文件之间或和上位法之间仍存在着冲突和不协调之处，因此，实有必要对我国现存的社会保险基金管理的规定进行梳理，对于可以适用统一规则处理的问题予以明确化、细致化、统一化的规定。

---

① 胡苏云："《社会保险法》争议背后的理念和原则界定"，《社会观察》2008 年第 3 期。

（五）财务会计税收等配套法律缺失

社会保险基金管理的立法研究，不仅涉及社会保险基金的筹资、运营、给付、监管等环节，还相应地涉及税收、财务等相关的法律关系。目前我国社会保险基金管理立法，尚缺乏财务、会计、税收等配套的法律法规。以税收为例，社会保险基金的税收至少有以下事项需要规定：第一，缴纳的社会保险费的免税问题，包括对企业缴纳的社会保险费的免税以及对个人缴纳的社会保险费的免税；第二，社会保险基金投资收益的税收问题；第三，受益人享受社会保险待遇时，领取的相关金额的免税政策。但目前，我国只对单位和个人缴纳社会保险费时是否免征个人所得税作出了规定，即只有社会保险基金形成时的税收政策，[①]对于社会保险基金投资管理过程中产生的收益是否纳税以及是否享有税收优惠、社会保险基金给付时是否纳税并有无优惠，缺少明确的规定。

（六）社会保险基金的法律责任体系不完善

对于社会保险基金的法律责任，我国《社会保险法》虽然有专章规定，[②]但是主要限于以下三个方面：第一，用人单位未办理社保登记、未足额缴纳社保费时用人单位的责任；第二，规定了骗保（包括骗取社会保险基金支出和骗取社会保险待遇两方面）的责任；第三，规定了社会保险

---

① 2006 年财政部、国家税务总局《关于基本养老保险费、基本医疗保险费、失业保险费、住房公积金有关个人所得税政策的通知》规定，根据《中华人民共和国个人所得税法实施条例》，企事业单位按照国家或省（自治区、直辖市）人民政府规定的缴费比例或办法实际缴付的基本养老保险费、基本医疗保险费和失业保险费，免征个人所得税；个人按照国家或省（自治区、直辖市）人民政府规定的缴费比例或办法实际缴付的基本养老保险费、基本医疗保险费和失业保险费，允许在个人应纳税所得额中扣除。企事业单位和个人超过规定的比例和标准缴付的基本养老保险费、基本医疗保险费和失业保险费，应将超过部分并入个人当期的工资、薪金收入，计征个人所得税。

② 参见《中华人民共和国社会保险法》第十一章，共 11 个条文。

经办机构及其工作人员违法时的责任，但主要限于行政处罚。虽然《社会保险法》七个条文对社会保险基金管理相关的法律责任都有所涉及，[①] 但存在的问题依旧较多，主要有：侵害社会保险基金的责任承担方式较单一，主要是行政责任如处分或罚款，而对于受益人权利受到损害时是否享有侵权法上的救济和保护不明确。社保基金管理实践中的很多问题依旧缺乏明确的责任规定。社保经办机构及其工作人员的责任主要为行政责任。对各种违法行为的处罚，也基本靠行政处罚来完成。社保基金的管理，必然涉及社保基金管理机构和第三人的交易，如果因为第三人欺诈或者其他行为致使社保基金发生损失时，责任追究机制缺乏。《社会保险法》第 93 条、第 94 条缺乏和实践的衔接，[②] 以及和刑法现有规定的衔接。笔者认为，如何结合社会保险基金管理中主体的多样性和管理的多环节，建立有效的风险防范机制，需要民法、刑法、行政法对不同行为、不同主体实施全方位的法律保护，并在条件允许、时机成熟的情况下，建立独立的诉讼机制和责任追究机制。

综上，无论是社会保险基金管理中的实践问题，抑或社会保险基金管理中的立法问题，都凸显了对社会保险基金管理进行法律研究并予以法律规范的理论价值和实践意义。社会保险基金管理的现有规定在我国《社会保险法》颁布后亟须梳理和整合，选择合适的社会保险基金管理制度，制定专门的社保基金管理立法，从而实现社会保险基金的安全、保值、增值已然是一个不容忽视的重大命题。

---

①《中华人民共和国社会保险法》第 86 条、第 87 条、第 88 条、第 89 条、第 90 条、第 91 条、第 93 条。

②《中华人民共和国社会保险法》第 93 条规定："国家工作人员在社会保险管理、监督工作中滥用职权、玩忽职守、徇私舞弊的，依法给予处分。" 第 94 条规定："违反本法规定，构成犯罪的，依法追究刑事责任。"

第三章　社会保险基金管理的路径分析

　　各个国家由于各自的制度选择和国情不同，社会保险基金的管理模式也不尽相同。从目前各国的社会保险基金管理模式来看，社会保险基金的管理大致可以分为信托管理模式、基金会管理模式和商业化基金管理模式。不同的社会保险基金管理模式和管理制度，不仅管理的主体不同，而且经济成本、经济效益、管理效率和法律效果也不同。鉴于本文前述的我国社会保险基金管理的基本现状，我国的社会保险基金管理需要一个理性的制度以促进社会保险基金规范管理和科学管理，从而实现社会保险基金管理的终极目标即安全性和效益性的最佳结合。如果说经济手段是社会保障制度解决社会问题的基本手段，那么法律见解和制度的选择亦在广义的经济学的范畴内。① 理性的法律制度安排是确保经济手段有效发挥作用所必需的工具，社会保险基金管理同样需要理性的法律制度安排。

　　社会保险基金管理旨在对社会保险基金进行管理和投资运营，以安全为前提实现社会保险基金保值增值。为实现社会保险基金的安全管理与保值增值之目的，需要选择适合的社会保险基金管理制度；设计科学的社会保险基金管理模式，需要立法的精确和科学，而立法的精确与科学又有赖于不同层面理论的支撑。概言之，在制度设计之初以及形成之时，清晰地

---

① 参见谢哲胜："法律的经济分析浅介"，载《财产法专题研究》，三民书局 1995 年版，第 1 页。

厘清社会保险基金管理的基本法学理论和思想当是必然进路。

第一节　社会保险基金管理的法经济学理论

一、马克思的"产品扣除"学说

从思想渊源的角度来看，传统的社会保障思想理念来源于马克思和恩格斯所创立的科学社会主义学说，其也是国际共产主义运动的一个直接继承。早在1875年马克思在《哥达纲领批判》一文批评拉萨尔的分配观之时，就系统阐述了社会总产品分配的思想，并提出了"产品扣除"学说。拉萨尔提出的分配观是"公平地"分配，要求"劳动所得应当不折不扣和按照平等权利属于一切社会成员"。在拉萨尔看来，资本主义制度是好的，主要问题就是分配不太公平，把分配制度改良一下，公平分配，这样资本主义私有制就能永垂不朽了。针对拉萨尔的这种"分配决定论"，马克思指出："不折不扣"的劳动所得是错误的，在未来社会里，社会总产品进入个人消费之前要进行"六项"扣除，其中一项扣除就是"用来应付不幸事故、自然灾害等的后备基金或保险基金，此外，还要从剩下的用来作为消费资料的部分，继续扣除为丧失劳动能力的人等设立的基金。这些基金设立之出发点，仍是保证社会稳定之必需。总之，就是现在属于所谓官办济贫事业的一部分。"① 尽管在马克思的原著中并没有直接涉及社会保险基金这个概念，但无论是设立"用来应付不幸事故、自然灾害的后备基金或保险基金"，还是"为失去劳动能力的人"设立基金，这些基金设立之出发点，都是为了保证社会的稳定。马克思的"产品扣除"学说蕴含了

①《马克思恩格斯选集》（第3卷），人民出版社1975年版，第9—11页。

马克思关于社会保障的思想，提出了马克思认为合理的社会总产品的基本分配格局，并且也揭示了社会保险基金的资金来源即主要来自于劳动者的必要劳动。马克思的社会再生产理论也为社会保障制度的确定和实施提供了坚实的理论基础，劳动者通过劳动一方面为自己的养老、疾病和各种福利性质的享受创造后备金的价值，一方面也成为他人在丧失劳动能力时的社会保险基金，从而作为人类社会人与人之间相互依存的条件，实现人的社会化。按照马克思的社会总产品扣除理论，社会保障分配是财政分配的重要内容，社会保障制度的建立具有十分重要的地位。马克思的"产品扣除"学说，奠定了社会保险基金建立和发展的理论基础，但是并未阐明国家的社会政策及其目的对社会保险基金形成和管理的影响。社会保险基金形成过程中，国家利用强制性力量进行干预，影响国民收入的再分配，从而促成了社会保险制度的建立健全，这是我们不得不承认的历史和客观现实。

二、亚当·斯密的古典经济学思想

社会商品经济的发展，孕育出支持市场经济自由发展的思想家。早在十七世纪，英国经济学家达德利·普恩就提出了自由贸易思想。其后，大卫·休谟、亚当·斯密进一步发展了这一思想。被誉为"古典经济学之父"的亚当·斯密，在其著作《国民财富的性质和原因的研究》（简称《国富论》）一书中，以个人利己主义为分析的出发点，详尽地阐述了经济秩序问题以及法与制度对个人自私行为制约的重要性。他认为，在适宜的法与制度的范围内，市场上个人自私行为的相互作用会产生一种反映所有参与者利益的自发秩序。在亚当·斯密看来，追求个人利益是人类从事经济活动的主要动力；竞争这只看不见的手自发地将各种个人利益转变为一种共同利益。既然市场经济通过其自身的机制就能自发地分配社会资源，增进效率，那么就无须政府干预。因为政府的干预往往容易打破交往过程的和谐与自愿，而导致大多数人的利益无法得到充分的实现，从而会影响生产效率的提高，并最终会阻碍社会财富的普遍增长。在《国富论》中，亚当·斯密明确指出，政治经济学有两个不同的目标："第一，给人民提供充足的收入或生计，或者更确切地说，使人民能够给自己提供这样的收入或生计；第二，给国家或社会提供充分的收入，使公务得以进行。"[1] 他把政治经济学的目的概括为"富国裕民"。此外，其在论述资本的各种用途时指出，"正像一个人的资本有一定的限度一样，国内全体人民的资本亦有一定的限度，只够用于某几方面。要增加个人资本，须从收入内节省而不断蓄积；要增加国民资本，亦须从收入内节省而不断蓄积。因此，资本的用途，若能给国内全体居民提供最大的收入，从而使全体居民都能做最大的积蓄，则国民资本大概就会极迅速地增加起来。"[2] 亚当·斯密的古典经济学思想，不仅论述了市场机制的重要作用，而且明确了资本累积的意义。在某种意义上来说，社会保险基金也是国民财富的临时积累，是为了社会风险发生时社会成员所需的物质保障所进行的一种资金积累；而社会保险制度的初衷正是"富国裕民"。

三、福利经济学

在亚当·斯密之后，法国经济学家巴斯夏（Frédéric Bastiat）在其书《和谐经济论》中提出"社会和谐论"，对后世的福利经济学产生了较大的影响。在之后的"边际革命"中，边际经济学家将经济福利归结为人们从消费中所获得的效用，归结为一种心理现象，即满足感。边际经济学家的经济理论对于后来的西方福利经济学的发展有着直接的影响。其中马歇尔

---

[1]［英］亚当·斯密著：《国民财富的性质和原因的研究》（下卷），郭大力、王亚南译，商务印书馆1972年版，第1页。

[2]［英］亚当·斯密著：《国民财富的性质和原因的研究》（上卷），郭大力、王亚南译，商务印书馆1972年版，第337页。

（A.Marshall）的理论对福利经济学的产生有重大影响，表现在他提出了三个概念，即消费者剩余、生产者剩余和外在经济。后来马歇尔的外在经济理论被庇古引申为私人成本和社会成本概念，成为福利经济学的基本概念之一，消费者剩余、生产者剩余则成为福利经济学的重要分析工具之一。霍布森（J.A.Hobson）是福利经济学的先驱者，霍布森在其著作中提出，古典学派和新古典学派提出的"典型市场状态是纯粹竞争"和"最好的经济政策是自由交易"是不正确的，他主张通过政府干预提高社会福利，提出了要以"社会福利"作为经济学的研究中心，并认为福利经济学是经济学的研究方向。德国学者尤斯蒂（J.Justi）最早提出了"福利国家"的思想，主张通过国家的行政权力来实现福利国家，认为国家的财政支出是社会福利的基础。当然，福利经济学的集大成者是英国经济学家庇古，其著作《福利经济学》为福利经济学创建了完整的理论体系。庇古运用边际效用递减规律①，同时借鉴英国哲学家边沁的功利主义理论，根据"最大多数人的最大福利"这一原则提出了两个基本福利命题：一类是"社会福利"，另一类是"经济福利"。社会福利是广义的福利，而经济福利是狭义的福利。庇古认为，国民收入的总量和国民收入的分配，在很大程度上决定了一国的经济福利。于是主张应增大国民收入的总量来增加经济福利；同时，应消除收入分配的不均等。② 他认为社会保障制度具有收入再分配的功能，可通过社会的再分配来扩大一国的经济福利。他认为政府的职能在

---

① 边际效用（Marginal Utility）指消费者在一定时间内增加一个单位商品消费所得到的效用量的增量。边际效用递减规律的含义：在一定时间内，在其他商品的消费数量保持不变的条件下，消费者从某种商品连续增加的每一消费单位中所得到的效用增量，即边际效用，是递减的。该理论从人的需要及满足人的需要的效用出发来研究，认为人对某种财物的需要随其逐渐得到满足而逐渐缩小，直到最后达到需要的饱和点，也就是需要递减到零，这时对财物的愿望就没有了甚至会走到反面即变为厌恶。

② 庇古的福利经济学被称作旧福利经济学。20世纪30年代，其理论观点受到卡尔多、希克斯、勒纳、西托夫斯基等人的继承性的批判，在认可福利经济学的价值的基础上，以帕累托定律为理论基础，卡尔多等提出的福利经济学被称为新福利经济学。

于：对低收入劳动者增加失业补助和社会救济，对高收入的富人征收累进所得税，从而实现收入的均等化；[①] 同时增加货币补贴以改善劳动者的劳动条件等；此外，还应推行普遍养老金制度，或者按最低收入进行普遍补贴，通过有效的收入转移支付来实现社会公平。[②] 庇古认为，收入再分配过程中，边际效用递减原则将使财产从一个较富裕的人转向一个较不富裕的人，可以增加两人效用的总量，也就是说富人效用的损失将小于穷人得到的效用的增加，因此，实行收入再分配有利于社会总效用增加。公平和效率是福利经济学中的重大问题。庇古一方面强调国民收入的增长，坚持效率，另一方面强调分配——追求平均。在当代经济学家中仍有不少人坚持庇古关于"福利"的解释，其中较为代表性的是美国经济学家诺得豪斯（William .D.Nordhause）和托宾（J .Tobin）。

但是，庇古把国民收入等同于社会福利的观点遭到部分经济学家的质疑。法经济学家波斯纳认为，在假定各收入群体之间的边际效用曲线是一样的情况下，在不考虑重新分配成本的前提下，对收入进行平均化，可能会增加总效用。但是波斯纳认为，收入和边际效用也可能呈一种正相关，即那些努力赚钱并取得成功的人恰恰就是那些比较看重金钱并甘愿放弃其他（如闲暇）的人。如果只是爱好的差异，那么富人必然比穷人有更高的收入边际效用，否则他们要求同样的休闲，收入自然就下降了。如果收入的差异是因为赚钱机会或能力而导致的，那么就意味着收入的边际效用与财富是不相关的，如果从富人向穷人的重新分配是无成本的，它就会提高总效用。但是即便这样，也不能证实社会财富会由此得到增长。社会财富不会发生变化，或者换言之，当计入重新分配成本时，社会财富会将因

[①] 以卡尔多为代表的新福利经济学，主张把价值判断从福利经济学中排除出去，反对旧福利经济学的福利命题，反对将高收入者的收入转移一部分给穷人的主张。根据帕累托最优原理和边际效用序数论提出：个人是他本人的福利的最好判断者，社会福利取决于组成社会的所有个人的福利。

[②] 参见林毓铭著：《社会保障与政府职能研究》，人民出版社 2008 年版，第 40—41 页。

为重新分配而下降。波斯纳认为非自愿重新分配，是一种强制性的财富转移，只有通过伦理而非经济理论才能为此找到正当理由。[①]

尽管庇古的福利经济学说遭到一定程度的质疑，但是"福利"的概念以及福利经济学的命题论证了国家为公民谋求公共福祉的必要性以及政府应该采取的政策措施，为国家建立福利经济制度提供了理论依据，也为"社会福利国家"、社会保险制度提供了理论支撑。

四、国家干预学说与公共利益理论

国家干预学说与公共利益理论，为社会保险基金管理中政府保留主导地位提供了理论支持。两种理论，都强调了因市场失灵政府管制的必要性。

（一）国家干预学说

国家干预学说出现之前，西方世界一直流行"对经济活动干预最少的政府，才是最好的政府"的理念。凯恩斯是国家干预理论的代表人物，其思想和主张在其著作《就业利息和货币通论》中有着充分的展现。他认为，经济危机中出现的各种问题，已无法用传统的经济理论来解释或找出有效的对策。传统经济学中所谓的均衡是建立在供给本身创造需求的基础上，这是错误的。事实上一国就业水平是由有效需求决定的，经济危机的根源就在于有效需求的不足。资本主义不存在自动达到充分就业均衡的机制，因此需要政府干预经济，通过政府的政策来刺激消费和增加投资，以实现充分就业。[②]某种程度的全面的投资社会化，是实现充分就业的唯一手

[①]［美］理查德·A. 波斯纳著：《法律的经济分析》（下），蒋兆康译，中国大百科全书出版社1997年版，第599—601页。

[②]参见［英］约翰·梅纳德·凯恩斯著：《就业利息和货币通论》，徐毓枏译，商务印书馆1963年版，第28—33页、第139页。

段。通过具体方案，国家政府和私人的主动性相结合。国家干预的内容，并不是生产工具的国有化。凯恩斯认为，为使消费倾向和投资诱导相互协调而引起的政府职能的扩大即国家干预，不仅不是对个人主义的严重侵犯，而且是避免当时的经济制度完全被摧毁的唯一可行之道，并且还是个人动力能成功地发生作用的前提条件。国家干预，不仅能消除经济危机所导致的失业问题，而且能克服个人主义的缺点和滥用，提高效率，并为个人自由提供了最好的保障。通过收入再分配政策，实现更为公平的收入分配格局，不仅可以提高消费倾向，而且有益于资本的增长。由于信息不对称及外部风险性等原因，当资源配置仅仅依靠市场不能实现帕累托最优^①时，这时政府对市场机制失灵状况进行国家干预或政府调控成为必要。凯恩斯的有效需求理论认为，为了消除生产和消费之间的矛盾，必须通过国家财政促进总需求，并借助国家支出增加需求，进一步使需求和生产相适应，其中，增加社会保障开支是扩大政府支出的主要内容。他还认为应该通过扩大政府财政开支，增加社会有效需求，并把经济干预和调节的范围扩大到再生产的许多领域，包括国民收入的再分配领域。把扩大社会保障规模作为增加需求的重要途径，把社会保障制度作为政府宏观调控的经济工具，调节社会需求，调节消费结构，促进社会经济发展。而且，凯恩斯主义评判福利国家的标准，主要是充分就业和收入再分配。在凯恩斯国家干预经济思想的影响下，社会保障制度成了国家垄断资本主义的一个重要组成部分。国家干预学说，为政府对社会保险基金制度进行干预提供了理

---

① 帕累托最优（Pareto Optimality），也称为帕累托效率（Pareto efficiency），是资源配置帕累托改进的最终结果，是博弈论中的重要概念。由意大利经济学家帕累托首先提出。帕累托改进是指假定固有的一群人和可分配的资源，从一种分配状态到另一种状态的变化中，在没有使任何人境况变坏的前提下，使得至少一个人变得更好。帕累托最优是指资源分配的一种理想状态，即资源配置的任何改变均无法在不损及某些人的情况下，而有益于另一些人。如果依法律规定，在不减损他人分配的利益前提下，尚可增加某些人的分配量，即表示帕累托最优尚未达到，因此，将经济大饼做到效益最大是达到帕累托最优或经济效率的必要条件。

论，但是，在社会保险基金管理制度中，政府的干预应该通过法律手段进行。尽管社会保险本身其实是一种政策性保险，国家政策对社会保险制度的各个方面包括社会保险基金的管理都有着重要影响，但是只有通过法律手段进行干预，才能防止政府权力的滥用和失"度"。

（二）公共利益理论 [1]

公共利益理论是用来说明政府规制为什么产生的一个理论，它认为政府规制是对市场失灵的回应。政府规制的公共利益理论以福利经济学和市场失灵为基础，假定市场是脆弱的，如果缺乏政府规制，会导致不公正和低效率。它把政府规制视为对公共需求的回应，并且假定这种规制以促进社会福利，提高资源配置效率为目标。政府规制是为了抑制市场的不完全性缺陷，以维护公众的利益，即在存在自然垄断、不完全竞争、不确定性、信息不对称等市场失灵的行业中，为了纠正市场失灵的缺陷，保护社会公众利益，由政府对这些行业中的微观经济主体行为进行直接干预，从而达到保护社会公众利益的目的。这即是政府管制的公共利益理论。公共利益理论关注对效率和资源配置的改进。这一理论认为通过政府理性规制，可以促进整个社会的完善，并在经济上实现帕累托最优。公共利益理论的诞生，源自市场机制不再是完全有效即市场失灵时的情况。

公共利益理论的基本观念是法律应当反映"公意"，代表全体人民，或者"最大多数人民的最大利益。"具体到行政立法领域，官员被假设成为了公共利益、公共秩序和行政效率而行使立法权的利他主义者。公共利益理论注意到了市场失灵，但是未能注意到"政府失灵"也有可能发生，因此理论本身是有一定局限性的。就社会保险基金而言，其形成和管理都和公共利益密切相关，这是社会保险基金的法律性质所决定的。无论管理模式如何，社会保险基金都和社会保险基金的受益人即社会成员的利益密

---

[1] Public Interest Theory of Regulation。

切相关，而这种利益不是个人或个别人的利益，而是一种社会公共利益。公共利益的内容和需求，必然影响社会保险基金管理体制和管理方式的设计和选择。公共利益理论为社会保险基金管理提供了理论基础，而对社会保险基金管理进行法律规制也正是为了实现公共利益。

五、公共选择理论与"政府失灵"

二战后，西方发达国家普遍出现政府财政赤字以及持续的通货膨胀，这种整个资本主义世界的病症使得凯恩斯主义经济学束手无策，也为西方经济学界提出了如何解决这一病症的难题，以詹姆斯·布坎南为代表的一些美国经济学家，在不否定福利经济学说揭露市场经济缺陷的贡献，亦认同国家对经济生活进行干预的必要性的前提下，致力于考察国家干预与福利经济学的局限性与不足。正是这种努力的结果，创建了公共选择理论。所谓公共选择，按照布坎南的表述，即指现代发达资本主义国家中的集体决策过程，具体说来，也就是一国全体公民或他们的代表通过投票表决的方式对有关的提案加以挑选，并按照少数服从多数的原则直接产生决定，其结果无论是否为有关个人与团体所赞同或反对，都将适用于每个社会成员和法人，具有了法律效力。布坎南指出，公共选择与消费者在商品和劳务市场上进行的选择很不相同。在市场上，各人都可以依照自己的财力和爱好来选购物品，每个购买者都能够在其收入的约束下得到相对最大的满足，而公共选择却与此不一样，其结果所导致的再分配总会使一部分人不满意。根据他的分析，公共选择现在已经成为制约西方国家政府或公共部门的经济行为的重要因素，它从人们追求最大的利己主义本性出发，把人们在市场相互交换中各自获取经济利益的观念和原则应用于政府或公共部门的决策领域。在布坎南看来，人类社会由经济市场和政治市场组成，两个市场上都存在需求者和供给者。经济市场上消费者是需求者，供给者是厂商。政治市场上，选民、利益集团是需求者，供给者是政治家、官员。

两个市场上，人们都是通过选票选择能为自己带来最大利益的供给者，只不过经济市场上的选票表现为货币，政治市场上则是民主选票。公共选择理论又分为投票理论、政党理论、利益集团理论和宪政经济学。其中的利益集团理论指出政府目光短浅、行为短期化、政府活动低效率等政府干预的局限性，以及因政府规模的不断膨胀而导致机构规模最大化和官僚权力最大化，而社会公众的利益并不会因政府支出规模的不断扩大而得到保证。此外，该理论还认为，市场失灵是政府介入经济活动的理由，但是事实说明，有些问题即使政府可以解决，要么成本很高，要么副作用很大，且政府在解决此类问题上效率低下，政府往往不能矫正市场失灵，认为政府干预越多，效率损失越大，且认为政治家往往有意夸大市场失灵，只为了扩大其权力范围和政府开支。该理论中的宪政经济学认为，解决政府失灵的根本出路是进行宪政改革，主张对政府权力通过重新确立一套经济和政治活动的宪法规则来施加宪法约束。布坎南提出要实现其宪政民主目标必须遵循如下的宪法设计思路：政府的行动在保护国家维持制度方面，是合法的；政府的行为，在规定和控制纯私人的行为和私人选择方面，是非法的；而介于两者之间的活动，政府介入的原因是由于市场的作用不能理想地处理它们，但是，此时的政府行动应该根据预期成本和预期收益进行慎重选择。至于纠正市场失灵的调节机制，已经体现在宪法之中，所以政府不必过多干预市场活动。

公共选择理论为社会保险基金管理灵活运用政府和市场这两种机制，从而为合理厘定社会保险基金监管之边界提供了理论支持。尤其是在社会保险基金的运作过程中，更多的引入市场元素、利用市场机制，都已被认为是种较为明智的公共选择。事实上，许多政府经营的社会保险基金，其实际投资收益率却往往低于民间经营的收益率，这就必须促使社会保险基金管理的主体和投资模式的变化。

六、科斯定理

社会保险基金的管理，更多地涉及到经济效率，因此自然也牵涉到管理成本和保值增值的问题。社会保险基金管理制度如何设计，相关法律规范如何拟定，如何实现管理成本最小化和效率的最优化，是社会保险基金管理法律规制时必须要考虑的问题。科斯定理[1]是可以被用作考量社会保险基金管理规范妥当性与正当性的重要理论。该定理包括实证的科斯定理和规范的科斯定理。[2]前者是指在交易成本为零的情形下，不论财产如何界定，资源运用都会达到最有效率的境界，即资源配置的帕累托最优。[3]在交易费用不为零的情况下，不同的权利配置界定会带来不同的资源配置。如果在资源产权的最初安排中就实现了最优的资源配置，那么产权交易也就没有意义了。[4]但是，通常这种情况很少存在，即使存在也非常短暂。由于交易费用的存在，不同的权利界定和分配，会带来不同效益的资源配置，所以产权制度的设置是优化资源配置的基础。资源产权必须经常流动，不断交易或转手，即调整产权安排，才可能不断地实现权利安排达到帕累托最优。实证的科斯定理，以市场交易成本为零为条件，讨论问题时局限于市场交易的交易方式。规范的科斯定理，则是指在交易成本大于零的情况下，资源配置的效率将影响权利的初始安排，为此，法律制度应寻求一种权利初始安排，实现交易成本最低。科斯产权理论的理论基础和主线就是交易成本理论。科斯定理的精华在于发现了交易费用及其与产权安排的关系，提出交易费用对制度安排的影响，为产权安排的决策提供了

---

[1] Coase theorem，参见王文宇著：《民商法理论与经济分析》，中国政法大学出版社 2002 年版，第 114 页。

[2] 与之对应，分别被称之为"科斯第一定理"和"科斯第二定理"。

[3] 王文宇著：《民商法理论与经济分析》，中国政法大学出版社 2002 年版，第 120 页。

[4] 所谓优化资源配置，从宏观上说就是把资源用到需要的地方，为社会带来最大福利；从微观上说，即是资源掌握在最需要它，能给拥有者带来最大福利的主体手里。

有效的方法。根据交易费用理论的观点，市场机制的运行是有成本的，制度的使用是有成本的，制度安排是有成本的，制度安排的变更也是有成本的，一切制度安排的产生及其变更都离不开交易费用的影响。科斯定理在规范层面的意义在于，既然在现实世界里确实有交易成本存在，那么就应设法降低交易成本，因为交易成本越低，资源的运用越有效率，为此，无论是在创设或界定财产权时，还是在设计典章制度或制定法律规范时，也应使交易成本越低越好。[①]

七、卡尔多－希克斯补偿原则

卡尔多在其 1939 年发表的《经济学福利命题与个人之间的效用比较》论文中提出了"虚拟的补偿原则"作为其检验社会福利的标准。他认为，市场价格总是在变化的，价格的变动肯定会影响人们的福利状况，即很可能使一些人受损，另一些人受益；但只要总体上来看益大于损，这就表明总的社会福利增加了，简言之，卡尔多的福利标准是看变动以后的结果是否得大于失。

希克斯补充了卡尔多的福利标准，认为卡尔多原则不够完善，因为它是一种"假想中"的补偿，现实中受益者并没有对受损者进行任何补偿。他认为，判断社会福利的标准应该从长期来观察，只要政府的一项经济政策从长期来看能够提高全社会的生产效率，尽管在短时间内某些人会受损，但经过较长时间以后，所有的人的境况都会由于社会生产率的提高而"自然而然地"获得补偿。因而人们称希克斯的补偿原则为"长期自然的补偿原则"。与帕累托标准相比，卡尔多－希克斯标准的条件更宽。按照前者的标准，只要有任何一个人受损，整个社会变革就无法进行；但是按照后者的标准，如果能使整个社会的收益增大，变革也可以进行，无非是

---

① 参见王文宇著：《民商法理论与经济分析》，中国政法大学出版社 2002 年版，第 123 页。

如何确定补偿方案的问题。所以卡尔多－希克斯标准实际上是总财富最大化标准。按照这一效率标准，在社会的资源配置过程中，如果那些从资源重新配置过程中获得利益的人，只要其所增加的利益足以补偿（并不要求实际实偿）在同一资源重新配置过程中受到损失的人的利益，那么，这种资源配置就是有效率的。社会保险基金，实际上是国家对社会财富的一种重新配置，在这一配置过程中，对社会成员收入分配进行调节的作用。它以立法的形式，通过强制投保等渠道筹集保障基金，然后由政府进行二次分配，从那些在市场竞争中处于优势的社会群体中抽取一部分利益，对那些处于劣势的社会群体给予一定的利益补偿，使那些社会上的弱者能分享社会经济发展的成果，从而缓解因社会风险而带来的社会负面效应，其遵循的是一种给予整个社会福利的补偿原则。从效率标准的角度来考察，法律经济学在规范研究中所运用的经济效率标准，主要的并不是"帕累托最优"，而是"卡尔多—希克斯补偿原则"意义上的效率标准。"卡尔多—希克斯补偿原则"为社会保险基金及其管理运营的制度安排提供了法经济学上的理论依托。

八、资产组合理论

在市场经济中，经济风险与经济利益相伴相生，如影随形。对于投资者而言，最关注的焦点莫过于预期收益和预期风险之间的关系。现代资产组合理论主要是针对化解投资风险的可能性而提出，通过研究如何将可供投资的资金分配于更多的资产上，以寻求收益和风险相匹配的最适当的资产组合的系统方法。被视为现代资产组合理论创始人的美国经济学家哈里·马克维茨认为，大多数投资者都是风险厌恶者，总是希望风险最小，回报最高，在期望收益率相同的情况下，投资者会选择风险较小的组合。[①]

---

① 参见梁忠辉编著:《证券投资基金运行与管理》，东北财经大学出版社 2007 年版，第 123—125 页。

同时，他把可能收益率的分布，以其方差为度量，来度量资产组合的风险。方差离散程度越大，标准差就越高，意味着风险越大。最佳投资组合应当是规避风险的投资者的无差异曲线和资产的有效边界线的交点。马克维茨科学系统地阐明了组合投资是能够分散风险的机制。其后，资产组合理论得到不断发展和完善。尽管现代资产组合理论在当代遭遇到一定批评和质疑，但其的确为多元投资、分散风险提供了一般的理论基础，并较为科学地解释了"不要把所有的鸡蛋放在一个篮子里"为什么是真理而不是谬误。在现代社会，社会保险基金的投资运营同样存在着收益风险，简单的银行存款和国债投资已经无法满足社会保险基金保值增值的需求，世界各国的社会保险基金投资管理已逐渐从单一渠道转向多元化发展的趋势，越来越多的投资运作逐步扩大到股票投资和国际投资等领域。社会保险基金的投资收益与投资风险之间的正向替代关系，决定必须在收益目标和安全目标选择时需要寻找最佳结合点。事实上，投资资产的流动性与收益性总是负相关的。所以，社会保险基金投资必须结合实际情况，选择若干不同风险资产进行多元化组合投资，合理搭配投资品种，合理选择投资方式，合理兼顾投资目标，通过资产组合与投资选择使基金在分散风险的同时能够保证较为合理的收益。

公平正义是社会保险制度的核心价值。但社会保险基金的管理离不开效率原则。法经济学的理论为社会保险基金管理的效率原则提供了理论基础。从法经济学的视角来看，如何实现资源的有效配置和合理利用，实现社会保险基金的保值增值，从而最终达到增加社会财富，促进社会福祉的目的是社会保险基金管理的重要命题。

第二节　社会保险基金管理的规范理论

一、法律的规范性理论

法律作为规制社会的一种制度，被认为是具有约束力或规范性的规则或规范。法律为人们提供了进行某种行为的理由，昭示了人们违规后的后果。然而法律的规范性何来，人们为什么要遵守法律？这一问题不仅是法律思想家孜孜以求的命题，也是法哲学的根本性命题。鉴于篇幅，本文并不试图对一问题进行深入的探讨，而是试图从一些经典学说中管中窥豹以探求社会保险基金管理规范的理论依据。

（一）凯尔森法律规范说

作为规范法学派的创始人，汉斯·凯尔森构建了一套系统而独特的法律规范理论。这一理论对西方法学理论具有十分重要的影响。凯尔森既没有求助那种混淆法律与道德的自然法，也没有将其归于社会事实，而是预设了一种基本规范，并认为基本规范是法律规范性的来源。同时，他立足法律规范的客观性考察制裁、不法行为、义务等范畴，将强制性制裁作为法律规范的基点。他强调"一种法律秩序的所有规范都是强制性的规范，即都是规定制裁的规范"，尽管"在这些规范中，有些是由其实效并不是由其他强制规范所保证的规范……但是这一法律秩序的所有规范都是强制规范"[①]；如果"'强制'是法律的一个要素，那么组成法律秩序的规范就一定是规定强制行为，即制裁的规范。特别是，一般规范一定是依靠一定条

---

①［奥］汉斯.凯尔森著：《法与国家的一般理论》，沈宗灵译，中国大百科全书出版社 1996 版，第 30—31 页。

件而成的某种制裁规范"①。凯尔森认为，规范之所以是有效力的法律规范，是因为它是根据特定的规则而被创造出来的。在凯尔森看来，一种法律体系就是通过运用被授予的权力而创造出来的法律，它们直接或间接地来自于一个基础规范，一个法律体系的法律规范的有效性来自于该体系的基础规范。凯尔森认为，基础规范通过授权的方式将"应当"的属性传递给法律体系中的其他规范。"可以从同一个基础规范中追溯自己效力的所有规范，组成一个规范体系，或一个秩序"，"这一基础规范，就如一个共同的源泉那样，构成了组成一个秩序的不同规范之间的纽带。"②凯尔森认为，正是每一种法律体系中的基础规范保证了实在法作为一个体系的那种统一性，保证这一规范集合体成为一个秩序。由此，凯尔森将法律规范性的来源限定在法律之内，并将法律的规范性理解为一种应然的效力，并将法律看作是强制、制裁的规范。

（二）哈特法律规则说

与凯尔森不同的是，新实证分析法学的代表人物哈特认为，法律的规范性来源于社会事实，法律是一套规则的体系，有效的法律规则可以透过某种社会成规——"承认规则"来加以辨识。法律体系的基础在于承认规则，而承认规则的基础又在于社会实践。③哈特也并不认同凯尔森"所有法律规范都是强制规范"的观点，在他看来，法律并不仅仅只是强制或制裁的规范。在其著作《法律的概念》一书中，哈特提出，法律的内容实际上由三类规则表达：一类是刑法及其制裁和侵权法，它们类似于命令模式中以制裁威胁为后盾的普遍命令；另一类是授予人们按照法律的要求创设权利和义务，不强加责任和义务；还有一类是授予具有公共或官方性质权

---

① [奥] 汉斯 . 凯尔森著：《法与国家的一般理论》，沈宗灵译，中国大百科全书出版社 1996 年版，第 48 页。
② [奥] 汉斯 . 凯尔森著：《法与国家的一般理论》，沈宗灵译，中国大百科全书出版社 1996 年版，第 126 页。
③ H. L. A. Hart: The Concept of Law, 2nd, Oxford: Oxford University Press, 1994, p. 111, p.256.

力而非私人性质的权利。这些规则被归为两类，即设定义务的主要规则和授予权力的次要规则，后者又可分为承认规则、改变规则和审判规则。[1] 作为规范的规则包括了两个方面：其一，它是大部分社会成员习惯遵守的行为模式，这是其社会学方面；其二，它要求具有一种接受的规范态度，或关于规则的内在观点，这是其心理学方面，它的具体表现是人们将如此行为的模式作为未来行为的指导以及合法与否的评价标准。哈特同时指出，他的社会实践理论仅适用于习惯规则和承认规则，特别是后者，制定法规则是通过承认规则而不是社会实践被识别为法律规则的。因此，承认规则被接受，尤其是被法官接受之行为事实是法律规范实践的核心。[2] 从实践理论的角度，法律之所以是规范就在于它意图成为人们遵从或不遵从法律的理由，从而指导人们的行为。法律的规范性在于它确立了人们行动的理由，从而指导人们为或者不为一定的行为。各个法律体系与法律都是行动与选择的规范性指南。追随哈特，著名实证主义法学家约瑟夫·拉兹也主张接受法律为行为指导的规范实践之重要性或意义，并批判了凯尔森的强制观。他认为，制裁尽管具有无可置疑的重要性，但它无法解释法律的规范性。法律之所以是规范就在于它意图成为人们遵从或不遵从法律的理由，从而指导人们的行为。这主要有两种方式：一是法律意图成为人们行为的权威（standard）或排他性理由（exclusionary）；二是法律所确立的并非行为的充足理由，人们应该如何行为取决于自己是否愿意或是否存在着其他理由，如考虑到法律赋予行为的各种后果等。[3]

---

[1] H. L. A. Hart: THE CONCEPT OF LAW, 2nd, Oxford: Oxford University Press, 1994, p.51、pp.29 ～ 31、pp.83 ～ 100.

[2] 参见［美］罗纳德·德沃金著:《认真对待权利》，信春鹰、吴玉章译，中国大百科全书出版社 1998 年版，第 255—256 页。

[3] Joseph Raz: PRACTICAL REASON AND NORM, New Jersey: Princeton Univ ers ity Press, 1990, pp.73 ～ 84, p.106.

（三）德沃金法律原则说

哈特提出的法律规则理论，影响了大批法学家且具有较为深远的意义。但美国学者德沃金却并不认同，并与其展开了辩论。尽管在法律规范问题上，德沃金也承认法律规则具有一定的意义，但他认为法律并不仅仅是规则的。在《规则的模式》一文中，德沃金提出，法律体系除了规则之外还包括了原则；法律原则是人们共同具有的一致性的道德准则，它或表现为人们对特定问题的一致信仰，或以社会制度和法律之基础面目出现。对于民众一致的信仰是可以通过民意测验得出的，而对于社会制度和法律，则要经过讨论和论证得出。①德沃金还提出，法律原则的形成和维持有赖于法律职业家的专业性和公众的正确感，它通过司法习惯或者立法解释等制度手段表现出来，而不是由某项立法或某个先例规定或确定的；而法律原则之所以具有法律上的约束力，是因为它们所体现出来的道德价值能够提供具有说服力的诠释，而不是因为它们——像哈特所宣称的那样——曾经被某个权力机关（国会或法院）所制定或采纳。据此，德沃金批判了哈特的承认规则对法律原则的识别力。②通过在法律构成中楔入"原则"这个表达了公平、正义或者其他道德层面要求的概念，德沃金旨在消解实证主义法学关于法律与道德分离的命题，并确立识别法律的实质标准而非实证主义的形式标准。对于什么样的道德原则才能够对于一个社会的整体法律实践提供道德上的最佳证立，德沃金提出了"一贯性原则"（Integrity）这一抽象的道德原则来回答这个问题。"一贯性原则"要求政府对所有公民必须要以一个具原则性且融贯的方式来行动、把对某些人所

---

① 参见［美］罗纳德·德沃金著：《认真对待权利》，信春鹰、吴玉章译，中国大百科全书出版社 1998 年版，第 112—113 页。

② 参见［美］罗纳德·德沃金著：《认真对待权利》，信春鹰、吴玉章译，中国大百科全书出版社 1998 年版，第 41 页。

使用的公平或正义之实质性标准，扩张到每一个人。① 这实际上表达了德沃金的观点：政府应当给予每一个人平等地尊重、平等地关怀，以及平等地资源分配的内涵。

二、社会保险基金管理立法规范的必要性

鉴于我国社会保险基金管理还存在着诸多弊端，实践中的困境以及立法上的不足使得社会保险基金的管理出现众多乱象，因而亟须制度创新和体系完善。立法是利益表达、利益分配和调整的重要方式。立法规范的过程在一定程度上是利益的重新分配过程。"利益就其本性说是盲目的、无止境的、片面的，一句话，它具有不法的本能。"② "不法是对法的否定，法是对不法的否定，通过否定之否定，来达到一个肯定。"③ 社会保险基金管理作为一种财产管理制度，涉及各方利益甚广，对立法有着天然的依赖，内在地要求必须通过立法来规范和实施。

广义的社会保险基金管理包括社保基金的募集、投资运营以及给付等管理环节。其中，社会保险基金的投资运营管理是最为重要和核心的环节，是关涉老百姓的"保命钱"何去何从，决定社会保险基金能否实现保值增值的关键，因而受到极大的关注。社会保险基金的投资运营，可以简单理解为政府的"理财"。政府的"理财能力"如何直接决定着社会保险基金的安全性，因此下文重点从社会保险基金的投资运营管理予以分析和探讨。

（一）社会保险基金的重要地位决定了立法规范的必要性

社会保险基金是社会保障基金的核心，也是整个社会保险制度能够得

---

① 参见［美］罗纳德·德沃金著：《法律帝国》，李常青译，中国大百科全书出版社 1996 年版，第 174 页。
②《马克思恩格斯全集》第 1 卷，人民出版社 1956 年版，第 179 页。
③ 转引自黎建飞："从雇佣契约到劳动契约的法理和制度变迁"，《中国法学》2012 年第 3 期。

以有效运行的物质基石。社会保险基金的管理效果决定着社会保险制度的经济功能、政治功能、社会功能的发挥效果。鉴于社会保险基金的重要地位，世界各个发达国家的政府在推进社会保险制度时，都首先注重法制建设，以其作为强制性监管的依据和行为规范。各国在对社会保险基金进行管理时，所有的社会保险计划及其筹资方式都以立法形式加以确定，通过立法进行社会保障基金的管理与监督。在社会保险制度比较发达的国家，如德国、法国以及英国、美国，在社会保险基金征集、管理、投资、运营和监管等方面都有较为完善的法律依据。一个国家社会保障制度的建立健全，应以立法先行为起点。社会保险本身是一个利益再分配的机制，"国家机关和作为社会保障主体的其他社会组织分别有自己的组织利益，在履行法律规定的社会保障职责和义务的时候，这些组织也在追求各自不同的组织利益。"即便是非营利组织"仍然会追求组织本身的凝聚力，会为自己的组织成员争取利益，会希望通过提供各种社会保障待遇提高本组织的社会地位或实现组织的目标。"[1] 社会保险基金的管理因其主要围绕利益展开，对其予以立法规范尤其重要。"法律无法选择确认每一主体的每一利益，便必须对各种利益冲突加以平衡从而不致使人类在无谓的利益纷争中而毁灭，失去继续发展的可能。"[2] 建立科学规范有效的社会保险基金管理制度，是目前世界各国建立社会保障制度的国家积极追求的目标，也是现代国家政府职能合理充分发挥、政府社会责任和主权者责任积极履行的体现。我国加快社会保险基金管理的立法步伐，是和国际接轨的重要表现。社会保险基金管理监督法律既是社会保险基金管理的依据，又是社会保险基金管理的行为规范。

---

[1] 周宝妹著：《社会保障法主体研究——以利益平衡理论为视角》，北京大学出版社 2005 年版，第 105—106 页。

[2] 赵震江著：《法律社会学》，北京大学出版社 1998 年版，第 179 页。

（二）社会保险基金管理的实践困境亟须立法予以规范

人口老龄化使得未来社会保险基金给付压力增大已经成为一个世界性的突出问题，我国作为人口大国，同样也面临着这种隐性危机。同时，在实践中，我国社会保险基金还面临着通货膨胀的侵蚀，以及被挤占、挪用等风险的威胁。社会保险基金的给付事关全体社会的福利，乃至社会的安定与和谐。如何安全、有效地对其进行管理，实现保值增值，保证社会保险基金未来的给付，确保社会成员的社会保险权能够得以实现是一个不容忽视的重大命题。我国的社会保险制度建立较晚，仍处于摸索与发展的阶段，受经济、文化、社会等基本国情的制约，我国社会保险制度的发展进程中面临的诸多难题及解决程度，已远非其他国家所能比拟。社会保险基金管理经验的不足，以及实践中出现的种种弊端及问题，亟须法律予以规制。与其他社会规范相比，法律的优势在于它以国家权力为后盾，通过国家强制力来保证实施。法律的规范性使得其能够有效指导并督促人们按照规定的模式行事，从而调整人们的行为模式，强化社会保险基金的管理。

（三）对社会保险基金管理进行立法规范是填补我国立法缺失的必然
　　　要求

社会保险基金管理中的契约关系、权利义务关系以及信赖保护所产生的问题，均需要通过社会保险基金管理的法律制度进行构建并加以确立。无论谁担任管理主体，行使管理权限，都要在信任的基础上对管理人赋权，但同时也要对其管理职责和管理行为进行监督并建立惩罚和追责制度。我国现有的社会保险基金管理模式不仅容易导致社会保险基金未来的给付能力不足，也容易导致社会成员对社会保险制度本身以及对政府的信任危机。我国《社会保险法》虽已颁布施行，但是仍存在诸多方面的立法缺失。《社会保险法》第八章"社会保险基金"只有两条是关于社会保基金投资运营管理的规定，其中第 69 条是授权性和禁止性规定，[1] 第 70 条是信息披露规定，[2] 对于社会保险基金投资管理的适用和指导作用有限，操作性不强。社会保险基金管理的重要意义决定了包括社会保险基金的法律性质、本质、参与社会保险基金管理的法律主体的权利、义务、责任和地位，均需要法律予以明确。此外，社会保险基金的投资范围、限制和禁止，社会保险基金投资运营的方式和投资管理流程，挤占、挪用、侵害社会保险基金不法行为的规定及惩戒、责任的追究，以及在通货膨胀的经济形势下社会保险基金抗贬值抗减损的能力等技术性操作方面的内容，都需要通过设计社会保险基金管理的法律架构和构建社会保险基金管理的具体规则来解决。

（四）对社会保险基金相关权益予以立法保护是社会保险制度题中应
　　　有之义

法律的规范性并不仅是制裁不法行为，还包括对权益予以保护。"社会保障法具有最为鲜明的以权利为本位的法的特征。这就是说，社会保障立法的首要任务是规定权利的享受和保障。权利是目标，权利是基础，权利处于基本的主导的地位。社会保障法中也要规定管理办法和措施等等，但这些规定不是束缚和限制权利享受，而是为了更好地实现权利保障。社会保障法是权利保障法，不是事务管理法。"[3] 保障公民社会保险权的实现是社会保险法律制度的出发点也是归宿地，社会保险相关权益的实现需要

---

① 《中华人民共和国社会保险法》第 69 条，社会保险基金在保证安全的前提下，按照国务院规定投资运营实现保值增值。社会保险基金不得违规投资运营，不得用于平衡其他政府预算，不得用于兴建、改建办公场所和支付人员经费、运行费用、管理费用，或者违反法律、行政法规规定挪作其他用途。

② 《中华人民共和国社会保险法》第 70 条，社会保险经办机构应当定期向社会公布参加社会保险情况以及社会保险基金的收入、支出、结余和收益情况。

③ 史探径著：《社会保障法研究》，法律出版社 2000 年版，第 59—60 页。

法律予以明确并提供保护。具体来说，社会保险基金参保人员的知情权，社会保险基金受益人的知情权、受益权、救济权等权益属于社会保险权的应有内涵，只有以法律的形式明确规定下来才有可能现实享有。社会保险待遇的给付对象、给付条件、给付标准、给付方式等问题均涉及社会成员社会保险权的实现，是社会保险管理法律制度不可回避且必须重点规范的内容。我国社会保险基金管理中出现的问题，如个人账户空账、社会保险基金被挤占、挪用等问题，不仅在经济上损害了社会保险基金参保人与受益人的权益，在无形之中还会影响社会保险基金参保人、受益人对政府的信任，以及参保人参加社会保险的积极性，亟须通过立法建立相关的责任机制与救济机制。上述诸问题如果不能通过法律从制度上解决，势必使得社会保险基金在未来的给付受到严重影响，并威胁到社会保险制度的健康持续发展。只有社会成员的社会保险权有了权利的现实意义，并得到充分的保障，才能发挥社会保险制度促进社会公平，维护社会稳定的功能。对社会保险基金相关权益的保护，是社会保险基金管理基本任务和全部规范的目标，也是社会保险法律制度的题中应有之义。

（五）对社会保险基金管理进行立法规范是建立有效的投资管理体制之所需

　　社会保险基金管理体制的改革和有效投资管理体制的确立首先需要进行立法研究，并且最终通过立法予以规范。如前文所述，根据最近十年的社保基金结余金额及收益情况，我国社会保险基金结余额大、收益率低，社会保险基金投资运营的效果并不理想。将社会保险基金的投资严格限于银行存款和国债投资，是由于当时我国资本市场不发达、资本工具不成熟、法律规制不完备的国情所决定的，从当时的社会经济环境与国情来看，这种单一的投资渠道的确是保证社会保险基金安全性的不二法门。但是随着我国经济的迅速发展，市场的逐渐成熟，加上通货膨胀带来的影响，社会保险基金单靠银行和国债投资已经难以满足保值增值的需求，这迫切需要我们重新审视、评估并规定社会保险基金的投资运营管理模式，以改善社会保险基金日益贬值缩水的现状，并提高社会保险基金的投资收益率。社会保险基金为社会成员提供社会保险待遇功能的特殊用途，决定了其投资管理对安全性具有较高要求，须以法律形式予以保护。社会保险基金对保值增值、投资安全性、谨慎性的混合需求，更是需要相关的法律规制。同时，我国社会保险基金现行投资运营模式导致结余资金闲置浪费的现象反映出政府在社会保险基金管理中的失灵和局限性；而行政主导、政监不分的管理模式导致社会保险基金管理权力过于集中，难以实现有效监管的现状，说明需要对政府在社会保险基金管理中的权力、职能和责任进行法律定位和规范。对社会保险基金管理中政府行政权力的立法限制，是防范行政权被滥用，保障社会保险基金管理良性运行的有效途径。

（六）对社会保险基金管理进行立法规范，是促进社会保险基金与金融市场良性互动之后盾

社会保险基金巨大的结余额，对我国金融市场、资本市场的安全性、规模、深度和创新都有着不可低估的影响和推动作用。我国社会保险制度尚处于初创时期，社会保险基金管理也处于"摸着石头过河"的阶段，经验的不足，以及社会保险基金投资市场存在的风险，都需要具有前瞻性的立法加以规范。纵观各个具有代表性的发达国家的社会保险立法进程可知，各国先有社会保险的立法，而后才有社会保险的实践，以社会保险法律制度的制定和实施为起点来建立社会保险是各国的通例，立法先行是社会保险得以产生的明显特征。社会保险基金投资管理关乎民生、运行复杂、涉及多方面的社会关系，无法自发形成也无法自行运转，而需要极大的稳定性和连续性的制度加以安排和保障。对社会保险基金管理进行立法规范，有利于社会保险基金管理和金融市场、资本市场之间实现良性互

动。一方面，我国目前的金融市场和资本市场，相比十多年前，已相对成熟和完善，能为社会保险基金的投资管理提供更大的平台和更多的投资选择；另一方面，社会保险基金的规范管理，必将促进我国金融市场的流动性、创新性，也会推动资本市场建立更完善的信息披露制度、风险控制制度、监管制度等。

三、社会保险基金管理立法规范的基本原则

社会保险制度被誉为社会的"安全网""稳定器"，而"安全网""稳定器"能否发挥作用，取决于社会保险基金管理机制的良性运转。社会保险基金管理的立法目标首先应以实现社会保险基金的安全运作和规范管理为初级目标，其次以防止社会保险基金的贬值，实现社会保险基金的保值增值为高级目标。为达成上述目标，社会保险基金管理的立法，应遵循以下原则：

（一）安全优先原则

社会保险基金是国家为了帮助社会成员抵抗社会风险的基金，是老百姓的"保命钱"。社会保险基金设立的目的和用途决定了社会保险基金的管理尤其是投资运营，不同于一般的基金，安全性是其首要要求。安全既是社会保险基金管理的前提又是目标。保证社会保险基金的安全是社会保险基金投资管理的首要原则。为实现社会保险基金的安全投资运作，需要注意以下几方面：第一，安全第一并不意味着排斥投资管理。因为社会是发展的，当社会保险基金处于完全"静态"的情况下，未必就是安全的，反而可能会因为高速的通货膨胀而发生贬值、缩水等损失。因此，社会保险基金管理的安全原则指的是不被挪用、挤占的安全，是能够有效实现未来社会保险给付的安全，而并非不做任何投资的安全。第二，对社会保险基金进行投资时，如果安全性和效率、效益发生冲突，那么效率、效

益必须让位于安全性。尽管安全并不意味着一定排斥效率、效益，但是，当安全、效率、效益需要进行选择时，基于社会保险基金的特定目的和用途，我们必须遵循安全优先原则，在遵循这一原则的前提下，协调解决好风险与预期收益之间的关系；第三，投资渠道和具体投资品种的选择应注意风险评估和风险防范，在风险可控、安全的前提下追求收益，坚持分散投资、控制风险的原则，这也是社会保险基金安全投资原则的具体化问题；第四，以闲置期（投资期）满安全收回为原则，避免闲置期过后社会保险基金的投资产品被锁定，而影响本金和收益的顺利收回，从而影响社会保险基金的正常给付。为保障安全性，社会保险基金进行管理时，首先需要有独立的不混同于政府财政或任何第三人的账户；其次，不同项目的社会保险基金，也要分开管理，分账管理，有各自单独的账户。① 各保险基金分项核算，自求平衡，除非法律规定或全体受益人一致同意，不同项目的社会保险基金之间不得相互挤占和调剂。在投资管理中也要遵循账户专用。以上，决定了社会保险基金管理的立法，无论是宏观上的法律架构，还是微观中投资方案的设计、投资产品的选择、投资组合的比例，都需要把社会保险基金的安全性放在最首要的位置。

（二）政府主导，市场参与原则

我国现行的社会保险基金基本上是以行政为主导的管理模式，体现出"政府包办"、垄断管理的行政化色彩，缺乏市场化元素。鉴于市场的局限性和政府的局限性，若要克服现行社会保险基金管理模式的弊端，社会保险基金管理需要引入市场因素，从而实现从政府独揽到政府设立、引导、市场参与的转变，实现从完全行政化运作到非完全行政化运作的转变。当然，非完全行政化运作，并不是意味着要取消政府的责任和主导地位，"在

---

① 因为其给付条件和用途不一样，且根据我国《社会保险法》的规定，不允许进行调剂使用。

一个复杂的社会中，有许多相互冲突的利益需要调整，公共福利也必须加以保护以使其免受反社会的破坏性行为的侵损，因此由政府直接采取行动进行管理也就成了势在必行之事了。然而，我们也必须清醒地认识和直面行政控制中所固有的某些危险。如果一个公共行政制度只注重结果而不关注人权，那么它就有可能导致独裁和压迫。"① 现行管理模式中政府经办、管理、监督三位一体的模式很大程度上可能导致行政权力被滥用，管理效率低下，监管不力等不利情况的发生，同时也会降低政府的公信力，因而亟须调整。社会保险基金管理中政府的定位，应是社会保险基金管理制度建立健全的主导者和责任人，而不是社会保险基金的直接管理人。社会保险基金管理的体制构建中，政府的责任应是承担必要的财政责任，推动社会保险基金管理立法，制定社会保险基金管理人的资格和标准，并代表社会成员选择适格的管理人，通过立法规定社会保险基金的管理程序，监督社会保险基金管理人的管理行为并对管理活动进行宏观调控。此外，在社会保险基金管理的立法中，应注意摒弃我国传统的社会保障立法中因部门利益博弈、限制所形成的立法缺陷，利益的妥协应以社会成员的最大利益为原则。

（三）收益最大化，管理有效和专业原则

社会保险基金，从形成目的和用途来看，是用来支付养老保险、工伤保险等各种保险待遇的基金。社会保险基金在投资管理过程中必然会发生人力资源成本、交易成本等各种管理成本。社会保险基金形成后，资产形态最初体现为货币，而货币只有在流转过程中才能实现其价值并有增值的可能。社会保险基金资金池里资金越多，社会保险基金的给付能力就越强，所以社会保险基金形成后，为了保证其将来的给付能力，需要进行

---

① E. 博登海默著：《法理学：法律哲学与法律方法》，邓正来译，中国政法大学出版社 1999 年版，第 369 页。

投资管理。投资收益大，则社会保险基金保值增值的效益就高，也越能保证社会保险基金的给付能力。在资金池里资金一定的情况下，付出的管理成本越多，社会保险基金资金池里的资金相应地就会越少。因此在社会保险基金管理过程中，应注意控制管理人的管理成本，防止社会保险基金被浪费。为此有些国家甚至规定了社会保险基金管理的成本限制以及社会保险基金管理的最低收益率要求，如美国规定了不低于 3% 的年收益率的要求，[①]日本就年金信托的最低收益率也作了规定。在遵循安全原则、控制成本的前提下，社会保险基金管理的最终目的是实现社会保险基金保值增值。社会保险基金的增值效果越好，成本越小，则收益越大，社会保险基金承载的社会保险权就能更好地得到实现。成本和收益是密切相关的两个因素，收益最大化中对收益的判断，应是对实际收益率的判断，即扣除了管理成本、通货膨胀等因素后的实际收益。

管理有效则是指社会保险基金的管理要有效率有效益，通过有效的管理，降低因通货膨胀等因素导致的社会保险基金贬值的可能，并使社会保险基金中的闲置资金实现保值增值。如果社会保险基金的收益率低于同期的通货膨胀率，那么基金收益率事实上就是负增长，就不能说社会保险基金的投资管理是有效的。社会保险基金的管理有效益有效率，社会保险基金承担的未来的各项支出才有保证，社会保险制度才能健康、可持续发展。

专业原则，则是指社会保险基金的投资管理无论是在货币市场领域还是资本市场领域，进行投资时需要专业技术和专业知识的判断，因此，在选任社会保险基金的管理人时，应注意其专业能力、投资管理经验和历史投资业绩。此外，还应注意收益和风险、收益和成本之间的相称关系。

---

① 美国 1935 年《社会保障法》规定，个人账户每年收益率不得低于 3%。参见：The Social Security Act of 1935, Section 201.（b）（2）Such special obligations shall bear interest at the rate of 3 per centum per annum. Obligations other than such special obligations may be acquired for the Account only on such terms as to provide an investment yield of not less than 3 per centum per annum.

（四）保持一定的流动性原则

社会保险基金的筹集和管理都是为了社会保险基金的支出、给付。社会保险基金给付的随时性，要求社会保险基金保持一定的流动性，以满足社会保险基金正常给付之需要。基于社会风险发生的不确定性及不可预估的特点[①]，以及不同投资方式、投资产品的变现能力不同，社会保险基金进行管理投资运营的过程中，投资资金的比例、投资品种的选择、投资组合的构成、投资方案的设计上都要考虑到社会保险基金的流动性需求。关于社会保险基金的流动性问题，我国前期社会保险基金管理的相关规范性文件已经注意到这一点。[②] 遗憾的是，我国《社会保险法》对此没有作出进一步更完整更完善的规定。社会保险基金管理的立法，应注意使基金在保持对日常社会保险支出有足够给付能力的前提下，充分发挥社会保险基金的投资产出能力。同时应注意的是，社会保险的不同项目对流动性的要求不尽一致，如养老保险基金对流动性的要求相对来讲就不高，可以选择中长期投资，这样投资收益率相对较高，也相对较稳定；而医疗、失业、工伤保险基金，流动性、变现性要求较高且资金结余额有限，适合短期投资。

（五）保护受益人权益，以受益人利益最大化为原则

社会保险基金不是国家财产，而是社会成员的共有财产。由于公权的介入和用途的特殊，导致这种共有财产具有特殊性，是社会成员（受益人）出于对政府的信任、信赖保护的需求和分散风险的需要，按照法律的规定

---

① 这里的不可预估是指就社会风险的发生时间、发生概率来讲，并不是说所有社会风险的发生都不具有可预测性，比如养老保险是可以根据就业情况、就业者的年龄情况以及国家规定的退休年龄加以判断的。

② 如 1995 年国务院《关于深化企业职工养老保险制度改革的通知》中规定，当前，养老保险基金的结余额，除留足两个月的支付费用外，80% 左右应用于购买由国家发行的社会保险基金特种定向债券，任何单位和个人不得自行决定基金的其他用途。养老保险基金营运所得收益，全部并入基金并免征税费。

缴纳后形成的社会财产。社会保险基金形式上体现为不同单位之间、不同个人之间的一种社会契约式的资金集合。社会保险基金管理运作的目的，形式上是为了实现社会保险基金的保值增值，但实质上是为了保护社会成员的生存权的实现，是社会保险权的物质载体，是以实现社会公共利益为服务宗旨的。因此，社会保险基金管理体制的设计中，应赋予社会保险基金的出资者（委托人、受益人）一定的参与权，包括实体权利和程序权利，具体如社会保险基金管理中的知情权、权益受到侵害时的救济机制、某些投资方案的表决权、监督权、甚至对管理人的管理行为的撤销权和管理人的解任权等；此外，为保护社会保险基金的受益人，管理人在享有管理权的同时应承担一些义务和责任如谨慎管理义务、忠诚义务以及损害赔偿责任等。此外，社会保险基金的管理投资方案应以实现受益人利益的最大化为原则，为此，要求管理人在管理事务中不得为自己谋取约定以外的利益，不得利用社会保险基金为自己或第三方牟利，未经许可禁止关联交易等。

第三节　社会保险基金管理的规范模式

一、社会保险基金管理模式之比较

（一）三种主要的管理模式

从目前各国的社会保险基金管理模式来看，社会保险基金的管理一般可分为三种：

1. 信托管理模式

信托管理模式即将社会保险基金委托给某一专门为其设立的机构进行系统管理及整体运作，如英国和美国。这一机构一般是由政府相关部门直接管理或由政府部门与非政府人士组成专门委员会来管理。在信托管理模式下的社会保险基金主要用来购买国债，以此作为政府预算的重要支柱之一而投向公共部门。由此而产生的投资风险由政府承担，政府必须通过其他收入来保证社会保险基金的支付。这种管理模式要求有成熟的法律制度和运作规则、有系统完善的执行程序以及严格的监督程序，以尽可能地避免亏损、挪用等消极行为发生。

2. 基金会管理模式

基金会管理模式是指以成立基金会组织管理运行社会保险基金。目前运用这种模式管理社会保险基金的国家不少，如新加坡。这种模式是遵循该国基金相关的法律来运作资金，资金主要用于投资政府债券。这种投资模式旨在控制投资风险，同时使国家能够获得大量资金用于公益事业，实现经济与社会保障共同发展的目的。

3. 商业化基金管理模式

使用这种模式的国家主要集中在拉美地区，这种管理模式是指由政府指定或专门授权某一基金公司按照商业模式运作，以竞争为原则对社会保险基金进行管理和投资运营。这种模式的主要特点是：[1] 专人专户，一家公司负责一个社保项目。基金运行必须简化、透明且必须强化监督制度。虽然是以商业竞争为运营原则，但仍然要严格遵守法制性、规范性、制度性的轨道，通过规定最低准备金额、基金投资限额来降低风险。建立有效的监控体系并制定严格的投资规则，以确保基金运营的安全和增值。

根据政府在社会保险基金管理中的角色，社会保险基金的管理主要可以分为高度集中管理、分散管理和适度集中管理三种模式：

1. 政府高度集中型管理，是指由政府部门或其附属机构通过强制手段负责直接管理，包括社会保险基金的收集、支付以及积累资金的投资运营。该模式的优点在于比较容易形成基金的规模效应，缺点在于容易导致

---

[1] 参见袁彦鹏主编：《劳动和社会保障法律制度》，中国劳动社会保障出版社2008年版，第301页。

管理效率的不足。这种模式下，要求社会保险基金统筹层次高，否则不容易实现中央政府的高度集中管理，只能是中央政府和地方政府划分权限；在界限划分不清的情况下，容易发生权力争夺、责任推卸，管理成本高，管理效率低，管理效益差等弊端。

2. 分散型管理，是指社会保险制度的参保人根据国家法律的规定建立个人账户，并将个人账户委托给国家核准的某家拥有社会保险基金管理资格的基金管理公司或其他金融机构进行管理。这种模式的优点是克服了政府高度集中管理的弊端，相比较而言，由于竞争机制的存在，一般成本比较低，效率比较高，管理人相比政府更具有投资管理的专业知识和技能；但缺点是由于参保人自己可以自由选择基金的管理人，而基金管理人又不仅一家，所以各基金管理人管理的基金规模相比政府高度集中的管理模式要小一些，规模效应上相对差一些。从世界各国社保基金管理的实践来看，这种模式不太常用。

3. 政府适度集中型管理，是目前世界上绝大多数国家采用的方式。就是在政府主导下，由政府或政府经办机构通过强制方式筹集社会保险基金，然后根据其对管理人的筛选和资格要求，由其委托给其选定的管理人进行管理，社会保险基金的管理人享有对社会保险基金的投资管理权并对其管理行为承担法律规定的义务和责任，政府享有监管权和对不合格的管理人的解任权。前两种模式在管理主体上不仅存在着差别，在管理成本和收益率上也存在着差别。就管理成本来看，由于存在竞争，私人管理的基金可以使管理成本降到最低，而政府管理的基金由于垄断经营管理成本会比较高。但是也有相反的观点，认为市场竞争带来的管理成本降低需要一个过程，并以智利改革后的私人养老基金管理公司的管理成本来举例。①

---

① 智利改革后的私人养老基金管理公司的管理成本 1982 年占总缴费的 23%，占所管理的基金资产的 15%。大大高于新加坡中央公积金（实行政府集中管理）的管理成本。但随着市场竞争的加剧，到 1990 年两个比重已分别下降为 14% 和 2.3%。

就投资收益率来看，根据世界银行的报告，由政府管理的社会保险基金的投资收益率一般低于市场机制参与管理的社会保险基金的投资收益率。此外，不同的社会保险基金管理模式对一国金融市场和资本市场的影响，也是不一样的。市场参与或市场主导的基金管理模式，较之于政府管理模式，对于金融市场和资本市场的发展，具有更积极的推动和促进作用。最近十年来，社会保险基金对储蓄、资本市场的影响越来越受到关注，社会保险基金的储蓄在多大程度上能转化为资本以及社会保险基金对资本市场的影响程度，这些和社会保险基金的投资管理模式都有着很强的关联性。毋庸置疑，竞争、开放、规范、有序的基金投资环境能更有效地配置资金，推动资本的形成，促进经济的发展。

我国目前实行的是政府主导、地方分散管理的基金管理模式，缺少市场主体的参与。社会保险基金由社会保险经办机构按照收支两条线的管理方式进行管理。社保基金实行按险种分别建账，分账核算，专款专用。这种管理模式的特点是：第一，社会保险基金管理带有明显的行政干预色彩；第二，由于统筹层次还比较低，地方政府分散管理的特点较为突出；第三，政府直接管理导致管理成本高、收益率低等弊端比较突出。

（二）选择管理模式的因素考量

当前我国社会保险基金管理存在着不透明、被挪用、低效率、低收益等现状，社会保险基金管理制度不断被诟病。因此，在选择和确定社会保险基金管理模式时，我们必须考虑最佳方式。何种管理模式为最佳方式？各国的经济发展水平、文化传统、政治环境等因素的不同以及各国建立社会保障制度的大时代背景的不同，决定了没有现成的模板可以直接复制。我国的社会保险制度尚处于起步阶段，而西方国家的社会保险制度已经在摸索和发展中走过了一个多世纪的历程。因此，社会保险基金管理模式，必须在借鉴社会保障制度发达国家成功经验的基础上，立足我国国情，从我国的经济发展水平、社会保障制度的发展规律、资本市场发展程度等一系列因素来考虑。社会保险基金管理模式应平衡好政府与市场、公平与效率、权利与责任之间的关系。笔者认为，选择管理模式应着重考虑安全性、成本和效率因素。管理的安全性，和管理人的职业要求和道德风险以及管理制度的安全保障功能密切相关。管理成本问题，包括管理成本的可发生项目、管理成本的比例，以及受托管理造成社会保险基金发生损失或未达到约定或法定收益率时管理成本的分担机制问题。管理成本的大小，除了和统筹层次[①]、是否存在市场竞争相关外，管理主体的勤勉、忠诚、谨慎义务的履行也起着至关重要的作用。管理效率，则和管理人的决策能力、专业投资能力等密切相关。若政府作为管理人，欲降低管理成本则需要有一个负责、高效、廉洁的政府，需要有一个衔接顺畅的管理机制和一个完善的监督管理机制。实践证明，由于政府管理受专业能力和行政角色的限制，政府直接管理社会保险基金模式的最终结果体现为收益率偏低、管理成本偏高、管理低效。

市场元素的加入，寻求政府与市场的均衡，从而推动社会保险基金管理的市场化、社会化运作，是社会保险基金管理的国际趋势。事实上，政府并不是采用经济手段通过市场化方式来管理社会保险基金的最佳主体，原因在于：首先，国家（政府）作为行政主体，以行使国家权力为己任，不是擅长经济手段的"经济人"；其次，社会保险经办机构以一己之力承担着社会保险基金管理中包括筹资、运营、管理等环节的诸多角色，其导

---

① 全国人大公布的《国民经济和社会发展第十二个五年规划纲要》(2011 年 3 月 14 日第十一届全国人民代表大会第四次会议批准）中对基础养老金全国统筹的含义和意义进行了规定：基础养老金全国统筹：目前，我国城镇职工基本养老金由基础养老金和个人账户养老金构成，基础养老金标准根据当地上年度职工月平均工资和本人月平均缴费工资确定。基础养老金全国统筹，主要指基本养老金的基础部分由中央政府在全国范围内统一筹集、调剂和发放，保障退休人员的基本生活。基础养老金全国统筹，符合社会保险"大数法则"，有利于分散风险，提高资金利用效率，有利于厘清中央与地方政府责任，有利于养老保险关系转移接续，促进劳动力跨地区合理流动，这将是基本养老保险制度建设的重要突破。

致道德风险发生的可能性不容小觑。因此，我国应及时转变由政府包办的社会保险基金管理模式，调整为政府主导、市场参与的模式，通过引入市场机制，寻找社会保险基金保值增值的有效路径。引入市场元素，将社会保险基金的行政管理、行政监督与投资管理运营分开，既可以强化社会保险基金的宏观调控和监管，又能够提高社会保险基金管理的有效性，促进其保值增值。

尽管政府并不是最好的国民资本的分配人。但不可否认的是，由于涉及几乎全体社会成员的利益实现，新的管理模式中政府仍要保留一定的制约、宏观调控和监管的权力。减少政府参与、减轻国家财政压力、树立个人自我保障意识、增加个人参与、发挥市场机制的积极作用成为世界各国社会保险基金管理改革的共同趋势。如果能将政府集中管理的优点和市场分散管理的优点适当结合，实行适度集中型的管理模式，无疑将有利于社会保险基金保值增值目标的实现，并将促进资本市场的发展。因此，在立法构建社会保险基金管理体制时，应明确政府的地位和职责。笔者建议，引入市场主体作为社会保险基金的管理人，政府的职责应是有权发起、监管社会保险基金投资管理，但是无权直接支配社会保险基金结余的投资，这是为了使因经济而非政治原因作出投资策略的可能性最大化，从而产生最佳的资金配置和最高的收益。笔者认为，活跃于资本市场的以信托财产独立性和管理灵活性著称的现代信托制度，正是实现社会保险基金管理安全性、管理成本最佳控制和管理效率最优的法律制度。

二、社会保险基金管理的较优模式——信托

综合上述模式分析比较以及路径选择的因素考量，笔者认为，采用政府适度集中管理的方式，以信托制度管理社会保险基金是社会保险基金管理的一种较优的模式。

首先，信托制度能充分实现社会保险基金投资运营的核心诉求。

信托本质上是一种为他人利益进行财产转移并进行高度专业化管理的，具有长期性与稳定性的财产管理制度。信托财产是独立于委托人、受托人以及受益人的自有财产。信托财产的独立性是信托制度的灵魂。信托一旦有效设立，信托财产就从委托人、受托人以及受益人的自有财产当中分离出来，而成为一项独立运作的财产。社会保险基金区别于其他投资基金之处在于，社会保险基金是社会成员的"保命钱"，社会保险制度是国家的"稳定器"，安全性是社保基金投资运营的首要原则。与此同时，社保基金，尤其是养老保险基金的长期累积的特征决定了资产保值增值的重要性，需要专业化机构对每个环节予以长期、专门地管理。信托制度契合了社保基金投资运营的核心诉求。信托财产的独立性和受托人财产管理的专业经验为社会保险基金的独立性、安全性和专业化管理提供了安全、稳定、财产保护功能强的制度载体。通过信托制度管理社会保险基金，有利于真正实现社会保险基金的独立性，实现社会保险基金与管理人财产的制度分离。正如许多学者所言，信托实际上成为财产之安全地带。目前，世界各国，社会保险基金投资项目的限制正在不同程度地放松，随着社会保险基金投资渠道的拓宽和投资种类的增加，社会保险基金的独立性和安全性需求越来越重要，而信托制度中信托财产固有的独立性为社会保险基金的安全性需求提供了自然地制度供给上的满足。相比于一般的委托关系，社会保险基金信托的受托人负有严格忠诚义务与谨慎投资义务，减少了管理人的道德风险；信托制度中受托人财产管理的能力相比一般自然人和法人更专业，从而降低了社会保险基金贬值的风险和管理的风险，使得社会保险基金更安全。

其次，信托制度能实现政府监管下的社会保险基金市场化运作，可以避免政府直接管理社会保险基金，明晰政府、社会保险基金经办机构的权责。

我国社会保险基金管理的实践现状，日益凸显出一个事实，那就是国家干预、国家管理并不能取代市场。因为和市场失灵一样，政府也不可避免地会存在失灵。"当政府政策或集体行动所采取的手段不能改善经济效率或道德上可接受的收入分配时，政府失灵便产生了。"① 政府在社会保险基金中的出资者责任和监督者责任不可或缺，但是政府并不是最佳的管理人。政府在完成社会保险基金募集后，应委托专业的受托人来担任社会保险基金管理人的角色，以便政府职责的清晰。社会保险基金信托，一方面有利于减轻社会保险经办机构的压力和工作内容，规范社保经办机构的职责，另一方面实现社会保险基金社会化、专业化管理。在社保统筹层次未实现"全国统筹"的情况下，对社会保险基金实行信托管理，有利于实现事权和财权的有效分离，克服我国传统体制下政府包办模式带来的安全、效率不足的弊端。信托制度，使得社会保险基金管理由按行政办法管理转变为按社会保险基金的资本性质引入市场机制，在政府的监督下经营，实现管理方式、管理原则、监管方式和监管政策的协调统一。通过信托制度，更可能实现社会保险基金投资效益，降低社会保险基金管理风险，从而促进社会保险基金的安全与保值增值目标之达致。此外，利用信托中受托人专业理财的能力，可以避免和克服社会保险基金管理机构庞大、筹集部门和管理部门重叠、缺乏独立的监督机制和管理成本过高等弊病，提高社会保险基金管理运营的效率，降低管理成本。社会保险基金信托，引入市场元素参与社会保险基金管理，有利于克服政府集筹集、管理、给付、监管于一身的"包办"式管理弊端，从而实现政府主导下适度集中的管理模式。最近几年我国信托业发展迅速，信托产品的平均收益率远高于同期

---

① 参见［美］保罗·A.萨缪尔森、威廉·D.诺德豪斯著：《经济学》，高鸿业译，中国发展出版社1992年版，第189页。

银行存款利率 2-3 倍，甚至高于同期贷款利率，[1] 社会保险基金采用信托管理能获得较高的投资收益。此外，信托制度能够帮助社会保险基金实现财产权利主体和利益主体的分离，财产管理属性和利益属性的分离。社会保险基金信托，将实现政府在社会保险基金管理中的角色转换，国家（政府）由传统的管理者、监管者、投资人的角色过渡到服务者、监督者的角色。社会保险基金信托，使得政府在无须承担财产管理责任和管理风险的情况下就可以实现社会保险基金管理的目标，受益人也可以享受到社会保险基金的利益，这是信托制度具有的而委托代理、行纪等其他制度无法提供的制度优势。

第三，社会保险基金管理与信托制度的结合，可以实现社会保险制度与金融市场的接轨以及社会保险基金的规范运营，实现社会保险基金管理的效率价值。

信托制度是连接和沟通货币市场、资本市场和产业市场的一种财产管理制度。社会保险基金管理的目标是实现社会保险基金的保值增值，而这一目标的实现，需要社会保险基金参与资本市场或货币市场的运作。信托制度是社会保险基金进入前述市场运作的理性制度载体。此外，信托并不是一种单纯的财产管理的金融工具，它可以负载很强的制度性安排，具有不同于代理制度、行纪制度、公司制度的独特功能和经济价值，这将有利于提高社会保险基金的安全性和效益性。从成本和效率的角度来看，社会保险基金信托将更有利于社会保险基金管理目标的实现。此外，信托的运作不受受托人等信托当事人债权债务情况和经营状况的影响。信托有效设

---

① 从 2009 年披露的终止的集合类加权平均收益率来看，按 54 家信托公司平均计算，实际加权收益率约为 5.86%，略高于银行贷款利率，与 2008 年中止的集合类加权平均实际收益率 5.97% 相比保持不变。2009 年披露的单一类的加权收益率约为 6.82%，较集合类项目略高，比 2008 年终止的单一类加权平均收益率 6.49% 略有增加。参见中国信托业协会:《中国信托业年鉴》(2009 年下卷)，中国金融出版社2010 年版，第 648 页。

立后，信托资产就与委托人和受托人的自有财产相区别，不受委托人或受托人财务状况恶化甚至破产的影响。信托不因受托人解散、破产、辞任、解任、死亡或丧失行为能力等情形而终止，因此，信托是一项兼具长期性、稳定性的财产管理制度。信托的连续性、稳定性以及一定的长期性，这为社会保险基金长期投资管理和稳健运行提供了制度保障。

第四，选择信托规范社会保险基金管理可以促进我国金融市场的发展以及信托行业的发展。

我国信托业务中的受托人多为获得金融许可的信托公司，信托公司作为非银行金融机构，间接受政府监管和调控，专业性和自律性均较强，有着严格的准入制度和金融监管制度。将社会保险基金管理纳入金融市场体系，按照市场规律投资运营管理，不仅能够减少管理成本，提高增值收益，而且有利于金融市场的发育成熟和完善。社会保险基金虽然某种意义上可以使个人及国家受益，但它不同于私有财产和国家财政资金，不是以私人利益或者国家利益为目标，而是以社会利益为本位。因此，社会保险基金的管理，由政府代表社会成员选择独立的市场主体作为社会保险基金的受托人进行管理运营更为合适。结合信托制度天然的财产管理功能以及破产隔离功能和信托财产制度上和法律上的独立性，笔者认为，社会保险基金信托对于社会保险基金管理的制度选择，正是不二之选。此外，实行社会保险基金信托，可以促进中国信托业的发展，使信托回归"正业"，并促进信托公司、证券投资基金公司和专业基金管理公司的发展，从而促进中国金融市场和资本市场的发展。

此外，社会保险基金信托有利于公开社会保险基金管理信息，通过建立信息披露制度，帮助社会成员了解社会保险基金投资管理情况，并以合适的方式参与到社会保险基金的管理活动中，保障受益人知情权、参与权、受益权的实现；有利于实现社会保险基金的监管，完善社会保险基金的监管制度，通过构建受益人监督机制，使投保人或受益人成为监督主体的一种。

第四章　信托视野下的社会保险基金管理

所谓社会保险基金管理，是为了保障劳动者的基本生活，根据国家和个人的经济承受能力而开展的基金筹集、待遇支付、基金保值增值的行为和过程。世界各国都高度重视社会保险基金的运营管理，在社会保险基金的运营过程中，其主要投资原则如下①：第一，安全性原则，运用社会保险基金资产进行投资时，必须确保被纳入投资过程中的资产能够被足额地收回，从而使该资产在价值方面不受损失影响，实现资产保值，这也就要求在社会保险基金资产的投资运营过程中必须将安全性原则作为首要原则，它优先于效率性、效益性；第二，收益性原则，社会保险基金资产投资运营过程中，除了将风险降低到合理可控的范围内，还必须确保该资产能够获取相应收益，尽量控制社会保险基金资产管理过程中产生的成本，通过权衡收益与成本之间的关系，来实现资产增值；第三，流动性原则，将社会保险基金资产运用于投资时，必须将资产投资于可以随时变成现金的投资对象，从而确保在需要时能够及时地以支取现金的方式，将处于投资过程中的该资产收回。只有将处于投资状态中的社会保险基金资产实现完好无损、保值增值与随时变现，才能够使社会保险基金资产在需要的时候，在

---

① 也有学者分析提出，社会保险基金管理的目标主要有四个：第一是确保基金的完整和安全；第二是防止基金贬值，实现基金保值，争取基金增值；第三是满足支付的需要，避免支付危机的发生；第四是保持高效率。参见吕雪静主编：《社会保险基金管理》，首都经济贸易大学出版社 2007 年版，第 37 页。

其效能最大限度发挥的前提下被运用，以满足与社会大众中符合条件的人的生存有关的某一方面或者某些方面的需要，从而造福于社会。[①]

安全性原则、收益性原则与流动性原则是我国社会保险基金管理的核心目标。作为一种基础的金融工具，信托制度高度满足社会保险基金安全性、流动性和收益性的原则，对于社会保险基金管理目标的实现具有重要意义。那么何为信托？信托具有哪些特点和功能？社会保险基金采用信托管理模式是否具有可行性？下文将重点就这些内容展开探讨。

第一节　信托的一般理论

一、信托的定义及特征

早在罗马共和国晚期就出现了类似于信托制度的"遗嘱信托"，遗嘱人设定在法律上有接受遗产资格的人为继承人，并嘱托其将合法继承的财产交付给依法不享有受遗赠权的真正的受益人。但这种遗嘱制度并没有得到传承，只是作为一种信托理念的起源意义之上存在。现代信托制度起源于英国，随后在英美法系环境中历经数百年的发展演变，逐步趋于成熟，并发展成为一种渗入到社会经济各个层面的财产价值实现与增值的制度机制，得到世界各国争相学习和借鉴。究竟何为信托？由于英美法系和大陆法系之间的历史结构与社会背景迥异，并且由于信托本身多样性的特点，

[①] 张淳："我国社会保险基金投资信托法律规制研究——兼论有关信托特别法的制定"，《江西社会科学》2009 年第 1 期。

使得给信托下一个明确的令各方都比较赞同的定义，实属不易。① 观察各国对信托的定义，虽各有不同，但就信托的基本含义而言却是一致的。"信托是委托人基于对受托人的信任，将其财产权归属于受托人，受托人必须以信托行为的规定为依据，受信托行为的约束，为受益人的利益或者特定目的管理和处分该财产的法律关系。"② 换言之，信托是以"信任"（trust）建立起来的一项管理和处分财产的法律制度。具体来说，信托具有如下几点基本特征：

（一）信托的设立模式与运作模式具有特殊性

首先，信托的设立是一种"财产权的让渡"。委托人基于对受托人的信任将信托财产的财产权让渡给受托人，这里的信任可以说是信托设立的基础。其次，信托的运作模式是"为了他人利益持有或管理财产"，受托人尽管持有财产，但是却不是为了自己的利益来管理财产，而是围绕着为受益人利益服务这项信托的基本目的来管理和处分信托财产。因此，信托的最终受益人并不是受托人，受托人也不能主张享有信托财产运营投资后所得的收益。由此可见，信托的设立与运作模式都具有极大的特殊性。委托人以对受托人的信任为基点，将用于设立信托的财产的财产权移转或其他处分给受托人，受托人在得到充分信任的前提下，以所有权人的身份，受人之托，替人理财，对委托人承担一种忠实义务，对受益人承担一种谨

---

① 之所以难以对信托下一个较为准确、令人满意的定义，原因在于：一是信托概念总是处于不断发展的状态，从早期的家庭信托到今日的商业信托，难以用一个不变的信托概念来概括这些不同类型的具体信托制度；二是正因信托制度的不断进化与发展，产生了许多差异较大的具体信托制度，如明示信托、法定信托、推定信托，这些不同特征的信托制度，难以用同一个信托概念来包容这些复杂的特征；三更为重要的是，信托制度是在英国法律体系中以衡平法院的判例法为基础而发展起来的，法院在审理与信托相关的案件过程中，首要考量的是案件的具体详情和遵循先例，在这种情况下就没有必要考量信托的具体定义。参见何宝玉著：《信托法原理与判例》，中国法制出版社 2013 年版，第 21 页。

② 张军建著：《信托法基础理论研究》，中国财政经济出版社 2009 年版，第 33 页。

慎管理和善良管理的义务。不同于其他赋权模式，受托人在管理与处分信托财产的过程中被赋予了比较宽广的自由裁量空间，但受委托人管理和处分信托财产仍然要受到信托目的的严格限制。①

（二）信托财产具有特殊性

具体而言，信托财产的特殊性表现在以下几点：首先，信托财产的所有权和信托财产的受益权相分离。信托的成立乃是伴随着委托人将信托财产的财产权移转或其他处分给受托人才得以实现的，但这种信托财产的所有权并不等同于大陆法系民法理论中的一个完整意义的所有权。信托的受托人在管理与处分信托财产的过程中，受到了信托目的之限制，简言之，受托人不能为了自己的利益管理和处分信托财产。受托人在管理与处分信托财产过程中，所获得的信托利益应当交付于信托的受益人。换言之，受托人只是享有信托法意义上的"信托财产的所有权"，而信托的受益人享有信托财产的受益权。其次，信托财产具有独立性。信托财产乃是为了实现信托之目的而独立于各个信托当事人名下财产的一种较为特殊的财产。其特殊性主要体现为其与各信托当事人的财产各自独立，即委托人、受托人、受益人都不享有大陆法系完整意义上的信托财产的所有权。信托财产的独立型特征使得在信托的受托人死亡或终结后，信托财产可以免于受托人的继承人对信托财产的继承、也可以使信托财产被排除列于受托人的破产财产、可以被排除列于强制执行的信托财产、可以排除被信托财产所抵消、可以被限制于混同的适用，同时信托财产也可以避免被信托法律关系的三方当事人的债权人主张抵偿债务的命运。具体而言：一是，信托财产得以安全保障的重要因素之一就是信托制度将信托财产与委托人、受托人各自原本拥有的财产相区别。二是，信托财产之所以能够较好地实现保

———————————
① 张军建著：《信托法基础理论研究》，中国财政经济出版社 2009 年版，第 34 页。

值增值，也是主要得益于在信托设立后，信托财产不再受委托人所有和管理，转由具有丰富理财经验的受托人对信托财产进行有效管理。三是，除设立信托时的信托财产本身以外，受托人因这一部分财产取得的收益也属于信托财产的一部分，受托人对此不应享有信托利益。四是，信托财产只有实现与受托人自身的固有财产及其他信托财产的分别管理，才能充分保障各个受益人的利益。最后，信托财产具备同一性，即信托财产的物上代位性。信托财产的内容或范围于信托设立时，通过信托行为而特定，但是在信托期限内，信托财产的形态和价值的变化，均改变不了信托财产的法律性质，改变不了该信托的信托目的。换言之，信托财产因变动而产生的新的财产或替代物或代位物仍属于信托财产，为同一信托目的而存在。[①]

（三）信托管理具有连续性

信托管理的连续性主要体现在以下两点：首先，一个合法有效成立的信托，其信托关系能否得以存续与设立此项信托的受托人是否一直存续无关，不因受托人的灭失而消灭。其次，在公益信托关系中，当公益信托所设定的公益目的不能实现或即使实现也已无意义时，可以依据"类似原则"[②]使公益信托继续存在下去。[③]

（四）信托责任具有特殊性

这种特殊性主要体现为一种有限责任，在信托的内部关系中，这种有限责任主要体现在信托的受托人与受益人之间。受托人在处理信托事务的

[①] 转引自彭丽萍 2006 年硕士论文：《信托制度中若干问题研究——兼析中国〈中国信托法〉的立法缺失与完善》，第 39 页。

[②] 所谓类似原则是指一项慈善赠与的目的如果无法实现或者时间上不可能，还可以捐款用于与原始目的相近似的慈善目的。参见何宝玉著：《信托法原理与判例》，中国法制出版社 2013 年版，第 363 页。

[③] 参见周小明著：《信托制度比较法研究》，法律出版社 1996 年版，第 17 页。

过程中，只有当受托人违反信托职责或者没有达到恪尽职守的标准时，受托人才需要以个人自有财产承担个人责任，否则即便受托人管理和处分信托财产未获得预期利益甚至财产有所减损也不需要承担无限责任；在信托的外部关系中，在信托的受托人、受益人分别与其债权人或其他第三人之间，因信托事务处理所发生的债务都只以信托财产为限负有限责任。

二、信托的本质

关于信托的本质，学者们多是站在如何确定信托关系人围绕着信托财产所形成的权利义务的性质问题展开的，并形成了多种学说。由于本文主要将社会保险基金制度与信托制度联合起来，因此笔者此处探讨信托的本质，从信托功能的角度出发探讨。

（一）信托是一种财产管理制度

信托的设立、变更、终止各个环节都是围绕着信托财产展开的。委托人只有移转信托财产的财产权，信托关系才得以设立；受托人的活动也只有围绕信托之目的才能经营、管理信托财产；受益人受益权的实现也只有通过受托人管理、运营信托财产实现。相较于其他财产管理制度，信托带有一种长期规划的性质、同时具有极富弹性的空间，并且能充分保障受益人利益的财产转移和管理的制度设计。[①] 信托的财产管理特性首先体现在其长期规划性上，诸如信托的意思冻结[②]、受益人连续性[③]、受托人的裁量权

[①] 参见周小明著：《信托制度比较法研究》，法律出版社 1996 年版，第 38 页。

[②] 所谓的意思冻结，是指信托设立时长期维持委托人意思，它对抗于委托人的意思能力的丧失和死亡等主观情形的变化，自始至终反映为实现委托人设立信托当初的目的而持续性的管理和处分信托财产的行为。参见张军建著：《信托法基础理论研究》，中国财政经济出版社 2009 年版，第 69 页。

[③] 所谓的受益人连续性，是指将委托人设立的信托目的长期固定化，并根据其目的将信托的受益权连续归属于数个受益人。

等都是信托作为长期财产管理制度的体现。信托的财产管理特性还体现在其具有集团管理职能上，随着信托业的发展，信托很多时候成为基于将多个委托人的少量资金集合起来，由富于经验之人或专业机构实施集合运作的一项财产管理制度。

（二）信托是一种以信托目的为核心的制度

信托目的是设立信托所希望达到的目标。信托目的是受托人行动的指针，其确定了受托人权限的范围，也是判断信托起始终止的标准。信托法一般都会规定，信托目的实现的时候，或者信托目的已经确认不能实现的时候，信托终止。同时，信托目的还是变更信托内容的基本指引，并在公益信托中信托终止时为适用最接近原则提供基准。因此，信托目的对于信托而言是重要的因素。其重要性具体体现如下：1. 信托是受托人依一定的信托目的对信托财产进行管理和处分的制度，一定的目的对于信托而言是必要因素。在英美信托法中，目的确定性也被认为是必要的，如果信托目的不能确定或者过于抽象，则会认为该信托并不成立。其主要理由是，从受托人角度来看，如果信托目的不能确定或者过于抽象，其在执行信托事务时就失去了指引。2. 信托目的有助于确定受托人管理处分权限范围。信托目的构建了受托人权限的外延，受托人依据信托目的的行为时，受益人不能随意干预和撤销受托人管理处分信托财产的行为，反之，当受托人的行为违反信托目的时受益人依法享有撤销权。概括而言，当受托人的行为超出了信托目的范围之外，受托人的处分权就受到限制，其处分行为的效力也将受到否定。3. 信托目的在信托终止、变更等方面具有重要的意义。一般情况下，受托人可以基于信托目的不一致而对信托财产的管理与处分予以相应变更。而受托人及受托人的义务是信托不可或缺的要素。其依据在于如果不存在受托人，信托事务的执行几乎不可能，信托也就成了无水之源、无木之林。此外，受托人是否履行信托义务也决定了信托是否得以执行以及可以收获何种信托管理效果。

（三）信托是一种独立的基金

基金是一个内容相当丰富的概念，从广义上说是为了实现某种目的而设立的具有一定数量的资金，主要包括信托投资基金、公积金、保险基金、退休基金，各种基金会的基金等。《海牙国际信托公约》在对"信托"进行定义时，就谈到了信托属于基金。① 信托财产无论是否表现为货币形态，都是可以用货币来衡量的。当信托财产体现为一种货币形态时，由于信托财产的独立性以及信托的财产管理功能，信托表现为为了信托目的而设立的具有财产管理和财富积累的基金。即使在信托存续期间，信托财产的形态不停地发生变化，信托设立之初的信托财产以及在信托的期限内所获得的信托财产的收益，将共同构成一个独立的基金。②

（四）信托是一种信任关系

信托关系所涵括的信任关系，除了指委托人与受托人之间形成的以信任为基础的法律关系，还表现出受益人与受托人之间的信任关系上。一般认为，信托乃是为了受益人的利益或者特定目的而成立信托，这种特定

---

① 参见：Convention On The Law Applicable To Trusts And On Their Recognition, Article 2, For the purposes of this Convention, the term "trust" refers to the legal relationships created – inter vivos or on death – by a person, the settlor, when assets have been placed under the control of a trustee for the benefit of a beneficiary or for a specified purpose. A trust has the following characteristics –

  a）the assets constitute a separate fund and are not a part of the trustee's own estate;

  b）title to the trust assets stands in the name of the trustee or in the name of another person on behalf of the trustee;

  c）the trustee has the power and the duty, in respect of which he is accountable, to manage, employ or dispose of the assets in accordance with the terms of the trust and the special duties imposed upon him by law.

The reservation by the settlor of certain rights and powers, and the fact that the trustee may himself have rights as a beneficiary, are not necessarily inconsistent with the existence of a trust.

② 参见彭丽萍著：《社会保障基金信托法律问题研究》，法律出版社 2003 年版，第 121 页。

的信托目的之所以能够得到维护与实现，其中信任关系是关键要素，信任是信托关系成立的前提基础，同时也是信托关系得以维系与运行的重要保证，倘若剥离了这种信任关系，整个信托关系都将走向土崩瓦解。概言之，整个信托关系基于信任关系而存在，信托的本质也体现在这种信任关系上，信托关系产生、变更和终止都以这种信任关系作为基础。也正因如此，信托关系的受托人需要承担的是以信任作为基础的忠实义务，受托人也就被称为信托关系的"忠实义务人"。

（五）信托表现为一种契约关系

信托的存在离不开委托人与受托人之间达成的签约关系，或者是信托的本身就体现为一种契约关系。按照信托法的规定，受托人拥有的权利与承担的义务、责任，委托人与受托人之间的这种法律关系，在效力上类同于契约效力，甚至可以说信托就是契约的一种。[1] 在信托法律关系中，委托人基于信任将财产权让渡给受托人，但受托人不能为了自己的利益管理和处分信托财产。受托人在管理与处分信托财产过程中，所获得的信托利益全部归于信托的受益人。这就意味着，在信托的法律关系中，委托人好比托孤的刘备，而受托人则必须像诸葛亮那样"竭股肱之力，效忠贞之节"，体现出契约的精神。

---

① 参见谢哲胜著：《信托法总论》，元照出版有限公司 2003 年版，第 51 页。

第二节　信托的功能

一、权益重构

所有权、管理权与受益权分离以及权利主体与利益主体相分离，是信托制度区别于其他财产管理制度的本质所在，是信托制度有限责任、财产独立、稳定连续、灵活弹性等功能的基础。经济学理论认为，权益分割理论是经济有效运行的基础，也是经济运行规律的体现。权益分割理论认为，由个人或机构完全拥有财产的各种属性和完整所有权对实现经济利益未必是最有效的。而将个人或者机构的财产所有权分割不同的属性赋予不同的主体，比如包括把所有权、受益权及管理权等通过特定的制度设置分别给不同的管理主体进行经营，会产生更好的经济效益。但前提是需要有完善的配置制度作为保障，确保当所有权分割重构后，对资产运行的各个环节明确各自的权利义务关系，对财产不同属性的管理人加以约束和限制。①

信托合法有效设立后，委托人转移给受托人的财产就成为信托财产，信托财产的存在是信托成立的基础和载体，信托财产的权利属性与传统大陆法系的财产所有权相比具有较大的特殊性，传统大陆法系语境之下的所有权的占有、使用、处分和收益职能在信托制度安排中进行了重新配置和制约，具有权益分离与重构的意图和体现。具体而言，受托人具有信托财产名义上的所有权，可以基于授信义务而以自己的名义管理和处分信托财产，第三人会把受托人视为信托财产的正当权利主体和责任承担者，与其

---

① 蒲坚著：《论信托》，中信出版社 2014 年版，第 99 页。

独立、自由地进行交易，委托人在将信托财产转移给受托人后，基本从交易主体关系中退出，不享有相关权益，也不发挥作用，受益人则享有信托财产的收益权和剩余信托财产索取权。同时，受托人对于信托财产所享有的权利又不完全等同于传统民法上的所有权。受托人对于信托财产可以占有、使用，但其处分权却受到限制，无权损毁、抛弃信托财产，也无权将管理处分信托财产所产生的利益归于己有。受托人必须忠实、勤勉地管理和处分信托财产，并将信托财产的利益交付于受益人，并在特定条件下将信托财产剩余价值交付于委托人或者受益人。

二、财产独立

在信托制度安排中，信托财产是基础，信托财产的独立性是信托的核心所在。受托人是信托财产的名义所有权人，为实现交易安全和秩序，确保受益人的利益，信托制度需要一定的独立性。[①] 信托财产的独立性是指信托财产为信托目的而独立存在，与信托法律关系中委托人、受托人和受益人的自有财产相分离，并使其债权人不能对信托财产主张相应权利。委托人根据信托合同将信托财产向受托人转移之后，该信托财产即从委托人、受托人的自有财产和受托人管理的其他信托财产以及受益人的财产中分离出来，成为独立运作的财产。此外，该信托财产还具有独立于委托人、受托人和受益人的债权人的法律特征。同时，在受托人违反信托目的处分信托财产的情况下，受益人对第三人所取得的信托财产具有追及权。信托财产是基于信托目的而独立存在的目的财产，其地位独立于信托各方当事人，体现一定的人格独立化，与委托人、受托人、受益人三方的自有财产相分离而单独管理，并且不受此三方之债权人追及。对于信托财产独立性所具有的价值，正如海顿强调，"在一个没有普通法财产权利益和衡

---

① 王文宇："信托财产的独立性与主体性"，《法令月刊》第53卷第6期。

平法财产权利益之区别的司法制度中，正是因为有独立财产的概念并通过该概念的运作，使独立财产中具有特殊利益的人得到保护，从而在债权人利益和受益人利益之间保持平衡。"①

具体而言，信托财产独立性主要体现在以下几个方面：1. 信托财产独立于受托人自有财产。我国《信托法》第 16 条规定："信托财产与属于受托人所有的财产相区别，不得归入受托人的固有财产或者成为固有财产的一部分"，我国台湾地区"信托法"第 24 条第 1 款规定："受托人应将信托财产与其自有财产及其他信托财产分别管理"。2. 信托财产独立于委托人财产。根据信托法普通原理，一般都认为信托财产转移给受托人后，成为受托人名义上的所有物，该信托财产自然地不属于委托人所有。但我国信托法对于信托财产的归属问题未能明确规定，只是在第 15 条规定信托财产与委托人未设立信托的其他财产相区别。3. 信托财产独立于受益人财产。在信托存续期间，受益人仅仅享有信托财产受益权，对信托财产不享有任何意义上的所有权。但是，当信托关系终止后，受益人可能会根据信托合同的相关约定享有信托财产的所有权。4. 信托财产独立于委托人、受托人及受益人的债权人。信托财产独立性的优势最为明显地体现在信托财产能够独立于信托关系中委托人、受托人和受益人的债权人的债权请求权。委托人设定信托并转移信托财产后，其债权人通常不能对于该信托财产主张相关权利，这一原则已被各国立法普遍认同。受托人根据信托关系对信托财产予以占有并对其进行实际控制、管理和处分，但并不享有信托财产的实际所有权。对于专属于受托人、并非基于信托管理而形成的债务，只能以受托人的自有财产进行清偿，我国《信托法》第 18 条对此有明确规定。对于受益人的债权人，由于受益人对信托财产享有的仅仅是受益请求权和信托终止后的信托财产取得期待权，并不直接拥有信托财产的所有权，故

---

① 董慧凝著：《信托财产法律问题研究》，法律出版社 2011 年版，第 72 页。

受益人的债权人对信托财产无追及权，不能直接通过信托财产实现其债权，而仅能通过受益人的受益权或者信托终止后受益人可能获得的信托财产主张债权。除此之外，信托财产的独立性还进一步体现为其不能作为遗产被继承、不属于破产财产、禁止强制执行及禁止抵消和混同等方面。

三、有限责任

信托责任有限性是信托法的一项基本原则，来源于信托财产独立性原则。信托责任有限性原则是指信托法律关系当事人因信托行为而产生的给付责任，仅以信托财产为限。在信托法律制度中，信托责任有限性是全面的，既贯穿于信托的内部给付关系中，也体现在信托的外部给付关系中。我国《信托法》第 37 条规定："受托人因处理信托事务所支出的费用、对第三人所负债务，以信托财产承担。受托人以其固有财产先行支付的，对信托财产享有优先受偿权。受托人违背管理职责或者处理信托事务不当对第三人所负债务或者自己所受到的损失，以其固有财产承担。"由此可见，我国信托法对于信托债务的态度是：受托人对信托债务原则上只应承担有限责任，但对其违反信托所生信托债务则应当承担无限责任。[1] 信托债务是指受托人在信托存续期间内因信托运作对第三方负有的债务。受托人承担有限责任范围内的信托债务表现为受托人只需用信托财产来清偿信托债务，如果信托财产不足以清偿，则受托人对该债务的剩余部分无须用其自有财产进行后续清偿。

受托人是信托财产名义上的权利人，其以自己名义亲自处理信托事务，因管理处分信托财产所发生的违约责任或者侵权行为所导致的对第三人责任，承担人只能是受托人，受到损害的第三人无权请求委托人及受益人承担责任。因此，管理处分信托财产导致第三人损害时，对于委托人和

---

[1] 张淳著:《中国信托法特色论》，法律出版社 2013 年版，第 231 页。

受益人而言，其最多只是将信托财产全部用于赔偿第三人，肯定不会出现以其信托财产以外的其他自有财产承担责任，即无限连带责任。

2006 年《日本信托法》突出强调受托人在对信托债务清偿方面的有限责任：第一，使用"信托财产责任负担债务"概念并将这种信托债务与受托人的有限责任联系在一起。该法第 2 条第 9 款规定："本法所称之信托财产责任负担债务，是指受托人以属于信托财产的财产负有履行责任的债务。"如果受托人承担的信托债务属于信托财产责任负担债务，那么受托人依法用信托财产来进行清偿，与该项信托债务相对应的由第三人享有的债权也将被用信托财产来满足。第二，使用"限定责任信托"概念并确立相关制度。该法第 2 条第 12 款规定："本法所称之限定责任信托，是指受托人在该信托的全部信托财产责任负担债务上，仅以属于信托财产的财产负担履行责任的信托"，由此表明限定责任信托的受托人对信托债务之承担有限责任。法国信托法对于受托人的信托债务清偿责任原则上同样秉持有限责任之态度。① 根据《美国信托法重述》（第二版）第 249 条之规定，受托人虽然是以信托财产所有权人的身份对第三人承担责任且其原则上应当承担个人无限责任，但这种无限责任只是形式上的，其实质上仍然是以信托财产为限的一种有限责任，当然这种有限责任仅适用于受托人履行信托义务无过错的情形。②

四、稳定连续

信托的稳定连续性是指信托的存续不因某些事由的发生而受影响。在通常情况下，影响法律行为存续的事由却并不能影响信托的存续，换言之，影响信托存续的事由范围更窄。信托的稳定连续性主要体现在以下方

---

① 张淳著：《中国信托法特色论》，法律出版社 2013 年版，第 238—244 页。
② 李群星："论信托法的基本原则"，《法商研究》1999 年第 6 期。

面：1. 信托设立的稳定连续。我国《信托法》第 13 条第 2 款规定："遗嘱指定的人拒绝或者无能力担任受托人的，由受益人另行选任受托人；受益人为无民事行为能力人或者限制民事行为能力人的，依法由其监护人代行选任。遗嘱对选任受托人另有规定的，从其规定。"在通过遗嘱设立信托的情况下，由于遗嘱是立遗嘱人的单方法律行为，因此，委托人可以在遗嘱中单方面指定受托人，即使被指定的受托人拒绝接受信托或者没有能力担任受托人，也不足以影响该遗嘱设立信托的效力，此时需要做的只是应当按照信托法的规定另选他人担任受托人。英美衡平法上有句格言："法院不会因欠缺受托人而宣告信托无效"，因此在英美法上，即使是非遗嘱信托，也不因受托人的欠缺而无效。无论是生前信托还是遗嘱信托，如果委托人没有指定受托人，或者指定的受托人拒绝或者没有能力接受信托，信托依然成立，下一步需要进行的是由信托文件中指定的任命人任命受托人或者由法院选任受托人。①2. 已成立信托的稳定连续性。我国《信托法》第 52 条规定："信托不因委托人或者受托人的死亡、丧失民事行为能力、依法解散、被依法撤销或者被宣告破产而终止，也不因受托人的辞任而终止。但本法或者信托文件另有规定的除外。"由此可见，在信托依法成立后，委托人或者受托人的存续与否并不能影响信托的存续。与此同时，依照我国《信托法》第 40 条规定："受托人职责终止的，依照信托文件规定选任新受托人；信托文件未规定的，由委托人选任；委托人不指定或者无能力指定的，由受益人选任；受益人为无民事行为能力人或者限制民事行为能力人的，依法由其监护人代行选任。原受托人处理信托事务的权利和义务，由新受托人承继。"3. 公益信托的"近似原则"。我国《信托法》第 72 条规定："公益信托终止，没有信托财产权利归属人或者信托财产权利归属人是不特定的社会公众的，经公益事业管理机构批准，受托人应当将信托财产用

---

① 蒲坚著：《论信托》，中信出版社 2014 年版，第 84 页。

于与原公益目的相近似的目的，或者将信托财产转移给具有近似目的的公益组织或者其他公益信托"，公益信托不仅具有前述两方面的稳定连续性，而且还因"近似原则"的适用而具有特殊的稳定连续性。信托的连续性体现了信托制度的秩序价值，使得信托安排在强调长期性和稳定性的财产管理制度中脱颖而出，最大限度发挥其价值。

五、灵活弹性

"信托可以和人类的想象力媲美。"这是美国经济学家司考特的经典名言，被后人广为引用来形容信托制度的灵活性。信托的生命在于其灵活性，这是一种具有极大灵活性和弹性的制度，无论从信托标的、信托形式到信托目的，都充分体系了信托制度的灵活性。信托起源于西欧的"尤斯"制，它与西欧的土地制度密切相关。尤斯制的含义是由土地占有人（委托人）将土地交给受托人代为掌管，受托人将土地上的收益交给委托人指定的受益人，受益人享有对土地收益的权利。这种制度实际上是对所有权的暂时分割，委托人对土地享有使用权和受益权。通过"尤斯"制，土地占有人实现了土地的自由转移，受托人将土地收益交给委托人或委托人指定的受益人如教会。这样既规避了法律的转让限制，又达到了自己的目的。从信托起源可以发现，信托起源于对法律的规避，信托设计具有很大的灵活性和弹性。信托制度对产权的保护程度更高，能够更好地满足财产所有者的各种不同需求，增加财富保值增值的机会。信托财产的形成和设立过程简洁而明晰，即便最为宽松的公司法也无法在设立和运营等方面的便利性上与信托法进行比较。比如，公司至少应当包含股东任免公司董事的权利，并参与公司的重大决策，但信托制度下的受托人不受收益人的控制，而且有一定的主动权来平衡不同收益人之间的利益。作为最常见的受托人，信托公司是联系货币市场、资本市场和产权市场的重要纽带，是资金运用范围最广的金融机构。信托资金既可以运用于银行存款、发放贷款、融资租赁，也可以运用于有价证券投资、基础设施项目投资和实业投资。

信托制度淋漓尽致地体现了权益重构、财产独立、有限责任、稳定连续、灵活弹性等功能，使得信托制度在信托财产的安全和保值增值方面具有不可比拟的优势，如此看来，信托制度完全契合社会保险基金安全性、流动性和收益性的原则，对于社会保险基金的安全和保值增值具有重要意义。在信托法律关系中，委托人虽然是财产的所有者，但其所有权和管理权受到限制；受托人是财产的管理者，却要严格依据忠实、勤勉的授信义务为委托人的利益进行信托管理；受益人既无财产所有权也无管理权，只有受益权。信托特殊的"委托——受托——受益"三方结构孕育了信托财产的独立性和隔离性，体现了权益重构、财产独立、有限责任、稳定连续、灵活弹性等功能，在经济社会各个领域中发挥着重要的作用。

第三节　社会保险基金信托模式的实践

一、社会保险基金与信托之收益

（一）社会保险基金投资收益现状

根据 2010 年 10 月 28 日第十一届全国人民代表大会常务委员会第十七次会议通过的《中华人民共和国社会保险法》第 71 条规定，国家设立全国社会保障基金，由中央财政预算拨款以及国务院批准的其他方式筹集的资金构成，用于社会保障支出的补充、调剂。全国社会保障基金由全国社会保障基金管理运营机构负责管理运营，在保证安全的前提下实现保值增值。

全国社会保障基金坚持审慎投资、安全至上、控制风险、提高收益的原则，主要用于长期投资、价值投资和责任投资。[①] 但从前几年社会保障基金公布的年报可以看出，我国社会保障基金运作整体投资效果并不理想，具体而言，2013 年年收益率为 6.20%，2012 年年收益率为 7.01%，2011 年年收益率为 0.84%，2010 年年收益率为 4.23%，2010～2013 年以来的投资收益率始终徘徊在较低位，如果考虑到近几年 3%-5% 的通货膨胀率和持续上升的工资收入，那么实际投资收益率更低，甚至在 2011 年和 2010 年出现了负的收益率，贬值风险并非空穴来风。因此，从实际情况和效果来看，全国社会保障基金投资渠道不畅、投资方式较少、投资风险较高、投资收益较低、规模积累速度慢等问题困扰我国社会保障基金的保值增值。根据《财政部、劳动保障部关于调整全国社保基金投资范围审批方式的通知》，全国社会保障基金可以开展有银行担保的信托贷款项目投资。社保基金投资信托贷款项目，按成本计算，不得超过总资产的 5%；单一项目的投资，不得超过总资产的 1%。2014 年 6 月 18 日，《全国社会保障基金信托投资管理暂行办法》正式发布，进一步规范了项目来源、项目选择、投资决策等程序，为促进社会保障基金信托贷款投资业务的发展提供了制度保障。2014 年全国社会保障基金投资收益率达到了 11.69%，是 2013 年年度投资收益率的近两倍。

[①] 具体是由社保基金会直接运作与社保基金会委托投资管理人运作相结合，委托投资管理人管理和运作的基金资产由社保基金会选择的托管人托管，通过战略和战术性资产配置对资产结构实行比例控制。全国社保基金境内投资范围包括：在批准范围内的银行存款、债券、信托投资、资产证券化产品、股票、证券投资基金、股权投资和股权投资基金等。境外投资范围包括：在批准范围内的银行存款、银行票据、大额可转让存单等货币市场产品，债券，股票，证券投资基金，以及用于风险管理的掉期、远期等衍生金融工具。

全国社会保障基金投资收益表 [①]

单位：亿元

年度	资产总额	负债总额	权益总额	年度投资收益额	年度投资收益率	累计投资收益额	累计投资收益率
2014	15,356.39	783.10	14,573.29	1,424.60	11.69%	5,611.95	8.38%
2013	12,415.64	488.19	11,927.45	685.87	6.20%	4,187.38	8.13%
2012	11,060.37	306.80	10,753.57	646.59	7.01%	3,492.45	8.29%
2011	8,688.20	302.62	8,385.58	73.37	0.84%	2,845.93	8.40%
2010	8,566.90	191.32	8,375.58	321.22	4.23%	2,772.60	9.17%
2009	7,766.22	398.90	7,367.32	850.49	16.12%	2,448.59	9.75%
2008	5,130.89	492.81	5,623.70	-393.72	-6.79%	1,598.11	8.98%

（二）信托投资收益现状

2013 年，信托集合资金产品平均期限为 1.61 年，平均预期收益率为 8.8%，其中 1 年期平均收益率为 8.34%，2 年期平均收益率为 9.4%，2 年期以上平均收益率为 9.22%。总体来看，产品预期收益与期限的匹配处于正常状态。从产品的资金运用方式来看，股权投资类产品的平均期限最长且平均收益率最高，是唯一平均期限超过了 2 年的运用方式，平均预期收益率 9.69%；贷款和权益投资平均期限和平均预期收益居中，平均期限为 1.6-1.8 年，平均预期收益在 9.07%—9.09%；证券投资和组合运营的平均期限最短，分别为 1.27 年和 1.34 年，平均预期收益也相对较低，分别为 7.26% 和 8.15%。从不同资金投向的信托产品的平均期限和预期收益来看，房地产和基础产业的平均期限和预期收益均较高，平均期限都在 1.7—1.9 年，

---

① 数据来源：全国社会保障基金理事会基金年度报告（2008—2013 年度），网址：http://www.ssf.gov.cn/cwsj/ndbg/，最后访问时间 2015 年 7 月 15 日。

平均预期收益也在 9.3%—9.8%；而金融和工商企业投资的平均期限和预期收益则较短和较低，平均期限分别为 1.11 年和 1.31 年，平均预期收益率分别为 8.15% 和 8.49%。进一步从信托行业的风险控制能力来看，整体而言，信托行业 2013 年自营业务平均不良资产规模为 2473 万元，较 2011 年有所下降，2011 年度不良资产最大值首次超过 10 亿元的中信信托业降低到了 70731 万元。从 2007 年至今的趋势来看，信托行业不良资产规模逐渐降低，整体资产质量不断提升。[①]

通过对全国社会保障基金和信托行业的投资收益进行比对，可以较为显著地看出信托行业的投资收益率明显地高于目前全国社会保障基金投资收益率，且自 2014 年起，全国社会保障基金开展信托投资以来，收益率已有较大的提升。可见，全国社会保障基金采用信托模式可以取得较为理想的收益（下文将以较为详细的数据予以展开说明），也为社会保险基金采用信托方式运营提供了实践经验。采用信托方式对社会保险基金进行运营管理确有可行性，可以促进社会保险基金的安全、保值和增值。

二、我国社会保险基金与信托之实践

（一）社会保险基金相关立法

为了充实社会保障基金账户，我国于 2000 年颁发了《减持国有股筹集社会保障资金管理暂行办法》；2001 年，为了规范全国社会保障基金投资运作行为，财政部、劳动和社会保障部颁发了《全国社会保障基金投资管理暂行办法》，《全国社会保障基金投资管理暂行办法》为我国社会保障基金的投资管理提供了法律依据，该暂行办法对社保基金投资管理人、托管人、投资、收益分配和费用、账户和财务管理以及报告制度等方面都进

---

① 中国人民大学信托与基金研究所著：《中国信托业发展报告 -2014》，中国经济出版社 2014 年版，第 112、130 页。

行了明确规定。①

2003 年，为健全社会保障基金监督制度，规范现场监督检查行为，劳动保障部颁发了《社会保障基金现场监督规则》；2006 年，为拓宽全国社会保障基金投资渠道，全国社会保障基金理事会颁发了《全国社会保障基金境外投资管理暂行规定》。2010 年颁布的《中华人民共和国社会保险法》第 64 条规定，社会保险基金包括基本养老保险基金、基本医疗保险基金、工伤保险基金、失业保险基金和生育保险基金。各项社会保险基金按照社会保险险种分别建账，分账核算，执行国家统一的会计制度。社会保险基金专款专用，任何组织和个人不得侵占或者挪用。第 71 条规定，国家设立全国社会保障基金，由中央财政预算拨款以及国务院批准的其他方式筹集的资金构成，用于社会保障支出的补充、调剂。全国社会保障基金由全国社会保障基金管理运营机构负责管理运营，在保证安全的前提下实现保值增值。全国社会保障基金应当定期向社会公布收支、管理和投资运营的情况。国务院财政部门、社会保险行政部门、审计机关对全国社会保障基金的收支、管理和投

---

① 该办法规定：社保基金投资运作的基本原则是在保证基金资产安全性、流动性的前提下，实现基金资产的增值。该办法规定投资管理人是指依法取得社保基金投资管理业务资格、根据合同受托运作和管理社保基金的专业性投资管理机构。申请办理社保基金投资管理业务应具备以下条件：1. 在中国注册，经中国证监会批准具有基金管理业务资格的基金管理公司及国务院规定的其他专业性投资管理机构。2. 基金管理公司实收资本不少于 5000 万元人民币，在任何时候都维持不少于 5000 万元人民币的净资产。其他专业性投资管理机构需具备的最低资本规模另行规定。3. 具有 2 年以上的在中国境内从事证券投资管理业务的经验，且管理审慎，信誉较高。具有规范的国际运作经验的机构，其经营时间可不受此款的限制。4. 最近 3 年没有重大的违规行为。5. 具有完善的法人治理结构。6. 有与从事社保基金投资管理业务相适应的专业投资人员。7. 具有完整有效的内部风险控制制度，内设独立的监察稽核部门，并配备足够数量的称职的专业人员。同时，该办法规定社保基金投资的范围限于银行存款、买卖国债和其他具有良好流动性的金融工具，包括上市流通的证券投资基金、股票、信用等级在投资级以上的企业债、金融债等有价证券。全国社保基金理事会直接运作的社保基金的投资范围限于银行存款、在一级市场购买国债，其他投资需委托社保基金投资管理人管理和运作并委托社保基金托管人托管。社保基金投资管理人与社保基金托管人须在人事、财务和资产上相互独立，其高级管理人员不得在对方兼任任何职务。

资运营情况实施监督。2014 年 6 月出台了《全国社会保障基金信托投资管理暂行办法》，进一步规范了项目来源、项目选择、投资决策等程序，为促进社会保障基金信托贷款投资业务的发展提供了制度保障。

（二）信托立法

在 2001 年《信托法》颁布之前，我国信托行业没有较为完善的法律体系，只有一些零星分散的法规和条例。由于当时制定部门不同，思想认识不够统一，这些法规和条例不仅法律效力位阶比较低，而且内容也存在不少冲突和矛盾。1986 年国务院制定了《银行管理暂行条例》，将信托投资公司作为其他金融机构，在第四章中对其进行了规范。中国人民银行总行于 1986 年颁布了《金融信托投资机构管理暂行规定》，1987 年颁布了《金融信托投资机构基金管理暂行办法》，逐步对金融机构的信托关系进行了规范。1988 年，国务院颁布了《基金会管理办法》，以此规范公益信托。

改革以来，市场经济快速发展，宏观经济环境和基础制度建设逐步完善，信托行业获得了快速发展的机遇，但由于信托关系的复杂性，也出现了很多问题和矛盾。为了信托业的规范健康发展，我国于 2001 年颁布《信托法》，旨在调整信托关系，规范信托行为，保护信托当事人的合法权益，促进信托事业的健康发展。该法对信托的设立、信托财产、信托当事人、信托变更与终止、公益信托等方面进行了较为详细的规定。

银监会于 2007 年 3 月制定了《信托公司管理办法》和《信托公司集合资金信托计划管理办法》，按照文件要求，信托业开始实施分类监管。同时，在银监会的引导与监管下，一系列规章、政策相继出台，丰富了信托公司的理财手段，明确了信托业务开展的标准，创新了信托产品事后备案制，让信托公司可以通过权益、租赁等各种方式运用资金，针对市场产生的需求，及时调整自身经营策略，大大提升了信托业发展的效率。

2010 年，银监会又相继出台了《信托公司净资本管理办法》和《信托公司净资本计算标准有关事项的通知》，要求信托公司对净资本、风险资本以及风险控制指标等情况在年度报告进行披露，通过这一系列规定，信托业脱离了以往行业粗放式经营的模式，改变了无限做大资产管理规模的情况，逐步向建立以净资本为核心的风险控制体系转变。

（三）社会保险基金信托实践

党的十一届三中全会后，随着改革开放的逐步深入和社会主义市场经济体制的不断完善，为了适应和推动生产力发展，我国开始建立健全以银行信用为主体的多种渠道、多种方式、多种信用工具聚集和融通资金的信用体系，为信托行业的恢复和发展提供了良好的环境和氛围，我国信托业由此进入了一个全新的发展阶段。

2007年至今，全国社会保障基金共展开了44个信托贷款项目的投资，涉及铁路、公路、保障房、电网、电力、机场、港口、地铁等多个领域，累计投资金额845.8亿元。借款人主要为承担城乡基础设施和保障房建设任务的中央、省、市大中型国有企业。2007年，全国社保基金理事会与国家开发银行、北京国际信托投资公司（以下简称北京国投）共同签署协议。根据协议，社会保障基金将借助北京国投的平台，向西部大开发重点建设项目重庆至长沙高速公路投资10亿元。该项目是全国社会保障基金首次运用信托方式大规模投入西部大开发项目，也是社会保障基金继2005年底试水信托投资以后又一次规模化信托投资动作，标志着全国社会保障基金在信托投资领域已由单一试点阶段走向规模化推广阶段，对社会保障基金的多元化投资和运作将产生深远影响。2011年，全国社会保障基金理事会先后在南京、天津、重庆发放贷款，以信托贷款形式投入上述3个城市的保障房建设，额度分别为30亿元、30亿元、45亿元。之所以选择信托贷款形式，主要还是看重信托资金相对银行资金具有资金用途较灵活、资金拨付条件较宽等优势。2012年，全国社会保障基金又先后以信托贷款形式在无锡、广州进行保障房投资。2013 年年初，全国社会保障基金理事会与建信信托签署合作协议，社保基金采用信托形式以 20 亿元进入湖南省保障房项目。截至 2014 年 6 月末，社会保障基金信托贷款存量（按本金计算）为 405.42 亿元，共 19 个项目。其中，铁路贷款 120 亿元，保障房贷款 160.42 亿元，高速公路、道路等基础设施贷款 125 亿元。2011 年以来，社会保障基金先后投资了 10 个省市的 16 个保障房项目和 4 个省市的高速公路、道路等基础设施项目。[①] 全国社会保障基金以信托的方式投资和运营，资金与规模逐渐扩大，为我国社会保险基金信托奠定了实践基础，也累积了实践经验。

中国信托业协会组织编写的首份《中国信托业发展报告（2013—2014）》于 2014 年 7 月 8 日发布，该报告显示，由于居民理财需求的增长，信托制度的灵活性促使了信托业的稳定发展。[②] 尤其是近年来，中诚信托、中信信托、华宝信托、上海国际信托等信托公司开始涉足企业年金基金管理，其中中诚信托和上海国际信托拥有受托人资格，中信信托和华宝信托拥有受托人和账户管理人两项资格，建信信托也进入了养老金业务，主要还是企业年金管理。伴随着信托行业的不断发展和成熟，社会保险基金管理人正逐步由基金公司扩展到券商和信托公司，信托公司在社会保险基金运营中发挥越来越突出的作用，如此有利于拓宽投资渠道，有利于养老保

---

① 数据来源：全国社会保障基金理事会网址：http://www.ssf.gov.cn/tzyy/201407/t20140717_6081.html，最后访问时间 2015 年 7 月 15 日。

② 信托行业 2013 年资产规模与信托公司经营业绩稳步上升。全行业 68 家信托公司受托资产规模达到 10.91 万亿元，同比增长 46.05%。其中，单一资金信托占比 69.62%；集合资金信托占比 24.90%；财产权信托占比 5.48%。从信托功能看，融资类信托占比 47.76%；投资类信托占比 32.54%；事务管理类信托占比 19.70%。从资金信托的投向看，第一大领域为工商企业，占比 28.14%；第二大领域为基础产业，占比 25.25%；第三大领域为金融机构，占比 12.00%；第四大领域为证券市场，占比 10.35%；第五大领域为房地产，占比 10.03%；其他占比 14.23%。此外，全行业经营收入总额 832.60 亿元，同比增长 30.43%；其中，信托业务收入占比达到 73.44%，同比略减 0.48 个百分点。全行业实现利润总额 568.61 亿元，同比增加 28.82%；实现人均利润 305.65 万元，同比增加 4.93%；全行业实现的净资产收益率为 22.25%，同比增加 0.53 个百分点。

险金信托模式的不断探索，为社会保险基金信托运营的推进奠定基础。

三、境外社会保险基金信托实践

（一）美国社会保险基金信托实践

美国社会保险基金的管理、运营和发展机制较为完善和成熟，已经形成了权责清晰的"三权分立"社会保险基金运营监管机制。美国的社会保险税纳入"社会保险信托基金"（也称公共养老基金）管理，并在美国财政部设立专门的金融账户。社会保险基金由"老年和遗嘱保险信托基金（OASI 基金）"和"伤残保险信托基金（DI 基金）"这两个独立的基金组成。美国社会保险基金采用现收现付的基金征收模式，由社会保险部进行管理，管理费用按照当年新征收基金的 0.7% 进行收取。除了公共养老基金采取信托管理模式外，数量和规模都非常大的美国补充养老基金也主要采用信托的运营管理模式。

美国《雇员退休收入保障法》明确规定，补充养老基金必须设置专门的信托项目，由信托受托人建立账户并进行管理，受托人享有管理和控制补充养老基金的权利。美国补充养老基金信托主要采用两种方式：主信托（Master Trust）和集合信托（Collective Trust）。[①] 对于补充养老基金，从开始建立养老计划到设置信托直至投资运营将涉及多个主体，都对其职责进行了明确规定，包括建立养老计划的企业、管理账户的托管人、负责基金运作的投资管理人、信托基金的受托人、提供投资咨询服务的投资顾问、提供法律建议的法律顾问等。

---

① 主信托是由一个公司或者一个公司集团的若干个子公司所建立的信托，委托人是一家企业或者是相互关联的多个企业。集合信托则是把若干个相互不关联的企业补充养老基金集合在一起，由一家银行充当受托人的信托模式。集合信托主要适用于规模较小的补充养老基金，如此可以实现规模聚集效应、提高投资效益、降低管理成本。

在具体的管理机构方面：养老基金投资管理委员会是接受企业委托专门负责养老基金的投资管理的内部机构。[①] 同时对于如何选择投资管理人和如何监督投资管理人，美国劳工部都建立了明确的业务指引，如对可能担当投资管理人的候选人，要求对候选人的从业资格、管理架构、业务结构、投资风格、资产规模、内部控制、财务状况、投资决策程序、历史业绩、法律诉讼情况等进行严格查实。而对于投资管理人是否履行了基本职责方面，要求受托人[②] 对投资管理人的行为按季进行严格审查。

（二）英国社会保险基金信托实践

在老龄化的社会背景下，同时又迫于财政和金融的压力，英国政府采取了逐步削减现收现付制的公共养老金计划，转而更为凸显积累制的职业养老金计划在整个社会保障体系中的重要作用。在具体实践中，英国的职业养老金计划主要采取养老保险金信托的方式予以运营。英国职业养老金管理委员会依旧认为，信托制度乃是运营和管理养老金计划的最恰当方式，依靠信托机制不仅能更好的保护雇员不会受到雇主破产的影响，而且能使职业养老金计划的权益、权利以及责任都得到明确规定。

在具体立法方面，英国 1995 年的《养老金法》对养老基金信托的受

---

① 经过授权许可，投资管理委员会可以将部分或者全部养老基金资产委托给外部管理人，投资管理委员会同时还负责遴选委托投资模式下的投资管理人、对委托资产的管理运作进行监督。投资管理委员会一般由企业的人力资源部、财务部、法律部和投资专业人士组成，为了提高投资管理委员会的专业能力，非金融领域的企业一般会从外部聘请专家提供投资管理咨询服务。投资管理委员会会制定相应章程，章程内容包括：养老基金的投资目标、投资程序、管理人职责分工、投资产品的选择、对外部机构的监督等。熊军："美国补充养老基金的投资管理"，网址：http://www.ssf.gov.cn/yljtzgl/201206/t20120612_5583.html，最后访问时间 2015 年 7 月 15 日。

② 在美国养老基金法规中，所有对养老基金信托管理有重要影响的机构或者个人都称为"受托人（Fiduciary）"。它的界定不是根据信托关系，而是根据一个机构或个人的行为对补充养老基金的实际影响来确定的，如果有重大影响，就会被认定为养老基金的受托人，其行为就要受到受托人职责的约束并承担相应的法律责任。这与我国根据信托关系来确定受托人的做法不太一致。

托人资格、受托人构成、信托的投资规则以及信托的监管方面等都作出了具体规定。一个专门的基金会被定为英国养老保险金信托的受托人，该基金会作为独立法人，其内部治理结构主要由董事会、监事会、理事会以及会员大会构成，组成的成员则是个人账户的出资人，其具体行为受到《公司法》与《信托法》的双重规制。

在具体经管方面，英国《信托法》极为重视对养老基金信托受托人的监管，对其谨慎投资义务进行了明确规定。对于谨慎投资义务，它主要强调在投资过程中，受托人的行为是否小心谨慎、考虑周全，不以结果作为评价依据。而关于受托人的忠实义务，受托人只有存在主观上的故意和过失之时，才能被确实认定为违反忠实义务，而赔偿范围也被限于具体的实际损害。在问责程度上，违反忠实义务的规则原则大大轻于违反谨慎投资义务的归责原则，只要违反谨慎投资义务就必须承担责任，而不考虑是否存在主观上的故意或者过失，而赔偿范围不仅包括具体的实际损失，而且还包括受托人取得的具体利益。[1]

（三）我国香港地区社会保险基金信托实践

我国香港地区社会保障体系主要包括三部分：综合社会保障援助计划、强制性公积金计划以及个人自愿储蓄性养老计划。对于强制性公积金计划，又包括集成信托计划、雇主营办计划以及行业计划三个部分。香港的强制性公积金计划主要以信托法为基础，同时依赖合同法和公司法，三者之间相互作用、相互配合，从而为香港在职劳动者提供最基本的社会保障。在具体的运营管理方面，上述强制性公积金计划中的雇主营办计划

---

[1] 为了使该义务在养老基金信托实践中更具有操作性，英国《信托法》明确了谨慎投资义务的三个具体三个标准：第一，受托人可以自己决定安全性高且受益性低的政府债券、银行存款等投资；第二，对于有较高风险的投资项目，在决策前，受托人必须向专家咨询；第三，对于风险等级更高的项目投资，除了咨询专家外，还必须遵循资金分割的标准，投入的资金不能超过所规定的限额。

主要由雇主自己经办，而集成信托计划和行业计划主要采取信托的经营管理方式，运营的主体主要包括受托人、托管人、账户管理人以及投资管理人。在强制性公积金的具体运营中，所有权、经营权以及监督权之间通过三权分立来实现达到相互制约。在监管机制方面，香港的强制性公积金计划的监管机构主要包括强制性公积金管理局、证券及期货事务监察委员会、金融监管局以及保险业监管处，其中强制性公积金管理局并非为政府部门，而是属于社会公共机构，它主要是通过负责整个计划的行政管理来实现计划成员利益的保障，它是整个强制性公积金监管体系中基本性的主导力量。而对于金融监管局、证券及期货事务监察委员会以及保险业监管处主要负责监管受托人、托管人、账户管理人以及投资管理人的具体行为，如公司治理行为、市场行为、偿付能力等，它在整个强制性公积金监管体系中发挥补充作用。

第五章　社会保险基金信托模式分析

　　根据产生的原因、设定的目的、管理的方法、委托人和受益人之间的关系的不同，信托在具体分类上可以采取不同的划分标准。基于本文是从社会保险基金的视角看待问题，因此下文将选取几种与社会保险基金相关的分类标准。

　　第一，根据信托成立和产生的原因，可以分为任意信托与法定信托。任意信托即是指依照当事人的意思表示而成立的一种信托；法定信托即是指依靠法律的强制力或者在法律上根据当事人意思的合理解释、科学推定而强制成立的一种信托，它与委托人的意愿没有关系。只是需要注意的是，按照我国的《信托法》，原则上只承认任意信托而不认可法定信托。但是作为一种例外，在信托终止时，承认符合特定情形而作出的法定信托。[①]

　　第二，根据信托利益是否归属于委托人本身，而将其划分为自益信托和他益信托两种。自益信托是委托人为了实现自己的利益而设定信托，即它是一种信托上的利益最终归属于委托人自身的信托；而他益信托乃是委

[①] 《中华人民共和国信托法》第 54 条：信托终止的，信托财产归属于信托文件规定的人；信托文件未规定的，按下列顺序确定归属：（一）受益人或者其继承人；（二）委托人或者其继承人。

第 55 条：依照前条规定，信托财产的归属确定后，在该信托财产转移给权利归属人的过程中，信托视为存续，权利归属人视为受益人。

托人为了实现第三人之利益而设立的信托，其信托上的利益最终归属于第三人的信托。[①]

第三，根据信托的目的是否具备公益性，而将其划分为私益信托和公益信托两种。私益信托是指为了实现一般私人利益之目的而设立的信托，即委托人以实现自己或第三者的利益为目的而设立的信托；公益信托是指为了实现公共利益之目的而设立的信托[②]，即公益信托的受益人需要符合规定条件的不特定的社会公众。

第四，根据信托目的所指定的对信托财产的管理方法的不同，可以被划分为管理信托和处分信托两种。这种所谓的"管理"是指狭义性质上的管理，即它不会改变目的物或权利的性质而进行的保存、利用或者改良的行为。处分则是指改变目的物或者权利的性质并进行转移或者设定担保权等的行为。

第五，根据受托人对所受托的信托财产实施的是个别管理还是集团管理的不同，可以分为个别信托和集团信托[③]。个别信托是指受托人对所受托的不同委托人的信托财产分别、独立地予以管理或者处分的信托；集团信托是指受托人把所受托的众多委托人的信托财产集中成一个整体予以管理或者处分的信托。集团信托由于同时存在着众多委托人和众多受益人，因此相较于个别信托，集团信托更加重视规制如何形成信托财产及如何更加有效地保护受益人的利益。

社会保险基金的本质与信托的本质，两者在价值理念、制度功能上具有高度契合性，社会保险基金的本质就是信托，而信托本质上也是一种基金。就信托制度的功能而言，从其产生直至高度发展的今天，一直以其信托财产独立、所有权与利益相分离等特点，作为一项与委托、赠与等其他

---

① 参见赖源河、王志诚著：《现代信托法论》（增订三版），中国政法大学出版社 2002 年版，第 37 页。

② 参见张军建著：《信托法基础理论研究》，中国财政经济出版社 2009 年版，第 58 页。

③ 参见张军建著：《信托法基础理论研究》，中国财政经济出版社 2009 年版，第 62 页。

财产管理制度相比更有利于财产长期、稳定管理的现代财产管理制度在世界各国被广泛运用。而社会保险基金作为国家保障社会成员社会保障权得以实现的物质基础，对社会保险基金的管理和运作就要求具备较高的安全性和保值增值性。由此可见，信托制度极富特色的功能恰好满足社会保障基金特殊的管理要求。因此，除社会保险基金本身就是信托外，社会保险基金的管理也应当适用信托制度，进而形成社会保险基金信托。概言之，社会保险基金的本质属于双重信托。

第一节　社会保险基金信托的理论依据

一、社会保险基金的性质与特征

（一）社会保险基金的信托本质

1. 社会保障基金的形成源于"信任"

信托从本质上来说就是一种信任，只不过当这种信任被赋予法律上的强制效力之后即演变成为了信托制度。在社会保险基金中，缴费主体是基于对国家（政府）的信任，将部分私人财产转移给国家或代表国家的相关机构，集合而成社会保险基金；国家或相关机构为了实现社会保障的目的管理和处分社会保险基金。社会保险基金从其形成伊始就体现出信托的本质。

在社会保险基金中，社会成员缴纳社会保险费是出于社会成员对公共权力即对国家的信任，国家为依法缴纳社会保险费的社会成员设立个人账户，并在满足社会保险金发放条件的情况下发放给参保者。国家在这一过程中需要承担起信赖保护的职责，对社会成员的财产权和基本生活提供信赖保护。政府在履行这种信赖的责任时需要进行理性选择并制定良性的制度确保其良好实施，从而确保社会保险基金管理活动的明确性、稳定性和连贯性，以期实现社会保险基金的安全和保值增值，使社会成员在社会保险制度中的社会保险权得到保障。

就社会保障基金中的社会福利基金和社会救助基金而言，基金的来源主要包括：国家的财政拨款或资助、企业按规定提取的福利资金、通过社会组织、个人筹集社会福利发展资金、由社会福利企业所筹集的福利资金、发行社会福利彩票及社会募捐筹集、慈善捐款形成的资金。社会福利基金和社会救助基金更多体现的是国家或社会出于公益目的的考量而向特定的机构转移财产权，这一特定机构从公益目的出发恪尽职守地管理和运营这一部分基金，并将本金或收益向符合条件的不特定的社会公众发放。

2. 社会保险基金的本质是信托，而不是行政征收

信托最首要的基本特征，在于"让渡财产权"和"为他人利益持有或管理财产"。从社会保险基金的来源来看，用人单位和劳动者缴纳的社会保险费是最主要的来源。社会保险基金中社会成员向国家缴纳社会保险费，虽然在形式上具有法律强制性，但正如前文所述，社会保险制度的功能和意义实质上在于分散社会风险、实现社会互助。社会保险基金是社会成员出于信任将资金委托给国家或政府管理，从而形成消散社会风险的基金，实际上是社会成员基于信任而让渡财产权给国家的一种体现。这其中蕴含着社会成员信任国家公信力的价值理念，体现出社会成员希望国家保障其能在未来或社会风险中获得给付，实现其社会保险权的信托目的；彰显了国家（政府）履行对社会成员的信赖责任，为了社会成员的利益（而不是国家经济利益）对社会保险基金进行管理、运营以实现保值增值，从而最终促进公共福祉的制度目标，这些都与信托的本质和特征有着高度契合。国家（政府）基于社会成员对其信任而取得名义上的社会保险基金的所有权，而不是像行政征收一样取得完全的所有权。在社会保险基金的管理运作过程中，国家也是出于保障社会成员的社会保险利益的目的，而不

是为了国家的经济利益，其与国家以行政手段征收的税收以及其他财政资金有着本质的差别。因此，社会保险基金本质上就是一种信托，而且是兼具私益性质与公益性质的信托。

3. 社会福利基金和社会救助基金的本质是公益信托，而不是赠与

如前文所述，社会福利基金和社会救助基金来源主要包括：国家的财政拨款或资助、企业按规定提取的福利资金、通过社会组织、个人筹集社会福利发展资金、由社会福利企业所筹集的福利资金、发行社会福利彩票及社会募捐筹集、慈善捐款。从社会福利资金和社会救助资金的提供主体来看，实质是其出于特定的社会公益的目的，基于信任向国家经严格程序设立的特别机构转移财产权，用于实现其所希望的社会公益目的而形成的，特定机构取得的仅仅是上述基金的名义上的所有权，受益权最终归属于满足特定条件的不特定的社会公众。这些资金的来源具有赠与色彩，然而社会福利基金及社会救助基金绝不仅仅是赠与。信托与赠与的区别主要体现在以下几点：信托体现长期规划，而赠与要求短期完成；信托利益还具备多样化形态的特征，信托不仅能将管理权和受益权相分离，而且信托利益的本身也可以被分为本金与收益两种利益，而赠与无法实现同样的多样化设计；此外，信托设立时受益人可以不特定，但赠与却不能被用于转移财产于赠与之时尚不确定的对象。在社会福利基金与社会救助基金中，国家或社会按照不同的目的，筹集各类资金，形成基金，并对基金管理和运作，于特定条件下向满足特定发放条件的不特定的社会公众交付社会保障基金的本金或收益。在此类社会保障基金的形成和管理中，更多体现的是国家或相关机构的长期规划，并且根据社会保障目的的不同，形成不同种类的筹集和发放形式，并且由于社会福利金和社会救助金的受众不特定，因此在社会福利基金和社会救助基金设立之时是无法确定转移财产的接受对象的。以上都表明，社会福利基金和社会救助基金的本质体现为公益信托而非赠与。

综上所述，社会保险基金虽然是社会保障制度的物质基础和物质载体。但是从其所反映的法律关系与蕴含的价值内涵来看，其本质与信托的本质有着高度契合。无论是劳动者或雇主依法缴纳社会保险费形成社会保险基金，还是社会保障基金中国家、企业或社会等主体向特定机构转移财产权形成的社会福利基金或社会救助基金，实质意义上都是委托人转移交付信托财产的一种行为。社会保险基金的形成过程，代表了信托设立的过程，相伴产生了委托人、受托人以及受益人三者之间的信托法律关系。社会保险基金形成和管理的过程，体现了所有权与受益权之间的相互分离、信托财产的独立性、管理的连续性以及围绕信托目的行为等信托法律制度的本质特点，并且社会福利基金和社会救助基金还体现了公益信托受益人的不特定性、多数性、设立及监管上的严格性等更为特殊的特点。

（二）社会保险基金信托的一般特性

1. 社会保险基金作为信托其性质具有多元性的特点

具体而言，社会保障基金既包括社会保险基金也包括社会救助基金和社会福利基金。社会福利基金和社会救助基金已如前所述，属于公益信托。而社会保险基金则兼具公益性和私益性，社会成员依法缴纳社会保险费，参与设立社会保险基金这一信托，目的就在于使自己在面临失业、年老、疾病等特定社会风险时，可以享受社会保险待遇，实现自己的社会保险权，这体现了社会保险基金的私益性质；由于社会保险基金是众多社会成员缴纳社会保险费集合而成的公共基金，是一种社会化的基金，同时其受益人是法律规定的满足特定条件的社会成员，并且社会保险基金的设立目的也是为了保障社会成员的社会保险权，从而实现整个社会的福利保障。这就体现了社会保险基金的公益性质。由此可见，社会保险基金是兼具公益性和私益性的信托，其性质具有多元性的特点。

2. 国家在社会保险基金管理中扮演重要角色

在社会福利基金和社会救助基金中，国家是社会福利基金和社会救助基金的委托人，国家将财政收入中的一部分作为用于社会福利和社会救助事业的资金，委托于具有法定资格的社会福利和社会救助机构，此时，国家扮演的是委托人的角色，国家不仅要负责分配财政资金以确保社会福利基金和社会救助基金的信托财产的稳定性，同时还要对社会福利和社会救助机构的行为进行监督，以确保公益目的的实现。

在社会保险基金中，国家是社会保险基金的受托人，其受托人资格的取得基于法律的强制性规定，同时国家除了要担任社会保险基金的受托人之外，还要承担一定的社会保险基金的补足责任。正因为国家并不是社会保险基金真正的所有权人，而是受托人，因此国家无权分享社会保险基金管理运作所得的收益。社会保险基金通过投资运营所得的利益只能由参保人享有。在社会保险基金这一信托的形成过程中，国家并不是消极被动地成为受托人，而是积极介入、设立信托并成为受托人。

3. 从信托的设立上看，社会保险基金属于法定信托

在秉持意思自治的商事法领域中，信托多为意定信托。信托的设立多是源于委托人对受托人的自主选择与信任。但是社会保险基金是国家出于社会公共利益的考量，通过法律的强制性规定设立的[①]，属于法定信托。设立这种信托的缘由，是由于现代化社会中，个体无力抵抗各式各样的社会风险，而一旦这些社会风险来临时，将会对个人家庭乃至社会产生极大的负面影响，当社会成员无法依靠自身力量来承受这些风险带来的后果时，整个社会的安定与和谐将会受到动摇。由此，需要国家以家父的身份出面

---

① 笔者认为，虽然社会保险基金是社会成员基于实现自己的社会保险权而缴纳社会保险费形成的，但仍不能改变其法定信托的实质。因为无论是社会保险基金的设立、社会保险费的缴纳方式、社会保险费的经管机构及社会保险金的发放等事项都是有法律明确规定，而不是缴纳社会保险费的社会成员通过选择受托人并与受托人合意协商信托具体事项形成的。

予以关怀，而这种关怀方式以法律的面貌出现。在社会保险基金中，委托人对于缴纳多少社会保险费，受托人的资格标准以及受益人的资格、受益权的取得、转让和丧失等内容都无权进行选择和安排，必须遵循法律的强制性规定。可以说，社会保险基金信托整个设立过程都不是建立在意思自治讨价还价的基础之上，而是来源于法律的直接规定。

（三）社会保险基金与信托的高度契合

1. 社会保险基金管理原则与信托"分离"原理相契合

如前文所述，信托是一项现代财产管理制度。信托之所以能在诸多财产管理制度之中脱颖而出受到追捧，与信托制度所运用的"分离与制衡"基本原理是分不开的。信托制度的"分离"原理即所有权与利益相分离。信托以信任为基础"让渡财产权"，受托人"为他人利益持有或管理财产"，这一本质属性与社会保险基金制度恰恰是契合的。社会保险基金从筹集到运营、投资管理这些过程，体现出财产所有权与利益相分离。受托人最终都是以实现社会成员的社会保险权为目标，符合信托"为他人利益服务"这一信托原则。作为社会保险基金的受托人，管理和运作社会保险基金不是为了一己私利，并且也不能像支配自己享有完全意义上的财产权那样随心所欲地支配社会保险基金。相反，受托人必须安全、妥善地管理和运营社会保险基金，并且社会保险基金所产生的收益也并不归于受托人所有，而必须交付于符合社会保险条件的社会成员。

2. 社会保险基金资金安全要求与信托财产的"独立性"原理相契合

社会保险基金的管理以正义、公平、安全、效益为其价值理念，以社会保险基金的保值增值和为社会成员带来公共福祉为目标，因此社会保险基金对于安全性及保值增值都有更高的要求。社会保险基金的资金安全要求实现社会保险基金专款专用不得随意挪用和挤占。而信托财产是一项独立的财产，信托一旦有效设立，信托即从委托人、受托人和受益人的自有财产中分离开来。信托以其信托财产的独立性原理可以有效保障信托安全，并且某种程度上可以实现专款专用。此外，由于信托基于信任产生，受托人对受益人负有信义义务，在管理信托财产时需要围绕受益人的利益行为，信托的这一特征更有利于维护信托财产的安全性①。因此，在保证资金安全性和专款专用方面，信托制度与社会保险基金也具有高度契合性。

3. 社会保险基金的长期性要求与信托管理的"连续性"原理相契合

社会保险基金具有风险预备意义，因而具有长期运作的要求。只要社会存续期间，社会成员就必然会出现生、老、病、死等困境，势必需要国家对其提供物质帮助；国家作为一种社会契约，为社会成员提供相应的社会保险是一种责任。社会保险基金作为社会保险制度的物质基础，只有长期运作才能保证社会保险制度健康、长效、可持续发展。而信托一经设立，不因委托人的死亡而终止，不因受托人职责的终止而终止，信托关系不因信托公司依法解散、被宣告破产或者被依法撤销而终止，可长久持续。因此，社会保险基金的长期性要求与信托管理的"连续性"原理是相契合的。

4. 社会保险基金的契约精神与信托的契约原理相契合

社会保险基金与信托本质的契合不仅表现在社会保险基金价值理念、需求和制度功能的契合，还表现在本质上来说两者都是一种契约制度。信托合同表现为商事法上信托中的信托契约关系，而社会保险基金则体现为公法意义上的社会契约关系。社会保险基金是基于社会成员对政府的信任，本于这种社会契约关系的原理，而依照强制性的法律而形成的；社会成员基于对国家的信任让渡部分权利于国家，国家则应当保障社会成员社会保险权的实现。这正是一种契约精神的体现。同时，某些为人们所默认

---

① 笔者认为，社会保障基金作为第一层次的信托，更加侧重社会保障基金的收取和保管，因此相比后文的第二层次的社会保障基金信托注重增值性，第一层次的社会保障基金作为信托本身，更加注重基金的安全性。

和公认的社会契约条款，它虽然可能从未被纳入正式的合同书内容之中，但是这些社会契约条款也将被视为信托契约的重要内容。

二、社会保险基金的双重信托本质

（一）社会保险基金的双层信托分析

前文已经论述了社会保险基金本质上就是一种信托，因此再次选择将信托作为社会保险基金的管理方式，也就是形成了社会保险基金信托，这就形成了在社会保险基金这一信托之上的第二次信托，即社会保险基金的本质是双重信托。在第一层次的信托中，更多体现的是社会成员与国家之间的"社会契约"，"公权利"与"公义务"色彩浓厚。社会成员基于对国家的信任让渡部分权利于国家，国家则应当保障社会成员社会保险权的实现，因此国家通过法律强制性规定社会保险基金的形成、基本管理事项以及分配事项。在第二层次的信托中，则更多体现的是社会保险基金管理机构与具有专业资质的信托机构之间的"私法契约"，较之于第一层次的信托，公法对社会保险基金信托的介入较少，社会保险基金信托的调整主要依据私法。有研究者在总结双重信托之间的关系时，认为社会保险基金作为第一层次的信托是第二层次的信托即社会保险基金信托的基础，没有社会保险基金，也就谈不上将社会保险基金作为信托财产设立信托。因此第一层次的信托社会保险基金同时也是第二层次信托即社会保险基金信托的信托财产。[①] 具体而言：

1. 第一层级的信托法律关系

第一层级的信托即社会保险基金本身，其作为第二层级的信托的信托财产，是社会保险基金信托的基础和前提。在这一层级的信托中，体现

---

① 参见彭丽萍著：《社会保障基金信托法律问题研究》，法律出版社 2013 年版，第 133 页。

的是社会保险基金的筹集关系。国家通过法律来规定各类社会保险基金的筹集主体和筹集方式，第一层级的信托关系不同于一般的民商事信托，不是平等主体之间通过意思自治形成的信托关系，而是法定信托。此外，不论是社会保险基金的社会统筹账户还是个人账户，国家都是信托关系当事人，在社会保险统筹账户基金信托中，国家作为委托人将统筹账户资金委托于社会保险经办机构，在社会保险个人账户基金信托中，国家作为受托人，依法收取社会成员缴纳的社会保险税或社会保险费，具有较强的公权色彩。因此作为信托的社会保险基金，其委托人、受托人及受益人之间的权利义务设定也不同于普通信托。

2. 第二层级的信托法律关系

第二层级的信托是社会保险基金信托的核心法律关系，与第一层级信托较强的公权色彩不同，社会保险基金信托虽然也有国家参与，但国家（或者代表国家的社会保险经办机构）是以平等的市场主体参与到信托法律关系中的。第二层级的信托体现的是社会保险基金的投资运营关系。但是由于社会保险基金信托目的的特殊性，必然使得社会保险基金信托与一般的民商事信托有所不同，这样的不同主要体现在委托人、受托人、受益人在信托法律关系中的权利义务分配上。具体而言，为了应对人口老龄化社会对社会保险的有效实现提出的日益严峻的挑战，社会保险基金信托必然对信托财产的保值增值要求较高，并且基于对具有专业资质的受托人的专业理财能力的信任，在社会保险基金信托中，就必须赋予受托人更多的自由裁量权，以更好地实现社会保险基金的收益。但赋予受托人更多的自由裁量权并不意味着社会保险基金信托的受托人可以恣意妄为，其仍受信托的信义义务的限制，履行谨慎投资的义务。此外，受托人仍需要对社会保险基金信托的收益承诺一定的担保，从而突破了普通信托中有限责任的责任承担范围。另一方面就受益人而言，基于社会保险基金的目的是保障社会成员在年老、疾病、贫困等需要帮助的情形下社会保障权的实现，因此虽然社会成员是社会保险基金信托的受益人，但是受益人的受益权也受到一定限制，受益人只有在满足法定条件的情况下才得享受社会保险基金信托的信托收益，否则不得随意支取，这与英美法系的"浪费信托"等也有异曲同工之妙。

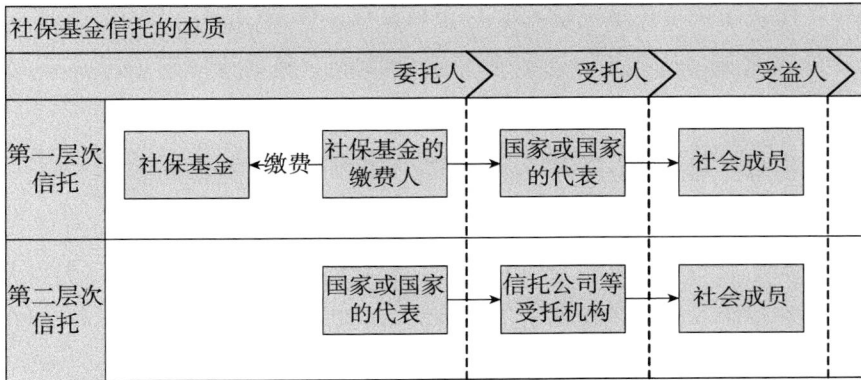

社保基金信托的本质		委托人	受托人	受益人
第一层次信托	社保基金 ←缴费 社保基金的缴费人		国家或国家的代表	社会成员
第二层次信托		国家或国家的代表	信托公司等受托机构	社会成员

3. 社会保险基金双重信托之间的关系

第一层次信托的设立，也即社会保险基金的设立，它是根据社会保险法，依靠国家公权力，介入私有财产权，而集合而成的社会保险基金，强制性是它的第一要义；第二层次信托的设立，也即社会保险基金的设立，它是根据私法上的意思自治原则，按照委托人与受托人之间的双方合意，为了受益人的受托利益而设立。在这双重信托中，第一层次的信托（社会保险基金）作为第二层次信托（社会保险基金信托）的基础，第一层次的信托也是第二层次信托的信托财产。

（二）社会保险基金第二层信托与第一层信托之比较

在社会保险基金基础上设立的第二层次的信托与社会保险基金作为信托本身相比而言，具有以下几方面的特点：

1. 社会保险基金信托体现信托委托人与受托人之间平等的意思自治。社会保险基金的法定的保管机构为了更好地确保社会保险基金的安全性以及促进社会保险基金的保值增值，会通过市场化运作，选择专业的财产管理机构作为受托人，签订信托协议，实现社会保险基金的保值增值。信托协议则是作为委托人的社会保险基金的保管机构与作为受托人的专业的信托公司在双方平等的前提下，通过意思自治协商一致达成的协议。与之相反的是社会保险基金这一信托本身的设立更多体现公权，正如前所述，国家通过法律强制性规定社会保险基金的形成、基本管理事项以及分配事项，实质是一种法定契约。

2. 社会保险基金信托充分体现市场化的特点。社会保险基金信托无论从设立还是运作方式都是市场经济条件下的产物。首先从设立上看，在市场中存在多家满足资质的信托机构，通过充分的市场竞争，社会保险基金信托的委托人选择市场竞争中优势的信托机构作为受托人设立社会保险基金信托。而社会保险基金信托的重要目的就是为了克服目前社会保险基金运作模式单一不能有效实现保值增值，甚至出现贬值缩水的问题，因此具有专业财产管理资质的信托机构通过商业化运作，将社会保险基金投身于市场，通过多种投资方式的组合营利，以实现保值增值。因此，社会保险基金具有明显的市场化特征。与此相反，社会保险基金作为第一层次的信托，其设立和运作都是国家以法定形式事先规定好的，是非市场化的产物。

3. 社会保险基金作为信托本身更偏重管理信托的性质，而社会保险基金信托则更偏重处分信托的性质。根据信托目的所指定的对信托财产的管理方法的不同，可以将信托分为管理信托和处分信托①。社会保险基金作为第二层次的社会保险基金信托的信托财产，是社会保险基金信托的基础，因此社会保险基金的受托人更加注重的是社会保险基金的安全性，受托人

---

① 前文论述信托的分类时，在管理信托和处分信托的区分上，已对"管理"进行了限定性解释，即这里的所谓"管理"是狭义上的管理，即指不改变目的物或权利的性质而进行保存、利用或者改良的行为。处分则是指改变目的物或者权利的性质并进行转移或者设定担保权等的行为。

发挥的更多是狭义的管理职能。社会保险基金的保管机构为了实现社会保险基金的保值增值，将社会保险基金作为信托财产委托于专业的信托机构进行市场化运作，社会保险基金信托的受托人更加注重的是社会保险基金的增值性，因此社会保险基金信托的受托人势必发挥的更多的是处分职能。

4. 社会保险基金信托属于单一信托，社会保险基金作为信托本身属于集合信托。由于社会保险基金的形成存在各类委托人，既包括不特定的多数社会成员，也包括依法承担缴纳社会保险费的雇主企业，甚至包括各类社会福利机构和社会救助机构，具有明显的集合性，因此社会保险基金作为第一层次的信托属于集合信托。而社会保险基金信托由于委托人单一，即仅仅是法定的社会保险基金的保管机构，因此社会保险基金作为第二层次的信托属于单一信托。

5. 从第一层次信托的复合性到第二层次信托的简单化。社会保险基金作为第一层次的信托，其复合性体现为公益性、私益性并存，自益性与他益性并存。虽然本质上社会成员是为了其自身的私益而缴纳社会保险费，但是由于保险的大数法则和互助意识，决定了社会保险基金这一信托之目的不再是纯粹的私益性，而是同时伴随公益性。另外，从社会保险基金的受益人和委托人之间的关系来看，社会保险基金的受益人和社会保险基金的委托人有重合，即缴费的自然人本身就是未来社会保险基金这一信托的受益人，从这一角度社会保险基金是自益信托。但同时，缴费的社会成员之单位，只负有缴费义务，并不是受益人，其之所以缴费，只是出于用人单位对用人过程中产生的社会风险的分担及法律的强制性规定，因此社会保险基金又是他益信托。

社会保险基金信托第二层次的信托中，委托人为国家（政府），受益人是社会成员。因此，社会保险基金信托从信托目的来看，是公益信托；①从信托利益归属来看，信托利益归于受益人——社会成员而不是委托人国家，因而属于他益信托。可见，社会保险基金信托具有典型的公益性、他益性的特点。

6. 从第一层次信托的集合性到第二层次信托的单一性。从信托委托人主体的单复数来看，社会保险基金这一层次的信托的委托人为诸多的社会成员（包括社会成员的用人单位），社会保险基金是诸多社会成员缴纳的社会保险费的集合，根据我国信托法规对集合信托的定义，社会保险基金这一信托为集合信托。而社会保险基金信托，委托人是国家、政府，而且是唯一的委托人主体，属于单一信托。

第二节　社会保险基金信托的模式与结构

一、社会保险基金信托的运作模式

社会保险基金的运作模式是包括社会保险基金如何设立、投资管理和运作以及对社会保险基金的监察在内的一系列具有连续性的法律行为。通过对社会保险基金信托运作模式的梳理，有助于我们厘清社会保险基金信托这一双重信托中各种复杂的法律关系，进而确定各法律关系当事人的权利义务。

社会保险基金包括五种，即养老保险基金、失业保险基金、医疗保险基金、工伤保险基金以及生育保险基金。此外社会保险基金依据筹资机制的不同可以分为现收现付制、完全积累制及部分积累制三种不同的社会

---

① 理论界学者多将年金信托归为商事信托，如日本的鸿常夫教授、台湾学者王志诚等，但是基本社会保险形成的社会保险基金的受益人是不特定的社会成员，因此，笔者认为其为公益信托更为合适。

保险基金类型。不同类型的社会保险基金信托的运作模式各有不同。鉴于我国目前社会保险基金有以下几种较为典型的账户形式：社会保险统筹账户基金、社会保险个人账户基金和企业年金基金，对于社会保险统筹账户及社会保险个人账户而言，养老保险极富代表性，因此在探讨上述两种账户基金的运作模式时选取养老保险社会统筹账户及养老保险个人账户为代表①。

（一）全国社会保障基金信托的运作模式

全国社会保障基金是我国为应对逐步进入老龄化社会而日益增长的社会保障支出压力设立的一种公益性质的基金。全国社会保障基金与社会保险基金的重要区别在于，其主要筹资来源不是用人单位或劳动者的缴费而是由中央财政预算拨款构成。根据《全国社会保障基金投资管理暂行办法》规定，全国社会保障基金由中央财政拨入资金、国有股减持划入资金及股权资产、经国务院批准以其他方式筹集的资金及其投资收入构成，主管全国社会保障基金的机构是全国社会保障基金理事会。

全国社会保障基金信托作为社会保障基金信托的一部分，属于双重信托。因此对全国社会保障基金信托的运作模式同样分为两个层级探讨。首先就第一层级信托的全国社会保障基金而言，涉及三方当事人。由于全国社会保障基金的性质乃是中央政府集中的社保资金，是具有财政性质的国

---

① 鉴于全国社会保障基金、社会保障统筹账户基金、社会保障个人账户基金以及企业年金是四种典型的社会保障基金账户形式，不同的信托账户具有不同的性质。其中养老保险社会统筹账户基金的公益信托特征较为突出，因此养老保险基金中的这部分基金信托的运作模式与社会福利基金信托、社会救助基金信托以及社会优抚基金信托具有较高的相似性；而养老保险个人账户基金与企业补充养老保险基金由于更加注重劳动者的利益，私益性的特征较为突出，因此养老保险基金中的这两部分基金信托的运作模式与社会保险基金中的医疗保险基金信托、失业保险基金信托、工伤保险基金信托、生育保险基金信托的运作模式相似程度较高。因此笔者选取养老保险社会统筹账户基金信托、养老保险个人账户基金信托及企业年金信托的设立作为社会保障基金信托的设立典型模式分析。

家战略储备基金①，因此全国社会保障基金作为第一层级的信托，其委托人为国家，在实践中具体的委托人为代表国家的政府财政部门。全国社会保障基金理事会作为主管机关是全国社会保障基金的受托人。享受全国社会保障待遇的社会成员为受益人。这一层级的信托属于法定信托，也属于公益信托。由于全国社会保障基金对保值增值的要求较高，因此全国社会保障基金理事会应当选择具有专业能力和资质的信托机构，才能对全国社会保障基金进行市场化运作，以满足保值增值的要求，由此形成了第二层级的全国社会保障基金信托。在第二层级的全国社会保障基金信托中，委托人为第一层级信托中的受托人即全国社会保障基金理事会，受托人为具有专业资质的专业性信托投资管理人，受益人为依法可以享受全国社会保障基金发放对象的社会成员。在全国社会保障基金信托设立后，受托人作为善良管理人积极对信托财产进行市场化的管理和投资运作。与第一层级的法定信托性质不同，全国社会保障基金信托作为第二层级的信托属于商事意定信托。此外，鉴于全国社会保障基金的公益性质，无论是第一层级还是第二层级的信托均应依法设立信托监察部门。

（二）社会保险基金中养老保险社会统筹账户基金信托的运行模式

养老保险基金社会统筹账户基金本质也是一种公益信托，养老保险基金社会统筹账户之所以具有公益性，它是属于一种专款专用的社会性公共后备基金，即养老保险基金社会统筹账户基金信托同样属于双重信托，对养老保险社会统筹账户基金信托的运作模式同样分为两个层级探讨。就养老保险基金社会统筹账户基金这一第一层次的信托而言，由于养老保险社会统筹账户的资金来源于用工单位根据被保险人的工资水平直接扣付

---

① 参见王显勇著：《社会保险基金法律制度研究》，中国政法大学出版社 2012 年版，第 111 页。

代交，政府以准所有的形式管理 [①]。因此养老保险社会统筹账户基金作为第一层级的信托，其委托人应当为国家，在实践中代表国家作为委托人的是政府财政部门。养老保险社会统筹账户基金的受托人应当是法定的养老保险经办机构，受益人应当是依法可以享受养老保险待遇的参保者。此外，鉴于养老保险社会统筹账户基金的公益信托性质，还应当依法设立相关的信托监察人。养老保险社会统筹账户基金的受托人即养老保险经办机构为了有效地实现养老保险社会统筹账户的保值增值，依照法定程序选择具有专业资质的信托基金管理机构设立第二层级的信托即养老保险社会统筹账户基金信托，对养老保险社会统筹账户基金进行市场化运作以实现保值增值。在第二层级的信托中，委托人同样是第一层级信托的受托人——养老保险经办机构，受托人是经法定程序选择的具有专业资质的信托资金管理机构，受益人为依法可以享受养老保险待遇的参保者。同样，鉴于养老保险社会统筹账户基金的公益性质，无论是第一层级信托的养老保险社会统筹账户还是第二层级的养老保险社会统筹账户信托，除委托人、受托人及受益人三方主体外，还应当依法设立信托监察人以保证信托财产的安全运营。值得注意的是，由于养老保险基金的受益人为多数的参保者，因此受益人不能直接从第二层级的养老保险社会统筹账户基金信托的受托人处实现获得受益金，参保者受益权的实现仍需通过社会保险经办机构发放养老金的形式实现。与全国社会保障基金信托相似，养老保险统筹账户基金信托中，第一层级的信托属于法定信托，第二层级的信托属于商事意定信托。

（三）养老保险个人账户基金信托的运行模式

养老保险个人账户是社会保险经办机构为每位参保人员建立的，用于

---

① 参见董保华等著：《社会保障的法学观》，北京大学出版社 2005 年版，第 215 页。

记录参保人员缴纳的养老保险金额、按规定从企业缴费中划转记入的养老保险费金额，以及上述两部分的利息金额的记名账户[①]。养老保险个人账户基金属于缴纳养老保险费的个人所有，属于典型的自益信托，是社会成员为了社会保障权的实现委托国家管理其缴纳的社会保险费，实践中代表国家的是养老保险经办机构，缴纳养老保险费的社会成员指定自己为受益人，由此养老保险个人账户基金作为第一层级的信托得以设立。由于目前我国采取部分积累制的模式，因此对这一部分的基金除了安全性要求外，还有极高的增值要求。为此养老保险经办机构以委托人的身份，选择具有专业资质的信托财产管理机构作为受托人设立养老保险个人账户基金信托，并指定个人账户的所有人即参保人员为受益人，由此第二层级的养老保险个人账户基金信托得以设立。与养老保险社会统筹账户不同的是，养老保险个人账户基金并非为公益信托，而是属于私益信托。但养老保险个人账户基金的这种私益信托，仍不同于一般的民事信托，其实现社会成员的养老保险权的目的决定了其属于社会保障信托，重要性自不待言，因此也需要依法设立信托监察人对两个层级的信托进行监管。

（四）企业补充养老基金信托的运行模式

根据我国《企业年金试行办法》的规定，[②]企业及其职工作为一种委托人，他们委托企业年金理事会或符合国家规定的法人受托机构作为受托人，指定企业职工为受益人，设立第一层级的信托——企业年金基金。第一层级的企业年金基金的受托人，为了满足企业年金保值增值的需求，才

①参见王显勇著：《社会保险基金法律制度研究》，中国政法大学出版社 2012 年版，第 109 页。
②《企业年金试行办法》中明确规定，建立企业年金的企业，应当确定企业年金受托人，受托管理企业年金。受托人可以是企业成立的企业年金理事会，也可以是符合国家规定的法人受托机构。受托人可以委托具有资格的企业年金账户管理机构作为账户管理人，负责管理企业年金账户；可以委托具有资格的投资运营机构作为投资管理人，负责企业年金基金的投资运营。

以委托人之身份委托具有专业资质的投资运营机构作为投资管理人，受益人同样为职工，由此第二层级的信托——企业年金基金信托才能得以设立。企业年金基金信托的受托人在设立这种企业年金基金信托之后，再对企业年金基金进行市场化的管理和投资，实现保值增值。

　　综上所述，社会保险基金信托的运作模式可以归纳为以下几个部分：（1）应当设立第一层级的信托即社会保险基金，在这一层级的信托中，除要求具有一般信托的三方主体外，还需要有法定的信托监察人。一般情况下，第一层级的信托多为法定信托，即国家以法律形式强制性地设立社会保险基金，这一层级的信托更多强调信托财产的安全性，因此社会保险基金的受托人本身不参与社会保险基金的投资运营。（2）第一层级的信托的受托人为了实现社会保险基金的保值增值会选择具有专业资质的信托机构作为受托人设立第二层级的社会保险基金信托，在第二层级的信托中，信托财产即为第一层级的信托本身，受益人为社会成员。基于社会保险基金信托受益人为不特定的社会公众，因此必须依法设立信托监察人对受托人的投资运营活动进行有效监督，确保信托财产的安全和保值增值。（3）社会保险基金信托设立后，具有专业资质的信托机构作为受托人出于管理社会保险基金的需要，应当根据法律规定，恪尽职守地履行受信义务，对社会保险基金进行投资运作管理。（4）受托人在投资运作管理社会保险基金的过程中，为了更好地实现信托财产的保值增值，完成其作为社会保险基金信托的受托人的职责，受托人也可能会选择其他主体如社会保险基金信托财产的保管人（一般为银行）、证券公司（证券投资交易业务的服务券商）、投资顾问等，为社会保险基金信托提供相关的更为专业的服务[①]。（5）在上述社会保险基金信托的设立及投资运营过程中，始终都需要有法定的信托监察人对社会保险基金信托的监管。除法定的信托监察人之外，

---

① 参见彭丽萍著:《社会保障基金信托法律问题研究》，法律出版社 2013 年版，第 136 页。

社会保险基金的委托人、受托人都会对社会保险基金信托进行监管。

二、社会保险基金信托的内在结构

通过对社会保险基金信托的运作模式分析，我们可以清晰地看到，社会保险基金信托涉及诸多法律关系，较为典型和重要的法律关系包括社会保险基金信托法律关系，社会保险基金信托投资运营过程中涉及的委托代理关系、商事服务关系、商事交易关系，以及在社会保险基金设立及整个投资运营过程中的监管关系。上述诸多法律关系相互配合共同构成了社会保险基金信托的基本架构，其中每一种具体的法律关系内部又各自有其独特结构，正是每一种具体法律关系内部协调使得诸多法律关系相互配合，社会保险基金信托才得以有效运作。

（一）信托法律关系

在社会保险基金信托的内在结构中，信托法律关系当然成为社会保险基金信托最为核心的法律关系要素。相异于普通信托类型，社会保险基金信托中的三方关系人——委托人、受托人、受益人在权利、义务、责任的分配上具有一定的特殊性。社会保险基金信托的运行离不开受托人的专业能力，受托人管理和投资能力的高低将直接影响社会保险基金的运用效率。也正因如此，为了更好地发挥受托人的专业能力，社会保险基金信托的受托人将拥有更为广泛的自由裁量权。同时，鉴于社会保险基金作为一种信托，其本身的公益性，他益性，以及可能产生的广泛社会影响，社会保险基金信托的受托人需承诺一定比例之上的社会保险基金收益率，这是对传统商事信托"有限责任"原则的一种突破，也正是社会保险基金信托的特殊所在。另外，由于社会保险基金信托关系中受益人的广泛性、流动性以及不确定性，需要相对强调社会保险基金信托中委托人的权利和地位，这也是不同于普通信托结构之处。

（二）委托代理关系

社会保险基金信托的委托代理关系主要存在于社会保险基金信托的受托人与社会保险基金信托的托管银行以及社会保险基金信托的受托人和社会保险基金信托的投资顾问之间[①]。由于社会保险基金属于集团信托，造就了社会保险基金信托财产规模巨大的特点。并且为了更好获得投资利益，受托人应当采用多种投资方式，这也造就了社会保险基金信托投资范围广、投资方式多元的特点。上述特点势必决定了受托人不可能独自完成对社会保险基金的管理及投资运作。就社会保险基金的保管而言，受托人出于资金安全性的考量，必然会将信托财产置于以银行为代表的资金保管机构，这就在受托人与资金保管机构之间形成了一类委托代理关系。就社会保险基金的投资而言，出于基金高收益的考量，受托人也会将社会保险基金投资于多种产品，术业有专攻，受托人在选择和决定理财产品时，也会与专业的投资理财顾问形成委托代理关系。

（三）监督管理关系

社会保险基金信托设立的目的主要是为了实现社会保险基金的保值增值，进而满足社会成员实现社会保险权的要求。因此社会保险基金对安全性的要求极高，满足安全性要求的手段之一，即需要建立一种完善合理的社会保险基金信托的监管机制。由此在社会保险基金信托的受托人与监管人之间就形成了监督管理关系。值得注意的是，社会保险基金信托的监管不仅存在于委托人、受益人与受托人之间，还存在于受托人与依法设立的外部信托监察部门之间。由于社会保险基金信托的特殊性，目前世界各国对社会保险基金信托的监管模式都极为重视，对社会保险基金信托的监管

---

① 参见彭丽萍著：《社会保险基金信托法律问题研究》，法律出版社 2013 年版，第 136 页。

将在后文详细论述，故此不再赘述。

（四）商事交易关系

在设立社会保险基金信托后，为保障社会保险基金信托目的的实现，受托人即使按照法律的规定来运营和管理社会保险基金，也必须符合受托目的的要求，无论是进行较低风险的基金投资（如存入银行、购买国债）还是进行较高风险的基金运作（如购买股票、投资金融产品），所有这些都属于商事交易关系的范畴，都属于社会保险基金的受托人与第三人进行的商业交易活动，目的是为了社会保险基金的受托目的——实现社会保险基金的保值增值。

（五）商事服务关系

在社会保险基金信托的设立和运作过程中，都可能存在一些必要的辅助性的商事服务需要。在社会保险基金信托的设立时，可能需要律师事务所出具的法律意见书；在社会保险基金信托的运作时，在内部信托法律关系和外部商事交易关系中都可能出现一些意想不到的纠纷，这些纠纷的解决，更需要律师事务所的专业律师提供一些必要的法律服务。同时在外部的商事交易关系中，受托人将社会保险基金信托的部分财产投资于证券市场时，也就相应涉及证券交易服务机构提供必要的经纪服务，这样才能保障外部商事交易关系的顺利运转。

第三节　社会保险基金信托的要素

作为信托制度在社会保险基金中的具体实践和运用，社会保险基金信托具有信托的普遍特征，由此必须对社会保险基金信托的核心要素予以重点分析，这是构建社会保险基金信托制度的理论基础。

一、社会保险基金信托的基本要素

（一）社会保险基金信托目的要素

根据信托目的的不同，信托财产管理、运用、处分的原则和方式也同样存在差别。在社会保险基金这一信托中，国家通过收取社会保险费，集合成社会保险基金，在此过程中私有财产的所有权已从社保制度的参保人手中移转至国家名下，至少在法律名义上国家成了社会保险基金的所有人，国家也有权对社会保险基金予以适当管理和处分。只是在管理、运用以及处分的过程中，需要受到社会保险基金信托目的的限制与束缚，这一信托目的在信托设立之初即社会成员缴纳社会保险费形成社会保险基金这一信托法律关系之时就已确定，而非由政府的主观意志所决定，这个特定的信托目的也正是社会保险制度设立的初衷和目的，最终在于保障社会成员社会保险权的实现。即当社会成员需要从社会保险基金中获得物质帮助享受社会保险待遇时，其社会保险权可以得以实现，物质需求能够得到满足。社会保险制度是为了保障公民获得物质帮助的制度，我国《社会保险法》的立法目的是为了保障公民依法享受社会保险权，规范社会保险关系。社会保险基金是实现社会保险制度目的的物质基础。[①]

社会福利基金的主要用途可以概括为，用于以普通人群为服务对象的城镇职工集体福利，包括生活服务、文化娱乐和福利补贴；用于以城镇无经济收入和无生活照料的老年人、残疾人和孤儿等特殊群体为服务对象的特殊社会福利，包括生活供养、疾病康复和文化教育等；用于农村的社会福利，包括农村孤寡老人、孤儿的生活供养、疾病康复和文化教育等。而

[①] 我国社会保险制度建立的目的是为了保障公民在年老、疾病、工伤、失业、生育等情况下依法从国家和社会获得物质帮助的权利。参见《中华人民共和国社会保险法》第 2 条。

社会救助基金主要用于以下几方面：最低生活保障，即为贫困人口提供生活费用补贴，为保障贫困人口的基本生活，定期向他们提供适当的现金资助；灾害救济，即对因洪水、地震、火灾、台风、火山爆发等自然灾害的侵袭而失去生活保障人员的救济，也包括对遭受战争之苦的地区和人民的救助；住房解困，即国家为人均居住面积在规定面积以下的城市居民提供居民自购解困房和租住廉价房屋；慈善事业等。社会福利基金和社会救助基金的用途本身即是这两项基金作为信托的信托目的，带有明显的公益性质。由于我国《信托法》对公益信托的信托目的进行了列举①，笔者认为，符合《信托法》的规定并与上述社会福利基金和社会救助基金具体用途相符的即为每一项具体的社会福利基金和社会救助基金的信托目的，概括起来包括以下几点：救济贫困；救助灾民；救助残疾人；发展教育、科技、文化、艺术、体育事业；发展医疗卫生事业；发展环境保护事业等。

（二）社会保险基金信托主体要素

初步比较而言，社会保险基金信托与普通信托具有较强的类同性，同样涉及三方主体——委托人、受托人和受益人。然而社会保险基金信托的委托人和普通的商事信托的委托人存在哪些差异呢？社会保险基金信托是一种双重信托。在第一层信托中，社会成员基于法律的强制性规定，以及社会契约，将社会保险费移转交付给国家，形成社会保险基金。社会成员是委托人，而国家是这一信托中的受托人。国家作为社会保险基金的受托人，类同于普通信托的受托人，在管理、运用、处分社会保险基金信托的信托财产之时，需要承担谨慎、勤勉、妥善管理的义务。国家作为社会保险基金的受托人，除了基于法律的强制性规定，还体现了社会成员对国家

①《中华人民共和国信托法》第 60 条：为了下列公共利益目的之一而设立的信托，属于公益信托：（一）救济贫困；（二）救助灾民；（三）扶助残疾人；（四）发展教育、科技、文化、艺术、体育事业；（五）发展医疗卫生事业；（六）发展环境保护事业，维护生态环境；（七）发展其他社会公益事业。

的信赖，是信赖保护这一原则在社会保障法领域中的应用。在社会保险基金信托的第二层信托中，国家（政府）从第一层信托中的受托人，变为第二层信托的委托人，国家为了社会成员的社会利益而将其代为持有的资金——社会保险基金予以信托。可见，国家在社会保险基金信托这一双重信托中，身份既是受托人，又是委托人，其责任和意义重大。对于社会保险基金信托法律关系中的国家，我们需要抛开其公权力的身份，更应该强调国家在社会保险基金中的责任和义务。

（三）社会保险基金信托财产要素

1. 信托财产的流动性

信托的流动性，主要体现在信托财产的流动性和信托受益权的流动性两个方面。两种流动性的标的不同，但是两种流动性之间是有着牵连关系的。信托设立本身，实质就是拟设立信托的财产的流动，即从委托人手中移转到受托人手中。受益权的流动性主要体现为：第一，在信托存续期间内，受益人可以通过受益权转让的方式，部分或全部让与受益权；第二，信托存续期间内，受益人还可以通过认购或赎回的方式自行增加或减少受益权；第三，委托人可以基于法律的规定或信托合同的约定，取消受益人的受益权；第四，受益人还可以放弃信托受益权。后两者受益权的被取消或者放弃，实际上体现了信托财产的流动返回，即这时信托财产的本金和收益的归属将直接返回至委托人。

2. 信托财产的独立性 ①

《海牙国际信托公约》规定了信托财产的独立性，"信托财产为独立的

---

① 有学者认为，信托财产的独立性是基于大陆法系在移植引入信托制度时，由于物权法的一物一权原则的限制，信托财产在法律上归属于受托人，名义上也为受托人所有，无法阻却受托人自己的债权人对信托财产的追索，为此创造了信托财产独立性这一原则。笔者对这一观点无法苟同，根据信托的起源，信托财产的独立性是信托制度"与生俱来"的特点，而不是大陆法系移植信托制度时的发明创造。

资金，而不是受托人自己财产的一部分"。①信托财产作为一种独立存在的财产，宗旨是为了受益人利益或达到特定的信托目的。相比于其他财产，信托财产的根本特征就是在于独立性。这种独立性，主要表现为信托财产与委托人财产、信托财产与受托人财产、信托财产与受益人财产的互相分离。第一，在信托设立以后，信托财产独立于委托人之财产，委托人不对信托财产享有所有权或控制权；第二，受托人只是信托财产名义上的所有权人，并且信托财产独立于受托人的固有财产以及其受托管理的其他信托财产。再次，就受益人而言，其就信托享有信托利益，但是也只是享有受益权。信托期限内，信托财产独立于受益人的财产，受益人对信托财产不享有所有权。

正因这种信托财产的独立性，在信托期限内，受托人的继承人无权对信托财产主张继承，信托财产也不能作为受托人的破产财产。另外，信托财产享有强制执行的禁止、抵销的禁止和混同的限制。无论是委托人的债权人，还是受托人、受益人的债权人，他们一般都不能主张用信托财产去偿还债务。

3. 信托财产的同一性

信托财产的范围或内容于信托设立时，通过信托行为而特定。信托设立后，因受托人的管理、处置或信托财产自身发生毁损、灭失等事由时，信托财产的形态，包括物理形态或物的种类，在信托期限内都可能发生变化。但是无论形态和价值上怎么变化，均改变不了其作为信托财产的法律性质。信托期限内，信托财产的形态和价值的变化，均改变不了该信托的信托目的，即在同一个信托中，信托财产具有法律性质上的同一性、信托目的上的同一性。信托财产因变动而产生的新的财产或替代物或代位物仍属于信托财产，为同一信托目的而存在，这就是信托财产的同一性，又称

---

① 参见《海牙国际信托公约》第 2 条。

物上代位性。同时，也有学者认为信托财产的主体性，[①] 以及信托财产的所有权和受益权相互分离都是信托财产的基本特点。[②]

（四）社会保险基金信托的主要特征

1. 主体上的特殊性——国家参与

国家是社会保险基金之信托的受托人，其受托人资格的取得形式上看是基于法律的强制性，但本质上是源于社会成员对国家公权力的信任。信托以信任为根基。国家不能因其公权力的代表这一特殊地位而享有其他特权，否则会降低政府的公信力，削弱社会成员对社会保险基金的信赖。国家除了要担任社会保险基金这一信托的受托人，履行受托人的职责外，在社会保险基金信托中还扮演委托人的角色，将基金信托给具备法定资格和准入条件的受托人予以运营。社会保险费缴纳后，虽然由国家（政府）控制，但是我们知道，国家既不是社会保险基金的真正所有权人，也不是社会保险基金的受益人，受益人为法律规定的依法参加社会保险并按规定缴纳社会保险费的社会成员或其遗属。国家无权分享社会保险基金管理运作中的收益。

2. 成立上的特殊性——法定信托

随着现代信托的发展和发达，民商事领域的信托多为意定信托，即信托是建立在委托人对受托人的选择和信任的基础上设立的。但是由于社会

[①] 参见王文宇著：《民商法理论与经济分析》，元照出版公司 2003 年版，第 340—344 页。信托具有主体性还是信托财产具有主体性，笔者认为，在这一问题上首先需要厘清两者何为主体，何为客体以及信托财产是否可以视为法律上的主体问题。笔者认为，信托具有主体性，而不是信托财产具有主体性，所以这里笔者没有将主体性视为信托财产的特点。信托的主体性，在美国雇员退休收入保障法以及我国信托实践中如涉及信托证券投资账户的开户时，均有所体现。

[②] 参见刘迎霜："论信托的本质：——兼与'信托异化论'商榷"，《中国人民大学复印报刊资料·民商法学》2011 年第 5 期。笔者认为所有权和受益权相分离，是大陆法系信托制度的法律特征，但是并非信托的本质。

保险基金是基于法律规定形成的，而不是根据当事人的意思自治，所以社会保险基金不是意定信托，它是国家出于社会公共利益的考虑，通过法律的强行性规定设立的，属于法定信托。此外，社会保险基金这一信托是根据信托行为——即信托财产的交付完成而直接设立的信托，交付信托财产的行为即可直接设立信托，而不需要信托合同来证明和约定信托的设立。社会保险基金这一信托的委托人对于是否缴纳社会保险费参加信托，受托人的资格标准以及受益人的资格、受益权的取得、转让和丧失乃至受益权的内容都无权进行选择或者安排，而是必须遵循法律的强制性规定。基于此，导致社会保险基金这一信托在我国《信托法》中找不到可以直接适用的法律渊源，需要单独立法或修改我国《信托法》的现行规定。①

3. 信托期限的特殊——"永久权禁止原则"的明确突破

信托期限即信托的存续期限。在英美信托法中，有著名的"永久权禁止原则"、"永久蓄积禁止原则"来限制信托存续期间。将信托期限设立为永久的，称为永久信托。② 所谓"永久权禁止原则"，是指权利设定者在其生存期间及其死后 21 年以内，如权利归属未能确定，则其财产处分无效。"永久蓄积禁止原则"是指委托人如设定在其生存期间及其死后 21 年以上的期间，信托财产所生的利益蓄积于信托财产，则超过上开期间的限制无效。③

美国《统一信托法典》中对信托期限的永久性问题并没有直接作出明

---

①《中华人民共和国信托法》第 2 条：本法所称信托，是指委托人基于对受托人的信任，将其财产权委托给受托人，由受托人按委托人的意愿以自己的名义，为受益人的利益或者特定目的，进行管理或者处分的行为。社会保险基金，从本质上完全符合信托法理，但是社会保险基金的受托人对社会保险基金信托财产的管理不是按照委托人的意愿，而是根据社会保险制度建立的初衷和法律的规定。这个问题，也直接导致了社会保险基金信托单独立法的必要性，本文将在以后的章节专门就社会保险基金信托立法的必要性和相关的法律规则进行研究分析，此处只是稍作解释，不再赘述。

②［日］三菱日联信托银行编著：《信托法务与实务》，张军建译，中国财政经济出版社 2010 年版，第 55 页。

③ 参见赖源河、王志诚著：《现代信托法论》（增订三版），中国政法大学出版社 2002 年版，第 185 页。

确规定，但是，并不是忽略了这个问题，而是将这个问题留给各州行使立法权进行规定。因为此前已经有了 1986 年《信托非永久存续法》。《信托非永久存续法》在美国《统一信托法典》颁布时，已经被 27 个辖区立法接受。[①] 英国信托法中同样存在禁止永久所有权规则。我国《信托法》对信托期限并没有明文的限制性规定。但是在近十多年的信托实务中，信托期限一般是信托合同的必备条款。信托期限的届满既是信托终止的事由之一，还对信托财产的返还和信托终止时信托收益的分配和归属给予了受益人、委托人相关权利的期待。禁止永久所有权规则的确立是出于公共政策方面的考虑，因为如果将财产长期束缚于为个人目的服务，可能造成"死手长期统治活人"的现象，出于经济和其他因素的考虑，是不值得鼓励和期望的。但是社会保险基金信托存在另一方面公共政策的理由，而且这一理由比前一理由更重要，因此英国早在《1993 年养老金法案》中就规定了合格的职业养老金计划可以不受禁止永久存续规则的约束。[②] 社会保险基金作为维持社会保险制度运转的物质基础，只要社会保险制度存在，必将一直持续下去，这也决定了社会保险基金这一信托在信托期限上的永久性。

---

① 参见美国《统一信托法典》的前言注释（PREFATORY NOTE, UNIFORM TRUST CODE）。《美国统一信托法典》在其前言注释中指出，一些现有的统一法案不受美国《统一信托法典》立法的影响，无需修改或废止，如 1986 年批准的《信托非永久存续法》。原文规定如下：Uniform Statutory Rule Against Perpetuities – Originally approved in 1986, this Act has been enacted in 27 jurisdictions. The Act reforms the durational limit on when property interests, including interests created under trusts, must vest or fail. The Uniform Trust Code does not limit the duration of trusts or alter the time when interests must otherwise vest, but leaves this issue to other state law. The Code may be enacted without change regardless of the status of the perpetuities law in the enacting jurisdiction. 此外，美国《统一信托法典》中在规定信托设立的条件时，还谈到，如果受益人在现在或将来是确定的，且遵守任何反永久存续规则，则受益人就是明确的。原文参见 SECTION 402. REQUIREMENTS FOR CREATION 中，A beneficiary is definite if the beneficiary can be ascertained now or in the future, subject to any applicable rule against perpetuities.

② 参见何宝玉著：《英国信托法原理与判例》，法律出版社 2001 年版，第 397 页。

4. 受益权的特殊性——受益权内容法定

社会保险基金的受益人何时享有信托受益权以及信托受益权的具体内容，均由法律直接规定。受益人资格、受益权的取得和丧失、受益权的内容不是社会保险基金的委托人、受益人和受托人其中两方或三方协商可以确定的事项。此外，由于社会保险基金具有互助共济的特点，因此社会成员从社会保险基金中享有的社会保险待遇即受益权的内容是根据法律的规定，和其缴纳的社会保险费的金额并没有直接对应的比例关系。缴纳社会保险费参加社会保险基金的形成，是其享有社会保险权的前提条件，虽然高收入的社会劳动者一般比低收入的社会劳动者要缴纳较多的社会保险费，但是在社会保险基金进行受益权的安排时，是根据社会保险政策和实际的需要而进行的调剂，而非完全根据社会保险缴纳多少来确定社会保险待遇给付社会保险金。这一点，体现了社会保险基金的统筹互济性，个人的权利义务在这里不是严格的对应关系。

5. 性质上的特殊性——混合性和集合性

社会保险基金这一信托性质上具有混合性即具有私益和公益双重性质，而不单纯是公益信托。[①] 公益信托和私益信托的区别在于信托目的之不同，私益信托乃是委托人为了自己或第三人的利益而设定，而公益信托则是以实现公共利益为目的而设立。首先，社会保险基金具有私益信托的特点。社会成员依法缴纳社会保险费，参与设立社会保险基金这一信托，其目的在于使自己在面临失业、年老、疾病等特定社会风险时，可以享受社会保险待遇，是为了其自身在符合某种法定条件时行使社会保险权享受社会保险待遇。可见，是以私人利益获得保障为信托目的。其次，社会保险基金还具有公益信托的特点。因为社会保险基金是众多社会成员缴纳

---

① 有些学者认为社会保险基金就是公益信托。笔者认为社会保险基金的再信托，即社会保险基金信托为公益信托。但是就社会保险基金这个信托来讲，更主要的应该是私益信托，因为社会成员并不是出于高尚品德，而是为了自身未来权益的实现和保障。

社会保险费集合而成的公共基金，是一种社会化的基金，归法律规定的所有社会成员共有，社会保险基金的受益人是法律规定的社会成员，而不是国家。

此外，社会保险基金这一信托还具有集合性。在这个信托法律关系中，受托人堪称唯一，但是委托人、受益人却是诸多的，涵盖了众多社会成员。从这个角度看，笔者认为，社会保险基金信托体现了一种集合性质，具有明显的集合资金信托之特点。[①] 此外，这种信托法律关系是根据国家的强制性规定发生的，而设立这种信托的缘由则是当种种社会问题和社会风险迎面扑来，人们依靠自身力量无力抵抗或承受时，不能坚持"远离国家的自由"，而是需要国家强力强制性地介入个人生活。经济危机、老龄化、失业、因病返贫等诸多现象决定了国家介入并进行国家干预的必要性。从这个角度看，社会保险基金这一信托的设立过程中，国家作为受托人，并不是消极被动地等待着接受委托人的信托，而是一种以积极方式而设立的信托。

二、社会保险基金信托的受托人要素

受托人在信托制度中处于重要的突出地位，是信托关系本质的体现者。[②] 比之普通信托的受托人，社会保险基金信托的受托人既存在相同点也存在不同点。从相同点角度而言，普通信托受托人拥有的一般权利，社会保险基金信托的受托人应同样拥有，诸如在信托期限内，受托人作为信托财产法律上的所有者，拥有以下基本权利：处理信托事务的权利、报酬请求权、正当支出信托管理费用以及垫付费用的优先受偿权；另一方面，社会保险基金信托受托人也必须履行普通信托受托人的一般义务，比

[①] 笔者认为，所谓集合资金信托，是指两个或两个以上的委托人，基于相同的信托目的，将信托资金交付给受托人，进行集中管理、运用、处分而设立的信托。

[②] 徐孟洲主编：《信托法》，法律出版社 2006 年版，第 91 页。

如分别管理义务、亲自管理义务、忠实义务、勤勉义务以及妥善保护信托财产的义务等。但是，鉴于社会保险基金的重要性以及社会保险基金投资管理对于安全性、专业性、技术性有着更高的要求，那么社会保险基金信托人在资格认定、权利义务内容以及所处地位等方面都体现一定的特殊性。受托人是管理、运用和处分社会保险基金信托财产的核心主体，委托人将社会保险基金委托给相应的受托人，作为信托财产的社会保险基金处于受托人控制之下，社会保险基金投资、管理、运营的优劣以及最终的收益效果，与受托人的品德和能力密切相关。比之于普通信托，社会保险基金信托的委托人虽然在设立社会保险基金信托后，可以通过法律强制规定或者信托文件的约定保留有知情权、监督权、受托人解任权等权利，以此监督受托人并维护社会共同利益，但受托人在社会保险基金信托中的核心地位远非委托人和受益人可比。社会保险基金信托成立后，受托人随之拥有作为信托财产的社会保险基金的名义所有权和实际控制权、管理权、处分权。根据法律法规的规定和信托文件的约定，受托人管理社会保险基金，享有受托人权利，履行受托人义务，确保社会保险基金的安全、保值增值，并承担违反信托法律法规的相关责任。受托人的职业道德、操守、信用、专业能力在很大程度上决定了社会保险基金信托目的是否能够得到有效实现。在这种社会保险基金信托中，为了社会公共利益，作为委托人的政府机构必须适度介入和合理干预，对受托人在市场准入、退出条件以及权利、义务和责任等诸多方面进行更为明确和严格的规定，如此与普通的信托制度中的受托人存在较大的特殊性。社会保险基金信托具有明显的社会性和公益性，但社会保险基金信托的投资运营管理必须遵循商业信托的基本运作法则，走市场化道路，同时也需要给予社会保险基金信托的受托人一定的自由裁量权。权利和义务相辅相成，相得益彰，社会保险基金信托的社会公益性以及较为灵活的自由裁量权使得对受托人的义务加以强制规定确有必要。因此，如何规定受托人的资格、如何配置受托人权利义务、如何界定受托人的责任等问题对社会保险基金信托的合理运营以及目的实现具有至关重要的影响。

（一）受托人资格

受托人资格是指民事主体担任信托受托人所必须具备的资质。社会保险基金信托运营涉及亿万公众的养老、医疗、就业，关系到国计民生的各个方面，其重要性不言而喻。此外，社会保险基金信托的受益人数量众多，社会影响力极大，而社会保险基金信托的监督存在隐形缺位的现实困境，如此必然要求对受托人进行严格规制。法国思想家孟德斯鸠曾指出："一切有权力的人都容易滥用权力，这是万古不易的一条经验。有权力的人们使用权力一直到遇有界限的地方才休止。"① 因此，为了规范社会保险基金运作，识别和防范社会保险基金信托运营中的各种风险，实现社会保险基金安全性、流动性和收益性统一，达到保值增值的目标，尤其应当对社会保险基金信托的受托人提出更严格的资格要求，建立完善的社会保险基金信托受托人准入、评估、监控机制。

1. 受托人一般资格

在普通法系的信托制度中，受托人的主体资格没有特别的要求。任何受托人——即具有完全民事行为能力的人，都可以做私益信托的受托人。在一些情况下，甚至不具有民事行为能力的人可以作为受托人。而在公益信托以及养老金信托中，对受托人的资格有更为严格的要求和限制。在大陆法系的信托制度中，基本都将受托人范围限制于具有完全民事行为能力的人。我国《信托法》规定："受托人应当是具有完全民事行为能力的自然人、法人。法律、行政法规对受托人的条件另有规定的，从其规定。"日本《信托法》规定："未成年人、禁治产者以及破产者不得为受托者"。韩

---

① [法] 孟德斯鸠著：《论法的精神》（上册），张雁深译，商务印书馆 1982 年版，第 154 页。

国《信托法》和我国台湾地区"信托法"又都有类似规定。以合同设立信托形式为例，信托是以当事人之间的信赖关系为基础，未成年人、禁治产者以及破产者均缺乏完全的行为能力，欠缺忠实、勤勉管理、处分信托财产的必要基础，无法真正为受益人利益服务，不适合担任受托人。无论是委托人还是受托人都属于信托合同的当事人，都应该按照合同法的要求具备相应的缔约资格和能力。如果以不具备受托人资格的主体作为受托人而设立信托，那么信托合同的成立是有瑕疵的，可以认定信托不成立。一般来说，民事信托通常以自然人作为受托人，而在商事信托中，基本都是由专业的信托公司担任受托人。

在我国信托发展实践中，信托业务主要还是商事信托，因此，受托人基本都是信托公司。我国银监会 2007 年颁发的《信托公司管理办法》第6、7 条对受托人资格作出了明确要求："设立信托公司，应当采取有限责任公司或者股份有限公司的形式。""应当经中国银行业监督管理委员会批准，并领取金融许可证。未经中国银行业监督管理委员会批准，任何单位和个人不得经营信托业务，任何经营单位不得在其名称中使用'信托公司'字样。法律法规另有规定的除外。"同时在第 8 条具体规定，"设立信托公司，应当具备下列条件：（一）有符合《中华人民共和国公司法》和中国银行业监督管理委员会规定的公司章程；（二）有具备中国银行业监督管理委员会规定的入股资格的股东；（三）具有本办法规定的最低限额的注册资本；（四）有具备中国银行业监督管理委员会规定任职资格的董事、高级管理人员和与其业务相适应的信托从业人员；（五）具有健全的组织机构、信托业务操作规程和风险控制制度；（六）有符合要求的营业场所、安全防范措施和与业务有关的其他设施；（七）中国银行业监督管理委员会规定的其他条件。"同时第 10 条对最低注册资本规定为："信托公司注册资本最低限额为 3 亿元人民币或等值的可自由兑换货币，注册资本为实缴货币资本。"

综上所述，如果要成为社会保险基金信托的受托人，首先要符合受托人的一般资格，需要具备民事权利能力和民事行为能力之外，需要符合普通的信托行业规制法律法规的具体规定，比如《公司法》《信托法》和《信托公司管理办法》等。

2. 受托人的特殊资格

鉴于社会保险基金的社会性、公益性以及重要性，作为社会保险基金信托的受托人除了满足一般的信托受托人资格外，还必须根据社会保险基金的特点具有特殊的资格。信托公司成为社会保险基金信托受托人所需要具备的特殊条件，可以考虑以下要素：注册资本金金额、净资产情况、净资本情况、法人治理结构的完善程度、内部风险控制制度和稽核监控制度的完善程度以及近期有无违法违规行为。[①] 全国社会保障基金理事会于2014年6月发布《全国社会保障基金信托贷款投资管理暂行办法》，促进全国社会保障基金信托贷款投资业务的发展，进一步健全和规范全国社会保障基金信托相关制度。其中，该办法明确了信托公司管理全国社会保障基金的合法性和正当性，并规定受托管理社保基金信托资产的信托公司应符合以下条件：（1）实收资本不低于12亿元，上年末经审计的净资产不低于30亿元；（2）具有比较完善的公司治理结构、良好的市场信誉和稳定的投资业绩，并具有良好的内部控制制度和风险管理能力；（3）主要股东实力较强，资信状况良好；（4）公司在近三年内未发生因违法违规行为而受到监管机构行政处罚的情形。

可以看出，无论是从注册资本、净资产，还是从公司治理结构，抑或是否存在违法违规行为等方面对受托人资格进行限制，核心要点是注重受托人的信用、信誉状况，这是信托制度尤其是社会保险基金信托制度存续的生命线。假如受托人存在违法违规行为，不管其行为是否严重，都不适合担任社会保险基金信托的受托人，这样做主要是为了防范和阻止社会保

[①] 彭丽萍著：《社会保障基金信托法律问题研究》，法律出版社2013年版，第181—182页。

险基金信托受托人的道德风险。英国《信托法》在 1993 年之前并未对公益信托受托人资格做出限制，凡是有资格担任普通受托人的人，都可以担任公益信托的受托人。但是英国《1993 年慈善法》强化了对慈善受托人资格的限制，该法规定：下列人士没有资格担任慈善受托人：（1）犯有涉及不诚实或欺诈的违法行为；（2）被宣告破产或者财产被扣押，尚未解除责任；（3）与债权人达成和解协议或重新安排债务的协议，或者为债权人授予信托契据，尚未解除责任；（4）在管理慈善事务的过程中出现行为不当或管理不当，他对这种行为不当或者管理不当负有责任或是当事人，或者由于其行为导致或助长了这种错误，慈善委员会或高等法院发布命令撤销其慈善受托人职务；（5）根据《1986 年公司董事资格法》和《1986 年破产法》，受到一项无资格令的约束。"①

（二）受托人权利

1. 受托人一般权利

英美法系和大陆法系对信托受托人的权利存在不同的规定。英美法系对受托人的权利并不进行具体列明，因此受托人的权利范围本身就非常广泛，另外受托人的权利还可以通过信托当事人的意思自治进行延伸和拓展，但值得注意的是，当事人的意思自治应当是明确合法以及符合公序良俗的。许多附加权力通常由起草的非常完备的信托文件所授予，以便受托人在投资信托财产时，拥有和信托财产的受益人一样的权力。但是同时他们对信托受益人负担的衡平法或信托义务不会得到减轻。②在大陆法系中，受托人权利有比较详细的规定，主要体现在如下方面：

一是受托人对信托财产享有所有权。受托人享有信托财产所有权受

① 何宝玉著：《英国信托法原理与判例》，法律出版社 2013 年版，第 309 页。
②［英］D.J. 海顿著：《信托法》（第四版），周翼、王昊译，法律出版社 2004 年版，第 143—144 页。

托人的一项基础性权利。大陆法系信奉罗马法"一物一权"的传统，把受托人基于委托人的财产转让行为而取得的权利确认为物权，并给予法律保护，同时依据合同的一般原理，把受益人的权利确认为债权，即请求受托人交付信托利益的请求权。但大陆法系国家赋予受益人较多的特别权利，以限制和均衡受托人的权利。总之，受托人对信托财产享有所有权物权，但受到很多限制，并非完全意义和完整形态上的物权。

二是管理信托财产和处理信托事务的权利。信托主要就是基于委托人对受托人的信任设立的，此处的信任不仅是对于受托人人品的信任，更重要的是委托人对受托人专业的财产管理能力的信任。而信托作为一项优秀的现代财产管理制度突出的特征之一就是受托人对信托财产的管理和运营，因此受托人作为信托财产实际管理者，天然的拥有管理信托财产、处理信托事务的权利，并且通过这项权利进而引申出一系列受托人权利。因此，可以说管理信托财产和处理信托事务的权利是受托人最重要的权利，没有此项权利，信托目的无法实现。

三是委托第三人处理信托事务的权利。我国《信托法》以及《企业年金基金管理办法》都明文规定了受托人的此项权利①。受托人的管理信托财产和处理信托事务的活动都是为了受益人的利益展开的，因此为了更好地使受益人的利益实现最大化，受托人可以合理地选择第三人代为处理信托事务以便充分实现信托目的。

四是投资的权利。前述已反复强调信托优秀的财产管理功能，在现代，信托目的早已不再仅仅局限于对信托财产安全性的保障，现代的信托更注重信托财产的保值增值。社会保险基金信托设立的重要原因也在于实

---

① 《中华人民共和国信托法》第 30 条第 1 款："受托人应当自己处理信托事务，但信托文件另有规定或者有不得已事由的，可以委托他人代为处理。"

《企业年金基金管理办法》第 23 条第（一）项，受托人应履行选择、监督、更换账户管理人、托管人、投资管理人的职责。"

现社会保险基金的保值和增值，以保障社会成员社会保险权的有效实现。为了实现保值增值的目的，受托人当然有通过凭借自身的专业能力投资以实现社会保险基金盈利的权利。

五是请求支付报酬的权利。一方面在现代，商事信托广泛存在，受托人接受委托人委托为了受益人的利益管理和运营信托财产，在这一过程中，必然会耗费大量精力，在现代商业社会，受托人以商人的身份替人理财势必会有通过自己的营业行为获利的愿望。另一方面，信托属于私法调整的领域，在不违反法律强制规定以及公序良俗的前提下，法律尊重当事人的意思自治。因此，在商事信托以及信托人存在特别约定的情形下，受托人请求信托文件相对人或约定第三人支付相应报酬的权利。这一项权利在我国及国外的立法中都有体现①。但值得注意的是，在国外立法实践中，对受托人的报酬请求权支持和认可的程度不同。例如日本《信托法》第35条明确规定："原则上受托人只有在合同特别约定的前提下才能领取报酬，但如果受托人是以营利为目的接受信托，则当然享有请求给付报酬的权利。"

六是优先受偿的权利。信托设立后，信托财产转移给受托人，受托人实际控制信托财产、处理信托事务，在这一过程中，如果遇到特殊情形需要受托人以其自有财产先行垫付处理信托事宜费用。如果出现受托人先行垫付的情形，受托人则依法享有就此部分费用在信托财产中优先获得清偿的权利。

2. 受托人自由裁量权

私益信托一般都必须有一个确定的或者可以确定的受益人，以确保信托可以被强制实施，否则该信托的有效性将会受到影响。此项原则被称为

---

①《中华人民共和国信托法》第35条："受托人有权依照信托文件的约定取得报酬。信托文件未作事先约定的，经信托当事人协商同意，可以作出补充约定；未作事先约定和补充约定的，不得收取报酬。约定的报酬经信托当事人协商同意，可以增减其数额。"

"受益人原则"。而公益信托的一个重要特征就是受益对象的不确定性，即
在公益信托设立之时，委托人只能在有关的信托行为中规定受益权的资格
与范围，而不可能将应当给予受益人的资格和范围具体化、特定化。公益
信托的受益人不特定，凡符合信托文件规定的资助范围和资助条件的任何
人都在受益人的范畴。公益信托对私益信托存在诸多原则的突破，相比较
而言，公益信托受托人在处理信托事务过程中所享有的权利外延要比私益
信托受托人的同类权利外延更大，因此可以说公益信托受托人在处理信托
事务方面所拥有的自由裁量权的范围较私益信托有所扩张。

一是，赋予受托人自由裁量权的必要性。社会保险基金信托的目的是
实现社会保险基金的安全和保值增值，为社会成员社会保险权的享有和满
足提供相应的物质基础和制度保障，其受益人是不特定的社会成员，具有
显著的公益性和社会性。社会保险基金信托设立后，无论委托人、受托人
还是受益人均无权变更社会保险基金社会性和公益性的信托目的，因为该
信托目的是由社会保险基金的法律性质和主要功能所确定的。委托人、受
托人在社会保险基金信托项下的任何行为，都必须基于社会保险基金信托
目的而实施。社会保险基金信托安全性、收益性和合规性的信托目的使得
在管理运营社会保险基金信托财产时，对风险容忍度低，但对收益性又有
较高的要求，因此，受托人必须对社会保险基金进行组合投资和分散投
资，从而最大可能地分散风险、提高收益，那么就必须相应地赋予受托人
自由裁量权。

社会保险基金信托受托人的自由裁量权是指受托人在管理运营社会保
险基金信托的过程中，在社会保险基金信托相关立法没有强制性规定或者
规定不明确、不具体的情况下，受托人作为信托财产的管理人和信托事务
的受托人，在遵循忠诚、注意义务的前提下，有依靠自身的专业能力进行
自主判断，从而决定如何管理、运用和处分社会保险基金信托项下的信托

财产以及如何处理社会保险基金信托项下信托事务的自主权利。① 赋予受托人自由裁量权，其必要性主要如下：

首先，符合社会保险基金信托的价值追求。安全和效率都是社会保险基金信托的价值追求。安全是指社会保险基金信托财产的安全或者保值，效率是指通过社会保险基金信托财产获利（或曰增值）。在社会保险基金信托制度的普通设计上，要努力实现安全和效率的兼顾、协调。在确保社会保险基金信托安全的基础上，尽可能追求其效率。发展才是硬道理，社会保险基金信托的发展需要注入兴奋剂——效率。没有效率，就没有真正意义的社会保险基金发展。从发展的观点看，效率是社会保险基金信托重要的价值取向。随着社会保障需求的增大、市场投资领域的拓宽以及通货膨胀的威胁，越来越多的人已经深刻地认识到社会保险基金信托的经济功能，充满了对信托效率的渴望，而不再满足于信托财产的保值，不再把安全作为唯一的价值追求。社会保险基金信托的效率不是来自委托人，也不是受益人，而是受托人，来自受托人富有成效的财产管理。因此，受托人不仅是社会保险基金信托关系的中心，而且社会保险基金信托效率的实现必须依靠受托人的行为。鉴于受托人的地位及其对于效率的重要性，社会保险基金信托应当做出有利于受托人进行有效管理的制度设计和安排，需要强化和拓展受托人的权利。

其次，满足委托人和受益人的切实需要。委托人和受益人都期待利用受托人对社会保险基金的有效管理，最大限度实现社会保险基金的增值。受托人一般都既有专业知识，又了解瞬息万变的市场，是财产管理上的强者。而大部分委托人和受益人则恰恰相反。委托人和受益人的实际能力决定了不宜赋予过多的权利，否则会妨碍受托人的正确、合理管理，影响社会保险基金信托的保值增值。比如，如果规定委托人或受益人认为"处理

① 参见彭丽萍著：《社会保障基金信托法律问题研究》，法律出版社 2013 年版，第 186 页。

信托事务不当"就行使撤销权，认为"处理信托财产有重大过失"就行使解任权，其结果只能是将受托人置于两难的局面。实际上，委托人或受益人往往因认识能力的局限而其认识的正确性未必是肯定的，但对受托人正常管理的干扰却是肯定的。又比如，委托人和受益人本来对信托目标是模糊的，没有提供一个确定的标准。如果社会保险基金信托制度赋予他们认为受托人违反信托目的或不利于实现信托目的就享有直接撤销权或解任权，其结果也只能是将受托人置于两难的局面。因此，社会保险基金信托应当解放受托人，保护受托人。解放受托人，必须赋予受托人更大的权力，主要是管理和处分的自由裁量权，同时对权利规定具体化。受托人通过自由裁量权才有权可使，而且便于行使，从而其社会保险基金管理的主观能动性得以充分发挥，信托效率得以提高。保护受托人，一方面要减轻委托人和受益人的干预，使委托人和受益人的干预限制在与效率观念相适应的合理范围，另一方面则要减轻不合理的责任，如对转受托人处理信托事务的行为可不负责任。

最后，契合社会保险基金信托投资管理的特征和需要。在目前世界各国社会保险基金信托投资管理实践中，其投资范围主要是股票、债权、贷款、存款、股权、不动产、基础设施等。在当前经济持续增长、人口老龄化趋势加快的形势下，社会保险基金的投资范围偏窄、运营效率偏低、贬值缩水的风险越来越凸显出来。为了提高收益率，国家也先后采取了一些政策措施，比如说对基本养老保险基金、基本医疗保险基金在银行活期存款方面给予了一些优惠的利率，又比如说允许商业银行法人为基本养老保险个人账户做实试点地区省一级的社会保险经办机构办理协议存款业务。但是，这些仅仅是对现有运营模式和投资范围的小修小补，很难从实质上改变现有困境。为了有效扭转我国社会保险基金所面临的问题，有必要进行顶层设计研究，其中包括社会保险基金投资运营模式选择问题。在社会保险基金信托运营模式下，有助于积极、稳妥地推进市场化、多元化投资运营，需要遵循以下三个原则：其一，安全第一。任何时候都要确保人民群众"养命钱"的安全与完整。其二，获取收益。着眼于增强基金支撑能力，更好地发挥市场机制的作用，保障参保人的权益。其三，实行多元化投资。无论何种投资模式，都必须是有利于分散风险的组合式方案，而不会是单一的投资渠道。不同的投资品种，其风险和收益也会相应不同。通常来说，高收益蕴含高风险，安全性高的投资品种所带来的收益也是较低的。社会保险基金信托基数大、规模广，在风险可控的前提下实现社会保险基金收益最大化，必须对允许投资范围内的具体投资品种进行分散投资和组合投资，实现多元化的投资组合方案。尽管社会保险基金方面的法律法规以及信托文件对社会保险基金信托的投资范围甚至投资比例进行了相关规定，但是不可能也不宜于对投资组合的投资品种作出过于细致和具体的规定。即便法律法规以及信托文件对具体品种的投资比例和权重进行了限制规定，也是存在上限和下限的规定，而介乎于上下限之间的具体比例则需要受托人的自由裁量权来确认和实现。具体来说，社会保险基金信托设立后，受托人根据所处经济环境以及资本市场和产业市场的发展形势，基于其自由裁量权并充分发挥专业分析、判断和决策能力，确定具体的投资策略和安排，选择、组合、调整投资品种。此外，社会保险基金信托的动态化以及金融市场的复杂性和频繁性也客观上要求赋予受托人必要的自由裁量权，方能实现社会保障基金的合理投资和有效运营管理。

二是，受托人自由裁量权的主要内容。社会保险基金信托受托人自由裁量权主要通过社会保险基金信托项下信托财产的投资管理予以实施和体现，本质上是依法依约所享有的对社会保险基金信托财产投资管理的自主权，这是信托制度基础——信任的淋漓尽致的体现。该自主权不仅包括决策自主权，还包括实施自主权，即自行确定社会保险基金信托的投资策略、计划和安排，并在具体的运营实践中落实执行。在合法合规合约的前提下，社会保险基金信托受托人在法定和约定的范围内对信托财产自由投资管理，不受其他任何人的非法干预和干涉。受托人所享有的自由裁量权具体表现为受托人在信托财产投资管理等一系列过程中的意思自治和行为自治。受托人行使自由裁量权的前提是必须在强制性法律法规规定范围以外，即只能在法律法规没有禁止性规定的情况下，或者在应当由任意性规范发挥作用的范围内，主要包括以下方面：其一，现行法律法规缺乏明确规定，存在法律缺位、不确定性或者模糊性，在此背景下，出于目的合理原则考虑，为了实现社会保险基金信托利益最大化，在遵守相关法定约定义务前提下，受托人可以行使自由裁量权；其二，为强化社会保险基金信托投资管理灵活性，提高社会保险基金信托管理效率，降低运营成本，切实实现信托目的，某些方面或者领域不适宜于通过法律法规进行强制性规定，而是由受托人独立自主地进行分析、判断、决策和执行，积极行使自由裁量权。在具体的实践中，只要法律法规没有作出禁止性或者强制性规定，在缺乏法律明确规定和信托文件具体约定的情况下，为实现社会保险基金信托目的或者实现社会保险基金信托受益人利益最大化，受托人即享有自由裁量权。通过自由裁量权的行使，受托人可以自行决定社会保险基金信托财产的单一投资比例、投资组合结构、交易节奏和交易方式等内容，同时也可以自行选择和确定托管银行、投资顾问、法律顾问等中介机构，在这个过程中，受托人的能动性和创造性得到充分的发挥和体现，社会保障基金信托的保值增值目的也随之实现。

三是，受托人自由裁量权的监督。受托人受人之托，替人理财，管理信托事务成为其职责核心所在，因之受托人也处于最核心的地位，对社会保险基金的保值增值乃至社会公共利益和秩序都将产生重大影响。尤其是在受托人被赋予了较为广泛的自由裁量权背景下，赋予其权利的同时，也应当对其广泛的权利加诸一定限制，以免当事人不适当地扩张其权利甚至滥用其权利为自己谋取不正当利益，因此社会保险基金信托应当高度重视对受托人自由裁量权的有效监督。

对社会保险基金受托人自由裁量权的监督依据监督主体的不同可以分为内部和外部两种监督。信托关系当事人即委托人、受益人对受托人的监督即为内部监督。除上述信托关系当事人以外,政府主管机关甚至法院对受托人的监督属于外部监督。具体而言,内部监督注重从对当事人权利的分配与制约角度来实现对受托人自由裁量权的监督。其一,委托人监督。无论是何种类型的信托,信托的设立都是存在于委托人与受托人之间的,委托人以其财产设立信托,与受托人订立信托文件,在信托文件中充分体现了委托人的意思自治以及委托人设立信托的目的,受托人之所以能成为信托当事人一方面的重要原因也是由于委托人对其管理财产的能力的信任。因此受托人处理信托事务应当顺应信托目的,为了防止受托人不当处理信托事务,委托人有权利对受托人的行为进行监督,同时受托人也有义务接受委托人的监督。赋予委托人监督受托人的权利,一方面是出于对委托人设立信托的目的以及意思表示的尊重,另一方面也是为了信托目的最大限度的实现和信托功能的充分发挥。按照我国《信托法》的规定,在信托事务的执行过程中,委托人所享有的监督权内容主要包括当委托人对受托人可能危害信托的行为产生质疑时请求受托人对其行为予以说明的权利,并且对于受托人不适当或可能危害信托目的实现的处理信托事务的行为提出异议以及请求受托人变更管理方法权利,委托人也享有当受托人的过错行为损害信托利益实现时请求受托人就其过错行为造成的后果承担责任的权利,此外当受托人因特殊情况不再适合继续担任受托人时,委托人也享有解任现有受托人和选任新的受托人的权利。其二,受益人监督,包括我国在内①的许多国家的信托法规定了受益人的监督权。如《魁北克民

---

① 《中华人民共和国信托法》第49条中规定,"受益人可以行使本法第20条至第23条规定的委托人享有的权利",《信托法》第20条至第23条规定的包括受益人的异议权、变更管理方法的请求权、请求受托人承担责任的权利、解任受托人和选任新的受托人的权利、解除信托的权利以及要求了解受托人处理信托事务的权利和要求受托人对所处理信托事务予以说明的权利等。

法典》第 1287 条第 1 款规定："信托的管理应受委托人的监督，如委托人已死亡，应受其继承人的监督，并受受益人甚至将来的受益人监督。"我国台湾地区"信托法"第 32 条第 1 款规定："委托人或受益人得请求阅览、抄录或影印前条之文书，并得请求受托人说明信托事务之处理情形。"[①] 其三，受托人自我监督。必须对受托人行使自由裁量权进行必要的规制，配置相应的义务规则，以便敦促其合法、合理地行使自由裁量权。受托人行使自由裁量权应仅限于法律法规规定的范围内，法律法规明确规定受托人权利的情形或对受托人权利行使有强制性规范适用的情况下，不适用自由裁量权。受托人行使自由裁量权应遵循谨慎投资规则，不得违反社会保险基金信托的信托目的，不得违反忠诚义务和注意义务。受托人对社会保险基金进行投资管理时，必须遵循安全性、收益性、流动性的原则和分散投资和组合投资的要求，在对投资策略和方案进行风险识别、评估和预测的基础上，进行审慎而全面的考量后作出最终的决策。至于外部监督，首先需要说明的是，虽然许多国家在其信托法中以立法的形式承认了法院监督这种监督方式，但是鉴于我国的现实情况，我国的信托法并未规定法院对信托的监督权。相比之下，行政机关的外部监督则效果相对显著，通过行政机关监督，不仅可以及时发现、纠正受托人违反自由裁量权的越界行为，也可以对因此造成的社会保险基金的侵害提供及时的法律救济，并对相关责任主体追究法律责任。比如，受托人滥用自由裁量权，将有可能导致其丧失受托人资格或者面临行政处罚，如果造成信托财产受到侵害，那么受托人还将承担违约责任、侵权责任甚至刑事责任。

[①] 参见徐卫："信托监督多元化构造的法律分析"，载《厦门大学法律评论》（2008 年）第 15 辑，厦门大学出版社 2008 年版，第 58—91 页。

（三）受托人义务

1. 受托人一般义务

我国《信托法》第 25 条规定："受托人应当遵守信托文件的规定，为受益人的最大利益处理信托事务。受托人管理信托财产，必须恪尽职守，履行诚实、信用、谨慎、有效管理的义务"。第 26 条规定："受托人除依照本法规定取得报酬外，不得利用信托财产为自己谋取利益"。第 27 条规定："受托人不得将信托财产转为其固有财产。受托人将信托财产转为其固有财产的，必须恢复该信托财产的原状；造成信托财产损失的，应当承担赔偿责任"。第 28 条规定："受托人不得将其固有财产与信托财产进行交易或者将不同委托人的信托财产进行相互交易，但信托文件另有规定或者经委托人或者受益人同意，并以公平的市场价格进行交易的除外。"第 29 条规定："受托人必须将信托财产与其固有财产分别管理、分别记账，并将不同委托人的信托财产分别管理、分别记账"。第 30 条规定："受托人应当自己处理信托事务，但信托文件另有规定或者有不得已事由的，可以委托他人代为处理"。根据我国的相关法律规定以及信托的具体实践，一般认为受托人需要履行的主要义务包括忠实义务、注意义务、分别管理义务和亲自管理义务等。

一是，忠实义务。从积极的角度看，忠实义务是指受托人管理信托财产和处理信托事务的过程中，应当忠实于信托目的，为了受益人的利益的实现而行为；从消极的角度认识，忠实义务强调对受托人利用其地位为一己私利谋取便宜的否定，受托人在领取商事信托或信托文件特别约定的信托报酬以外，无论以何种方式通过信托财产获得的利益都是被禁止的。正是由于加诸受托人之上的忠实义务，因此受托人在管理信托财产以及处理信托事务的过程中，只能围绕信托目的即受益人的利益进行行为，任何为受托人自身或受益人之外的第三人谋利的行为都是不被信托法允许的。忠实义务旨在消除受托人和受益人之间一切利益冲突，包括现实的和潜在的。忠实义务主要包括三个方面含义：一是禁止受托人利用其地位从信托中牟取私利。二是禁止受托人自我交易，在受托人处理信托事务过程中，受托人将其自身的固有财产与信托财产进行交易的行为即属于自我交易的情形，由于此种情形将受托人同时置于出卖人和买受人的对立地位，因而受到法律的禁止。三是受托人应当遵循公平交易的交易规则，委托人出于对受托人的信任设立信托，受托人在市场交易中无论是出于对委托人信任的尊重还是出于对市场规则的尊重，都应该遵循公平交易的规则，为了强化受托人对公平交易的遵守，法律为受托人设置了忠实义务。

二是，注意义务。现代交易市场状况复杂多变、瞬息万变，在公平交易的前提下，没有任何一个交易当事人可以作出其交易一定可以获取高额利益的承诺。在社会保险基金信托中，受托人同样无法作出其管理和运作社会保险基金的行为一定可以实现社会保险基金的保值增值的承诺。虽然委托人信任受托人将信托财产转移给具备专业财产管理能力的受托人，但如果因此就要求受托人的行为一定实现高额盈利对受托人来说显然是有违公平的。因此法律规定只要受托人尽到了合理的注意义务，通过其处理信托事务的行为没有使信托财产获得预期利益甚至信托财产本身遭受损失，受托人也得以以其尽到了注意义务而无需承担责任。具体而言，注意义务是指受托人在处理信托事务的过程中达到了谨慎的标准，以合理的方式履行其管理职责，可以称其为善良管理人。注意义务主要用于规范受托人的积极性的经营管理义务，例如在社会保险基金信托中，受托人将社会保险基金投资于具体品种、确定投资组合比例、风险评估分析与预测等方面，都必须要履行注意义务。

三是，分别管理义务。分别管理义务是由上述受托人的忠实义务派生出的一项义务，受托人的此项分别管理义务充分体现了信托财产独立性的特征。分别管理义务对受托人提出的具体要求是一方面受托人必须将信托财产与自己固有的财产分别管理；另一方面当受托人面对多位委托人分别设立的多项个别信托时，将此项信托财产与彼项信托财产分别管理。该义务主要是为了维护信托财产独立性，保护受益人的利益。同时，还可以敦促受托人履行忠实和注意义务，防止受托人滥用权利。①

四是，亲自管理义务。信托的"信任"特性体现了信托关系突出的人身属性，正是委托人通过选择其信任的受托人，受托人得以特定，为此受托人必须亲自履行其作为受托人的管理义务。因此如果受托人不亲自履行管理义务，信托设立时委托人对特定受托人的信任便无从实现，信托本身的设立便失去了意义。但值得注意的是，随着社会分工越来越细化，专业化发展越来越明显，信托制度对于受托人的亲自管理义务的严格限定正在逐步突破，现代信托制度逐渐接受受托人将具体管理信托事务的部分职能委托于委托人之外的专业化的人或机构。目前包括我国在内的许多国家已经在信托法中有条件地承认了受托人将部分职能委托于他人的效力②。从另一个角度看，受托人选择更为专业的财产管理机构对信托财产进行管理，受托人亲自选任专业机构的行为本身即是对亲自管理义务的履行，只是受托人以此种方式履行管理义务会受到法律的限制。

2. 受托人强制性义务

一是，受托人强制性义务的必要性。从法理学角度而言，相对于通过任意性法律规范进行调整的任意性义务，强制性义务则是通过强制性法律规范予以施加的义务，其法律制裁性更加突出，制裁效果也更为刚性。在社会保险基金信托制度中，受托人的强制性义务是指通过法律法规明确规定和刚性保障，相关当事人无法通过约定予以变更、取消适用或者选择适

---

① 日本《信托法》第 28 条："信托财产须与自有财产及其他信托财产分别管理。"美国《信托法重述》第179 条："受托人在合理的范围内，应使信托财产与自己的财产保持分离，并使信托财产与非属于信托之财产保持分离，同时应认明被指定为信托财产的财产。"

②《中华人民共和国信托法》第 30 条规定的主要意思是，受托人原则上应当亲自处理信托事务，但信托文件另有规定或有不得已事由的，可以委托他人代理。

日本《信托法》第 26 条规定："受托人除信托行为另有规定者外，只限于迫不得已的情况下，可让他人代替自己处理信托事务。"

用的义务。社会保险基金信托具有明显的公益性和社会性，其信托目的是确保社会保险基金的保值增值，涉及社会利益和公共利益，关系到人民安居乐业和国家长治久安，因此对受托人的某些义务进行强制性规定确有必要，也非常关键。其次，社会保险基金信托的受托人被赋予较大的自由裁量权，使得强制性义务成为受托人自由裁量权正确、充分行使的基础和保障，促使受托人积极做好善良管理人，有效避免道德风险和管理风险。再者，在社会保险基金信托法律关系中，受益人是不特定的社会公众，具有广泛性、流动性和不特定性，如此使得受益人对受托人的监督效果基本是形同虚设，无法期待过多。只能通过受托人强制性义务作为抓手，确保受托人在管理、运用、处分社会保险基金信托过程中严格履行忠实、注意、勤勉等义务，保障受益人权益和信托目的顺利实现。因此，社会保险基金信托受托人强制性义务是社会保险基金信托受托人的重要义务，是社会保险基金信托制度的重要内容。

二是，受托人强制性义务的内容。关于社会保险基金信托受托人强制性义务之确定，既要满足规范受托人行为操守和标准进而顺利实现信托目的的最低限度要求，也要避免对受托人合理行使自由裁量权以及充分发挥能动性和创造性的不必要负面影响。权衡权利和义务，总体来看，受托人强制性义务主要包括以下方面：

首先，更为严格的忠实和注意义务。社会保险基金信托受托人报告信托事务处理情况的程序规定更为严格。我国《信托法》明令规定了受托人的报告信托事务的义务[①]。其次，在社会保险基金信托中，如果受托人辞

[①]《中华人民共和国信托法》第 67 条第 2 款："受托人应当至少每年一次作出信托事务处理情况及财产状况报告，经信托监察人认可后，报公益事业管理机构核准，并由受托人予以公告。"

《中华人民共和国信托法》第 70 条："公益信托终止的，受托人应当于终止事由发生之日起十五日内，将终止事由和终止日期报告公益事业管理机构。"

《中华人民共和国信托法》第 71 条："公益信托终止的，受托人作出的处理信托事务的清算报告，应当经信托监察人认可后，报公益事业管理机构核准，并由受托人予以公告。"

任，辞任程序较一般的私益信托更为严格，必须经社会保险基金管理机关批准。之所以对社会保险基金信托中受托人的辞任需要由法定机构批准是基于以下几点原因：一方面，社会保险基金信托的受益人是社会成员，具有不特定性和广泛性，在实际操作中，不可能要求上述不特定的社会成员——同意受托人的辞任，因此法律规定特定机构作为社会成员的代表来决定是否批准受托人的辞任。另一方面，由于社会保险基金涉及社会成员基本的社会保障权的实现，因此对作为信托财产的社会保险基金的安全性和保值增值都提出了更高要求，相应的对社会保险基金信托受托人的管理和运作社会保险基金的行为也提出了更为严格的要求，在保证社会保险基金安全的前提下追求更大限度的盈利①。此外，鉴于社会保险基金的特殊性，在设立社会保险基金信托时，对于如何确定受托人要经过严格的批准程序。如果受托人随意辞任，将使社会保险基金信托的管理缺乏必要的连续性和规范性，极有可能损害信托利益，甚至使得信托目的难以实现。

其次，分散投资、组合投资义务。社会保险基金的多元化投资和分散投资已经在世界范围内获得一致认可和执行，成为社会保险基金投资管理的基本原则。社会保险基金信托受托人应采取合理的措施，按照分散投资、组合投资原则，对社会保险基金信托的信托财产进行投资管理，以实现社会保险基金信托的收益最大化、风险最小化。分散投资义务是指因个别投资有其特定风险，该风险可以通过分散而消除，比如投资不同的行业或者国家的股票，也就是我们通常说的"不要把鸡蛋放到同一个篮子里"。受托人必须履行分散投资义务，除非有不能分散的正当理由，比如税务考虑或者受到信托目的限制等。分散投资对社会保险基金的安全性、收益性和流动性均有关键影响。投资风险得以有效分散的关键因素在于受托人在

---

① 《中国银监会办公厅关于鼓励信托公司开展公益信托业务支持灾后重建工作的通知》第 6 条中规定，信托公司管理的公益信托财产及其收益，只能投资于流动性好、变现能力强的国债、政策性金融债及中国银监会允许投资的其他低风险金融产品。

投资过程中，熟悉各类投资方式的特点及性质，通过理性选择进行资产配置。组合投资义务是指社会保险基金信托受托人在选择投资品种时，不能单一和过于集中，应实现投资多元化，将不同种类、不同期限、不同风险、不同收益的投资品种进行组合，通过多元化投资组合，减少非系统性风险，降低投资风险，提高投资收益。通常而言，投资单一化和集中化，难以控制和分散投资过程中的风险，无法保障社会保险基金安全，也不利于实现社会保险基金的效率化管理。因此，社会保险基金信托受托人在对社会保险基金进行投资管理时应当履行组合投资的强制性义务。[①]

再次，树立和维护良好社会形象。社会保险基金信托具有集合性的特点，不仅社会保险基金信托的当事人可能为不特定的社会成员的集合，而且信托财产也是多方财产的集合，因此社会保障基金关乎人民群众的基本权利，不可谓不是影响重大。作为信托财产管理核心的受托人，在管理和运营社会保险基金的过程中，就有义务严格按照法定和约定的义务选择自己的行为，并就自己的行为接受各方监督。此外，社会保险基金信托的受托人的行为还应当符合公序良俗，不能给社会公众带来不必要的负面情绪和猜测。比如，社会保险基金信托受托人尽量避免投资于烟草、高度污染环境等行业领域。社会保险基金信托的受托人在恪守职业道德和基金职业道德的底线之上，还应尽力成为社会的道德典范，只有这样才能获得社会公众对社会保险基金的信任和认可，激发社会公众参与社会保险基金的积极性。

最后，确保最低收益义务。确保最低收益义务，是指受托人"在运用有关的社会保险基金信托资产进行投资时不仅要确保此项投资取得收益，而且要确保这一收益不低于法定的最低收益率。"[②]之所以特别将"确保最

---

① 彭丽萍著：《社会保障基金信托法律问题研究》，法律出版社 2013 年版，第 200 页。

② 张淳："论社会保障基金投资信托受托人的特殊义务"，《中州学刊》2009 年第 3 期。

低收益义务"赋予社会保险基金信托受托人，主要是为了实现社会保险基金信托所追求的收益性目的。正如前文反复强调的一样，社会保险基金信托的信托财产以及信托目的均不同于一般意义上的信托，社会保险基金的投资运营是否盈利直接关乎于社会成员的基本社会保险权能否实现，因此社会保险基金信托是否实现了收益可谓关系重大，为了强化受托人管理社会保险基金的收益意识，法律为社会保险基金信托的受托人设置了一项特殊的义务，即所谓的"确保最低收益义务"。考察各国的现有立法，目前世界上选择信托作为社会保险基金管理方式的国家中，许多国家不同程度地通过立法形式规定了社会保险基金受托人的确保最低收益义务，并根据各国实际情况，规定了不同的法定收益率。值得一提的是，国外在确定"确保最低收益义务"的收益率时，主要采用以下两种方法："第一种做法是将被纳入信托投资范围的社会保险基金资产的一定百分比规定为前述法定最低收益率。乌拉圭便采取这一做法，该国有关法律规定养老金资产投资的实际收益率必须高于被运用于投资的这种资产的价值额的 2%，这一规定适用于存在于该国的养老金基金投资信托。第二种做法是将全国所有的受托人运用有关的社会保险基金资产进行投资所得收益率的平均数的一定百分比规定为前述法定最低收益率。智利便采取这一做法，该国有关法律规定，任何一家养老金信托基金管理公司运用为其占有的养老金资产进行投资所得收益率或者不得低于本国所有的这种公司为相同投资所得的平均收益率的 50%，或者不得比本国所有的这种公司在过去 12 个月内为相同投资所得平均收益率低两个百分点；如果该公司的投资收益率没有达到这一要求，其必须用由其所掌握的现金准备金来填补。"[1]

---

[1] 张淳："论社会保障基金投资信托受托人的特殊义务"，《中州学刊》2009 年第 3 期。

第六章　社会保险基金信托的监管机制

　　监管一词的出现，很容易使人联想到强势的政府主管部门和长期停留于人们脑海的计划经济时代。但实际上，监管一词在不同的领域具有不同的含义，在市场经济与政府的关系层面，监管是指政府部门在法治框架之下[1]，为了维护市场经济秩序，保护市场主体的利益而实施的监督和管理活动。对于社会保险基金监管而言，有学者认为，社会保险基金监管，"是指政府有关职能部门作为社会劳动者的共同代表，为了确保社会保险基金的有效管理和运用，最大限度地提高基金收益率与保障参加社会保险劳动者的合法权益，实现促进经济协调、稳定、健康发展和社会安定的总体目标，依据国家立法，对社会保险基金筹集、储存、运用及管理、给付等过程，进行全方位的监督管理的一项系统的工程"。[2] 也有学者认为社会保险基金监管是指"国家授权专门的监督主体依法对社会保险基金运行的整个过程，包括基金筹集、管理、运营、支付等各个环节的监督，以确保社会保险基金制度的良性运行"。[3] "社会保险基金的监管是指国家授权专门机构依法对社会保险基金收缴、安全运营、基金保值增值等过程进行监督管

---

① 席涛："法律、监管与市场"，《政法论坛》2011 年第 3 期。

② 鲁毅著：《中国社会保险基金监管研究》，武汉大学出版社 2003 年版，第 7 页。

③ 王显勇著：《社会保险基金法律制度研究》，中国政法大学出版社 2012 年版，第 58 页。

理，以确保社会保险基金正常稳定运行的制度和规则的总称。"① 尽管学界对于社会保险基金监管的概念和内涵之间还存在差异，但学者仍然就其中的大部分内容达成了共识。就监管的主体而言，学者们多将社会保险基金监管的主体限定在有权机关，亦即国家的专门机构或者国家授权的专门机构；就监管的对象而言，学者们认为监管的对象包括社会保险基金从筹集到给付的整个过程，社会保险基金的投资、运营、管理等事项均包括在内；对于有权机关进行监管的依据而言，学者们均认为是依法或者依照"国家立法"、"在法治框架之下"进行。监管的目的，均是为了实现社会保险基金的有效管理和运营，实现保值增值和保护纳入社会保险覆盖范围的社会成员的合法权益。而对于监管的核心内容，学界则存在争议，有的学者认为是制度和规则的总称，而有的学者则从字面解释，认为监管即包括监督和管理。笔者认为，社会保险基金信托运营，仍然属于社会保险基金运营管理的范畴，也属于社会保险基金监管的范畴，因此，在厘清社会保险基金信托监管以前，必须先明确社会保险基金监管的内涵。从上述学者的既有研究成果来看，对社会保险基金监管虽然缺乏统一的定义，但对其中所涉及的主体、对象、法律依据等事项均较为明确，争议主要集中在具体的措施方面。笔者认为，社会保险基金监管是一系列监督和管理措施的集中体现，作为基础的制度和规则，仅仅提供有权机关实施监管行为的依据，并不能代替监管本身。因此，本文认为，社会保险基金监管，是指有权机关针对社会保险基金筹集和管理的全过程，为了实现社会保险基金的安全、保值和增值的目标，依照法律、法规和规章的规定而实施监督和管理的措施的总称。

诚然，监管措施对于市场经济的发展确有干预私法自治，影响市场在资源配置中的主体地位的嫌疑。但是，对于政府相关部门的监管与市场

---

① 郑云瑞著：《社会保险法论》，北京大学出版社 2010 年版，第 63 页。

主体私法自治之间的关系，并非总是处于冲突之中。实际上，政府作为公共利益的天然代表，其对市场的监管具有必要性和正当的法理依据。[①] 在政府的组成上，实际上是人们以牺牲一定的自由为代价，以换取整个人类的生存与发展。在人们让渡自己的权利予政府时，政府即可享有对因人类交往而产生的社会关系进行调整的权力。这一方面体现在立法部门通过立法的形式，为人类的行为规范制定基本的准绳；另一方面，也体现在政府对上述立法所确立的明确的权力界限，对人类的交往进行调整，包括行政命令，行政处罚等一系列措施。在市场经济中，由于主体自发参与市场经济的交往，由此而产生的滞后性、自发性等问题既需要独立于市场主体内部之间的协调和处理，也需要独立于市场的政府作为第三方对上述进行的干预和调节，即所谓"有形的手"要发挥作用。与一般市场主体参与市场经济不同，社会保险基金进入市场之中进行运营和管理，既要求拥有一般的市场主体所享有的行为自由，同时也存在比一般市场主体更为严格的监管。

第一节　社会保险基金信托监管的必要性及其特征

一、社会保险基金监管的必要性

在社会保险基金筹集和运营的过程中，监管似乎一直处于较为重要的地位。尽管存在较大的争议，也一直饱受学界和实务界的质疑，但以《社会保险法》为主要法律依据的社会保险法律体系，仍然构建了一个系统的社会保险基金筹集阶段和运营阶段的粗放的监管体制。诚如上文所言，社

[①] 史际春："政府与市场关系的法治思考"，《中共中央党校学报》2014 年第 6 期。

会保险基金信托作为社会保险基金市场化运营的重要尝试，社会保险基金
信托运营所面临的风险不仅需要社会保险基金实际运营机构在正常的信托
运营中予以规避，在制度设计中也应当予以考量。立法者在制度设计时为
社会保险基金信托运营设计了良好的制度和规范依据，以便为实践中社会
保险基金信托的正常运行提供制度基础。相对于一般财产信托而言，社会
保险基金信托应当受到更为严格的监管，主要是由信托财产的社会保险基
金的特殊性以及其所面临的风险所决定的。

（一）社会保险基金的特殊性质

1. 社会保险基金属于公共财产

社会保险基金不同于一般的信托财产，社会保险基金由社会成员和用
人单位通过缴纳社会保险费的方式，再结合国家财政补贴的形式组成。其
中，针对不同的社会保险类型，各方负担的缴费比例各不相同。无论是从
社会保险基金的缴纳方式还是用途来讲，社会保险基金都是纳入社会保险
覆盖范围的社会成员的共同财产。就我国而言，工伤和生育保险劳动者个
人并不缴纳社会保险费，而在养老保险和医疗保险以及失业保险中，社会
保险费均由国家、用人单位和劳动者个人共同负担；劳动者履行了缴纳保
险费的义务后，其费用仅能构成社会保险基金的一部分，并不足以支付全
部社会保险待遇，用人单位和国家承担的责任，目的在于充实社会保险基
金，为社会保险基金支付社会保险待遇提供物质基础。因此，本质上社会
保险基金仍然来源于整个社会。[①] 同时，由于社会保险制度的目的是为了
实现纳入社会保险覆盖范围内的社会成员在年老、疾病、工伤、失业、生
育等情况下从国家和社会获取物质帮助的权利，因此，上述公共财产因为
其特殊目的而导致其不能由社会成员单独支配，其使用方式和用途均受到

① 黎建飞著：《劳动与社会保障法教程》，中国人民大学出版社 2013 年版，第 279—280 页。

此目的的限制。社会保险基金作为一项特殊的公共财产，其与一般的民商事信托相比，应当受到更为严格的监管，以保障上述公共财产不受侵害。

2. 社会保险基金是物质帮助权的载体

社会保险基金信托应当受到更为严格的监管，还因为其是由社会保险覆盖范围内的社会成员从国家和社会获取物质帮助权利的载体决定的。在社会保险制度的法理构建中，社会保险权理论一直是学界关注和研究的重要内容。[①] "社会保险权"的客体是指"社会保险权的诉求对象"，是"建立社会保险法律关系所要实现的保障内涵"[②]。在上述社会保险权的客体之中，既包括服务给付，也包括物质给付和现金给付。[③] 在不同的社会保险类型之中，上述各类不同的给付类型分别占有不同的比重。但是，无论是哪一类社会保险的客体，均需以一定的物质条件作为载体和支撑，而社会保险基金就是上述给付的物质载体和支撑。无论是服务给付和物质给付，其实现的前提均是国家通过财政支付的形式，购买了上述服务和物质。例如，在医疗保险中，国家通过财政支付的形式，购买了部分医疗服务，以实现纳入医疗保险覆盖范围内的人员的治病问题。上述服务和物质的购买成本，最终都要转化为由社会保险基金支付。而在现金给付形式中，社会保险基金更是通过直接支付的形式，实现《宪法》《劳动法》《社会保险法》中规定的公民从社会和国家获取物质帮助的权利。因此，无论学者是从物质帮助权，还是社会保险权的角度鉴定公民从国家和社会获取物质帮助的这一权利，社会保险基金作为不同给付类型的最终承担者，其是上述权利的物质载体。作为上述权利的载体，为了保障公民在年老、疾病、工伤、失业、生育等情况下能够从国家和社会获取物质帮助，社会保险基金对于安全、保值和增值的要求就不同于一般的民商事财产信托，对于风险的防

---

① 参见郑莹主编：《社会保险法制的理论重构与制度创新研究》，法律出版社 2013 年版，第 1—14 页。

② 李志明著：《社会保险权：理念、思辨与实践》，知识产权出版社 2012 年版，第 129 页。

③ 李志明著：《社会保险权：理念、思辨与实践》，知识产权出版社 2012 年版，第 130 页。

范和规避也提出了更高的要求。因此，社会保险基金信托不仅应当受到监管，其受到监管的程度应当比一般民商事财产信托更为严格。

3. 社会保险基金关涉社会公共利益

就公共利益的鉴定而言，学界存在较大的争议。[①] 学者认为，公共利益可以分为国家公共利益和社会公共利益，前者"应仅限于国家在整体上具有的政治利益、经济利益以及安全利益等"。[②] 国有企业的利益被排除在公共利益的范畴以外。而社会公共利益则包括两个层次，第一个层次是不特定第三人的利益；第二个层次是与基本法律相联系的私人利益，诸如身体健康、生命安全等。就社会保险基金而言，其属于纳入社会保险覆盖范围内的社会成员的公共财产，其牵涉的主体具有广泛性，可以包括在社会公共利益中第一层次的范围内。同时，社会保险基金作为社会成员从国家和社会获取物质帮助的权利的物质载体，其属于与基本法律相联系的私人的利益，即纳入社会保险覆盖范围内的社会成员的生存权利，保持健康的权利等。因此，社会保险基金从其性质和用途上讲，其属于公共利益中的社会公共利益的范畴。从国家建立和发展社会保险制度的角度而言，社会保险基金是社会保险制度得以建立和发展的前提条件，而社会保险制度能否良性运转，直接关系到整个社会的稳定，影响着每一个纳入社会保险覆盖范围内的社会成员的切身利益和从事生产和劳动的积极性，并进一步关系到国家的经济利益和国家安全利益。也有学者认为，现代社会的风险分为个人风险、团体风险和社会风险；社会风险，尤其是社会经济生活上的风险，其规模已经不是大多数个人能够承担的，因此必须借由社会保险制度加以解决。[③] 因此，社会保险基金作为社会保险制度的物质基础，其同

---

① 参见冯宪芬、王萍："从法学视角探析社会公共利益的研究现状"，《西安交通大学学报（社会科学版）》2011年第4期。胡建淼、邢益精："公共利益概念透析"，《法学》2004年第10期。

② 王利明主编：《民法》，中国人民大学出版社2008年版，第35页。

③ 钟秉正著：《社会保险法论》，三民书局2012年版，第118页。

时也关涉到作为公共利益的国家利益。

（二）社会保险基金信托所面临的风险

　　社会保险基金的投资运营本身即面临着一定的风险，而选择信托的方式进行投资运营，以实现社会保险基金的保值和增值，则社会保险基金信托在面临一般投资运营的风险以外，还要面临信托这一投资制度所要面临的特殊风险。就前者而言，主要包括道德风险，管理风险，政府主管部门政策变更的风险，市场风险等；而后者则包括道德风险、经济运行的市场风险等。社会保险基金信托比一般的社会保险基金运营管理方式面临着更大的市场经济风险，但又比一般民商事信托面临着更大的政策风险和道德风险。尽管社会保险基金一般运营管理所面临的风险与财产信托面临的风险之间不完全等同，但二者在一定程度上具有重合性，更多的差别体现在风险的高低。因此，在研究社会保险基金信托所面临的风险时，强行区分社会保险基金所面临的风险和一般民商事财产信托所面临的风险，分别对二者进行讨论似不能全面揭示社会保险基金信托所面临的风险，同时也有重复讨论的嫌疑。本文拟不按照既有体系区分二者，综合进行讨论，同时指出二者在不同程度的差别。

　　1. 政策风险

　　与一般民商事财产信托不同，社会保险基金信托更多地受到有权部门政策的影响。在《社会保险法》中，不仅存在着大量的立法空白之处，诸如社会救助等问题，并未进行详尽的规定；而且还存在大量的授权性规范，国务院社会保险行政部门具有极大的权力，可以在《社会保险法》的授权范围内制定相应的社会保险政策。而《社会保险法》第3条规定的社会保险应当适应经济发展水平的要求无疑为社会保险行政部门变更政策提供了规范基础和理论支撑。在社会保险基金信托运营管理的过程中，由于前文所述，社会保险基金具有一定的政策性，其设立的目的和运行或多或少都受到行政力量的干预。因此，由社会保险基金作为信托财产的社会保险基金信托也容易受到政策变化的影响。另外，就现实情况来看，我国目前的市场经济制度尚不完善，政策类风险远远要比完全的市场经济制度下的社会保险基金信托要高很多。无论是对特殊人群的利益的照顾，还是投资的范围等，都容易受到政策的影响，从而导致社会保险基金信托的畸形运营，最终造成社会保险基金的损失。

2. 经济风险

市场经济作为现代社会经济形态的主要运行状态，其重要的特征便是发挥市场主体在现代市场资源配置中的基础性作用，减少不必要的行政干预，实现私法自治。在市场经济中，由于市场主体的自发性以及交易信息掌握程度的差异，市场主体在作出决策时容易受到外界因素的干扰，无法作出最有利的决定。同时，由于市场主体的自利性，社会保险基金关涉社会公共利益的特征在市场经济中处于较为弱势的状态，否则便不能实现社会保险基金在公开市场上的投资运营。依据经济学的一般理论，投资运营的回报与风险之间存在正相关的关系，社会保险基金的信托运营，固然可以通过信托产品的设计和选择，以及投资方式的选择，尽最大可能地规避经济风险。但是，现代社会属于风险社会，任何人都不可能完全规避掉经济风险。诸如政府部门的经济政策的调整，央行利率的变化，经济发展本身所带来的通货膨胀和通货紧缩等，都可能使得以货币形式呈现的社会保险基金遭受损失。

就社会保险基金信托而言，其缺乏如同一般民商事信托所具有的抗风险能力。例如，正常的经济波动所带来的收益受损，不会对一般民商事信托造成太大的影响，而对于社会保险基金信托而言，由于社会保险制度的特殊性质，作为社会保险制度物质基础的社会保险基金一旦遭受损失，可能会对整个社会保险制度造成难以估量的影响，甚至可能使得整个社会保险制度处于崩溃状态。社会保险基金信托中对于信托收益的投资回报率问题，以及信托收益的支付等问题，均有不同于一般民商事财产信托之处。因受托人违约不能按时支付社会保险信托收益的，对于一般民商事信托而言，收益人一般不会因此而处于威胁生存的地位，但对于社会保险基金信托的受益人而言，其极有可能因为受托人的违约而处于生存条件受到影响的危险境况。因此，一旦社会保险基金进行信托投资和运营，经济风险便成为其所面临的重要风险之一。

3. 道德风险

除了上述风险以外，社会保险基金信托还面临着道德风险。在社会保险基金筹集和支付过程中，社会保险基金的给付面临着道德风险。例如，通过伪造医疗单据的形式虚报、谎报医疗费用以骗取社会保险基金给付；伪造身份证明等文件骗取社会保险基金给付领取资格等问题。本质上而言，上述风险并非社会保险基金信托运营所独有，在一般社会保险基金投资运营、给付过程中均存在。但对社会保险基金实施信托运营，上述问题并不会因此而有所改观，相反，其可能因为受托人对社会保险覆盖人员的信息掌握得不足而更为严重，各地甚至出现谎报人数，由已过世的人领取养老保险金的现象[1]。另外，受托人的道德风险也应当引起重视，一方面上述风险是由于受托人的资质和素质所决定的，但另一方面，上述道德风险也与受托人地位的设定和义务的配置之间存在关系。从某种程度上讲，受托人与委托人之间的信息不对称成为引发受托人道德风险的主要因素，特别是对受托人对信托目的的遵循往往难以判断，而受益人与受托人之间不存在合同关系，受益人对受托人行为的监督往往成为空谈。[2]

社会保险基金的特殊性质和社会保险基金信托所面临的风险使得完善的社会保险基金信托监管制度和体系成为社会保险信托能够得以实现的前

---

[1] 参见栗燕杰："中国社会保险法律服务体系的现状、评估与建议"，载《中国社会保障发展报告 2014：社会保障与社会服务》，王延中主编，社会科学文献出版社 2014 年版，第 104 页。

[2] 参见赵磊："信托受托人的角色定位及其制度实现"，《中国法学》2013 年第 4 期。

提条件，社会保险基金的特殊性质及其较低的抗风险能力使得社会保险基金信托与一般的民商事信托相比，应当受到更为严格的监管。

二、社会保险基金信托监管的特征

（一）社会保险基金信托监管具有技术性

社会保险基金信托监管体系的构建，混合了社会保险基金管理和信托这一投资工具的特征。在社会保险基金的筹集和管理过程中，由于涉及费率设置、基数计算等大量有关统计学，保险精算方面的工作，社会保险基金的筹集过程本身就具有很强的技术性。而在社会保险基金的管理和运营过程中，营利性的要求以及市场经济对市场主体的专业知识和判断能力的要求，都具有技术性特征。而在信托投资运营中，受托人对风险的调查、判断和管理，以及对营利性的要求等均具有很强的技术性。因此，在社会保险基金信托监管中，单纯的行政管理式的监督管理模式很难适应社会保险基金信托监管的需要。因此，在社会保险基金信托监管的制度构建中，必须将技术性因素考量在内，通过监管机构的设置，监管人员构成的安排等手段，保障社会保险基金信托监管的技术，防止出现"外行监管内行"，"外行领导内行"等现象的出现。

（二）社会保险基金监管具有经济性

社会保险基金投资运营的重要目标即在保障社会保险基金安全的前提下，实现社会保险基金的保值和增值，作为投资运营手段之一的社会保险基金信托投资运营自然也不例外。在社会保险基金监管中，如何实现社会保险基金信托的保值和增值是监管的重要目标之一，社会保险基金在公开市场上进行信托投资运营，将社会保险基金纳入整个经济发展体系之中，具有浓厚的经济性特征。社会保险基金信托监管也不例外，社会保险基金信托监管也应当充分尊重经济规律，通过采用公开市场上的经济手段，实现对社会保险基金信托运营的监督和管理。只有在必要的时候，才能通过行政管理手段实现对社会保险基金信托监督和管理的目的。

（三）社会保险基金信托监管涉及多层次多领域

社会保险基金管理，既涉及社会保险基金的筹集，也涉及社会保险基金的投资运营问题。在社会保险基金信托中，尽管并不涉及社会保险基金的筹集部分，但是对于社会保险基金信托的委托人的行为，受托人的行为以及受益人的行为等多个层次均需要进行监管。同时，对于本身属于社会保险制度的范畴的受益人的资格问题，社会保险待遇的给付问题，以及属于信托范畴的受托人的确定问题，受托人行为的规制问题，受益人的受益权的保护问题等诸多领域均应受到有效的监管。因此，社会保险基金信托监管是多层次、多领域的监管，其监管的内容十分庞杂，这样就引起了学界对社会保险基金信托监管体系和模式的争议，但不管选择哪种监管模式，社会保险基金监管的多层次性和跨多个领域的特征都将使得社会保险基金信托的监管机制在制度构建时必须在制度设计和人员配置上更具丰富性。

第二节　我国社会保险基金监管的基本目标与原则

社会保险基金信托的根本目的，是在保障社会保险基金安全的前提下，尽最大可能地实现社会保险基金的保值和增值，保障社会成员从国家和社会获取物质帮助的权利的物质基础，保障社会成员基本生存的权利。社会性成为了《社会保险法》的基本特征之一。[①] 社会保险基金信托监管

---

① 余明勤：《社会保险法制研究》，中国人事出版社 2004 年版，第 29 页。

的目的，从根本上讲，与社会保险基金信托之间存在重合性，即社会保险基金信托监管的目的，最终都是为了在保障社会保险基金安全的前提下，实现社会保险基金的保值和增值的目标。但是，社会保险基金信托监督机制作为社会保险制度的一个环节，也有其自身所独特的目标。其中，维护社会经济秩序的稳定和保障整个社会保险基金信托的安全运营，即是社会保险基金信托的基本目标。

一、社会保险基金信托监管的基本目标

（一）安全目标

诚如前文所述，社会保险基金属于全体社会成员的公共财产，其是社会保险制度得以建立和运转的物质载体，社会保险基金同时关涉到国家利益和社会公共利益，社会保险基金的重要性不言而喻。就社会保险制度而言，社会保险基金维系着参与社会保险的人员的基本生存，是社会保险参保人员的"救命钱"和"养命钱"，社会保险基金一旦遭受损失，不仅会使得整个社会保险制度从根本上发生动摇，还会造成整个社会的不稳定，降低政府部门的公信力，增加政府部门施政的成本。同时，对社会保险制度的不信任还会造成公众自身的压力，并给用人单位带来难以估量的用人风险。因此，对于社会保险基金而言，筹集过程完成之后，社会保险基金的安全即成为后续管理和投资运营等一系列程序的首要目标。而作为社会保险基金投资运营的一环，社会保险基金信托也应当以社会保险基金安全为首要目标。社会保险基金信托的根本目的，就是维护社会保险基金的安全，保障社会保险参保人员获得正常给付，保障其生存的基本权利。保障社会保险基金的安全，是包括社会保险基金信托投资、运营在内的所有社会保险基金运营管理最首要的目标。为了实现社会保险基金安全的目标，就必须加强对社会保险基金信托的监管。在社会保险基金信托的设立、运

营等过程中，都需要以安全优先，实现对风险的控制，避免社会保险基金因为采取了信托运营的方式而遭遇风险。作为特殊的财产类型，社会保险基金具有比一般财产更高的财产安全性的追求。因此，社会保险基金信托的监管，对于社会保险基金可参与投资的信托产品的种类，信托产品选择的决策程序，受托人的审慎义务等诸多内容都必须进行严格的监管。

（二）保值增值目标

在社会保险基金的运营管理中，实现社会保险基金的保值和增值是除了安全目标之外最为核心的目标。由于社会经济的发展，通货膨胀和货币贬值等因素将不可避免地导致社会保险基金的绝对值受到社会经济发展的影响。因此，要维持社会保险基金的绝对值，保障社会保险制度的正常运行，实现社会保险基金的保值和增值就成为在保障社会保险基金安全以外最为重要的目标。社会保险基金的保值和增值包含两个方面的内容，一是保证劳动者在领取社会保险基金待遇时，劳动者的实际所得应当与社会经济发展水平和社会成员的收入水平保持一致，亦即劳动者实际领取社会保险待遇的保值和增值的问题。二是对于闲置的社会保险基金，如何通过投资手段，保持其与社会经济发展水平相适应，并能满足社会保险参保人员请求支付社会保险待遇的需求的问题，亦即闲置社会保险基金的保值和增值的问题。从社会保险基金管理的角度而言，后者呈现更为重要的地位。[①]因此，社会保险基金管理的次要目标即为实现闲置社会保险基金的保值和增值，需要充分利用市场经济的运行规律，扩大社会保险基金的投资范围，利用多种渠道获取更大的收益。但是上述保值和增值的目标对社会保险基金投资范围和手段的影响也会给社会保险基金带来难以预料的风险。因此在社会保险基金信托中，为了实现社会保险基金保值和增值的目的，

---

① 黎建飞著：《劳动与社会保障法教程》，中国人民大学出版社 2013 年版，第 280 页。

必须加强对于社会保险基金信托全过程的监管工作。

（三）维护经济稳定和安全

社会保险基金的投资运营，对于整个社会经济而言，由于其盘活了大量闲置资金，为社会经济发展提供了较大的资金来源，有利于促进整个社会经济的发展。但是，从以往的经验来看，大量闲置资金涌入市场中，会对现有的市场格局造成较大地冲击。因此，社会保险基金信托的监管，在保持社会保险基金安全、保值和增值的前提下，还应当恪守经济规律，严格遵守市场经济法治的要求，避免因社会保险基金进入资本市场而给社会、经济带来负面的影响。

（四）保障社会保险基金信托的正常运营

社会保险基金信托监管的具体目标之一，就是保证社会保险基金信托能够安全、稳定的运营。尽管肩负着保证社会保险基金安全、保值和增值的目标，但是，上述目标的实现，均以社会保险基金信托能够安全、有效的运行为前提，只有社会保险基金信托能够有效地运行，才能将社会保险基金投入公开市场中，才能在具体的投资行为中实现社会保险基金保值和增值的目标。因此，社会保险基金信托监管的具体目标，便是保障社会保险基金信托的安全、有效运营。

二、社会保险基金信托监管的基本原则

为了实现社会保险基金信托监管的目标，如何构建社会保险基金信托监管机制成为不可回避的话题。在社会保险基金信托监管制度的构建中，必须明确监管制度构建中的基本原则，为监管制度的构建提供思路上的指引。

（一）分散监管与集中监管相结合原则

与社会保险基金的监管模式一致，我国社会保险基金信托监管也应当在设置主要监管机构的前提下，发挥其他有权机关和社会团体、人民群众的监管作用。诚如前文所述，社会保险基金信托涉及传统意义上社会保险基金的管理部分，同时又涉及信托这一投资工具部分，内容庞杂，横跨多个领域。集中监管，可以使社会保险基金信托监管权限统一，避免政出多门，大大提高了监管的效率。但是，由于社会保险基金信托涉及多个层次和多个领域，专门的监管机构包揽全部的监管工作，不仅会造成部门之间的隔阂，而且也不利于整个行政管理部门之间的信息共享和行政资源的有效利用。因此，针对社会保险基金信托所涉及的专门部分，可以依照其归属分别由具体的有权机关进行监管，例如，财政部对社会保险基金的使用部分的监管；央行对信托行为的监管；信托行业监管机构对受托人行为的监管；证监会对社会保险基金信托的投资行为的监管等。因此，社会保险基金信托监管应当坚持分散监管与集中监管相结合的原则，在主要的监管机构以外，明确其他分散监管机构的职责。

（二）审慎监管原则

社会保险基金信托运营，从信托的角度而言，本质上属于私法规范的范畴，只是因为作为信托财产的社会保险基金的特殊性质，才导致社会保险基金信托具有一定程度的社会性，并进而受到严格的监督和管理。但是，社会保险基金信托的监管应当恪守审慎监管原则，对于社会保险基金信托受托人日常经营行为一般不予干预，仅在当事人请求或者出现对社会保险基金本身有较大损害的行为时，有权机构方可采取措施，对当事人的行为予以制止，或者责令当事人整改并采取相应的行政处罚措施或者启动刑事责任追究程序。[1] 审慎监管原则是社会保险基金信托以私法属性为主导，兼具社会法属性的特征的体现。审慎监管原则虽然对有权监管机构的监管行为进行了限制，但其本意仍然是保障社会保险基金信托的当事人能够在市场法治的框架之内，以自己的智识和理性，自主决定自己的投资和运营社会保险基金的行为。因此，审慎监管原则并不意味着监管主体的被动监管；相反，有权监管主体应当制定或者依照相应的法律法规，如《社会保险法》《合同法》《证券法》《信托法》等规范的内涵，采取事后审计，要求社会保险基金信托当事人提供社会保险基金信托运营材料等方式，对当事人的行为予以有效的监管。

（三）权责统一原则

社会保险基金信托的监管，并不仅仅是有权机构或者社会团体的权力，还是社会保险基金信托的监管机构的职责所在，特别是在以行政机关作为社会保险基金信托监管的有权机构时，权责相统一的原则成为监管机构实施监管行为的一般原则。在行政法上，权责统一成为行政法构建的重要基础，权责一致是权力与责任关系的应然描述。[2] 社会保险基金信托的监管机构在实施监管行为时，也要严格遵守市场法治的要求，依照既定的程序和规定对社会保险基金信托进行监管，例如，社会保险基金信托监管人不得违规干预受托人的投资选择，不得代替受托人决定信托产品选择等；同时，社会保险基金信托的监管人为了实现有效监管，必然会对社会保险基金信托的全过程的信息有充分的了解和掌握，其中，受托人的商业信息也将被社会保险基金信托的监管人取得，此时，社会保险基金信托的有权监管机构应当严格保守上述商业秘密，一旦泄露，即应当承担相应的侵权

---

[1] 参见冯果、李安安：“滥用与规制：我国社保基金的监管缺失及其补救”，《当代法学》2007 年第 4 期。

[2] 参见麻宝斌、郭蕊：“权责一致与权责背засти：在理论与现实之间”，《政治学研究》2010 年第 1 期；关保英："权责对等的行政法控制研究"，《政治与法律》2002 年第 3 期。

责任。因此，权责统一是对社会保险基金信托监管人的约束机制，以保障监管行为本身能够符合法律法规的规定，避免因违法、违规的监管行为给社会保险基金信托的当事人带来损害。

（四）程序性监管与实体性监管结合的原则

社会保险基金信托涉及多层次、多领域的问题，社会保险制度本身和信托制度的结合使得上述各层次、各领域的问题具有完全不同的特点，例如，社会保险基金信托受益人的确定问题与受托人的信托投资产品的选择问题，对于社会保险基金信托的当事人而言，应当采取完全不同的监管原则。在社会保险基金信托中，应当赋予当事人意思自治范畴内的事项，社会保险基金信托监管的监管人应当采取程序性监管为主，实体性监管为辅的原则。例如，受托人在选择信托产品时，只要符合信托合同的约定和法律、法规的规定，社会保险基金信托的监管机构即不应当干预受托人的行为。而对于受托人是否严格履行了审慎义务，则应当结合受托人的行为和信托合同的约定，法律法规的规定以及经济运行的实际情况进行判断，此时，社会保险基金信托监管机构实施的便是实体性监管。对于社会保险基金信托中不属于当事人纯粹意思自治事项范畴的，应当坚持实体性监管的原则。例如，社会保险基金信托的受益人的确定问题，受益人受益权的满足等问题，社会保险基金信托监管机构应当按照实体性监管原则，对受益人资格以及受益人受益权的实现问题进行实质性的审查和监管，以保障整个社会保险制度的运行和纳入社会保险覆盖范围内的社会成员的合法权利。

（五）经济监管与行政监管相结合的原则

社会保险基金信托的运营，本质上属于公开市场中的经济行为，与传统的社会保险基金的筹集过程不同，后者因为是国家强制实施，具有浓厚的行政色彩。而社会保险基金信托作为信托投资的一种类型，本质上属于私法自治的范畴，受托人在公开市场上进行信托产品的设计和选择的过程中，享有较为完整的意思自由。同时，社会保险基金信托的当事人的行为，尤其是受托人的行为，属于市场上一般的经济行为，对于市场交易的第三人而言，基于对当事人的信任产生了值得保护的信赖利益。在社会保险基金信托的监管中，有权机构如果仍然按照一般的监管方式，采取公法色彩强烈的行政手段对当事人的行为进行干预的，则既违背了市场经济的一般规律，也不符合市场经济法治的要求。同时，公法色彩强烈的行政干预手段由于缺乏可预见性，可能会为市场中的交易第三人带来难以预见的风险，从而影响到交易安全和善意第三人的合法权益，不利于社会保险基金信托的正常运行。相反，社会保险基金的监管机构在法律允许的框架内，采取经济手段对当事人的行为予以调整的，不仅有充足的法律依据，也更符合市场经济的运行规律和市场法制的要求。例如，通过税率的调整，甚至是税收优惠政策，可以引导社会保险基金信托的受托人选择更为有利于维护社会保险基金安全，实现社会保险基金保值和增值的投资领域。同时，还可以通过制定相应的经济政策，引导社会保险基金向涉及社会民生的领域进行投资，既能满足社会保险基金信托的投资的需求，又能为社会经济的发展作出贡献。

第三节　社会保险基金信托监管的体系架构

社会保险基金信托，本质上是社会保险制度与信托制度的结合，在上述二者的原有法律框架之内，当事人的行为各自受到相应的有权监管机构或个人的监管，例如社会保险行政部门以及证券业监督管理委员会等。但是，在社会保险基金信托法律关系中，信托这一投资工具仅仅是社会保险基金管理和投资运营的手段之一，因此，社会保险制度下的监管机构对社会保险基金信托具有当然的监管权力。但是，在《信托法》体系下，尽管社会保险基金具有公共财产、涉及公共利益，属于社会保险制度的物质载体和基础等特殊性质，但本质上其仍然是信托的一种类型，对信托具有一般监管权限的机构和个人似乎都具有监督和管理社会保险基金信托的权限。上述二者之间如何协调，即成为构建社会保险基金信托监管体系过程中不可回避的问题。同时，在传统的社会保险制度下，社会保险监督制度并非十分完美，相反，其还为学界和社会保险实务界所诟病。在信托制度之中也是如此。因此，要想构建体系清晰，内容完整的社会保险基金信托的监管制度，必须首先对传统的属于社会保险制度领域和信托领域的监管制度进行清理和分析。

一、现行社会保险基金监管体系

（一）社会保险基金监管体系概述

目前，我国社会保险的监督机制虽然未能达到令人满意的程度，但也已经构建了多层次、多主体的监管体系。[1] 包括以人民代表大会常务委员会为主体的权力机关监督机制[2]；以社会保险行政部门为主体的行政监督机制[3]；财政部门、审计部门的行政监督机制[4]；社会保险监督委员会的监督

---

[1] 栗燕杰："中国社会保险法律服务体系的现状、评估与建议"，载《中国社会保障发展报告 2014：社会保障与社会服务》，王延中主编，社会科学文献出版社 2014 年版，第 103 页。

[2] 参见《中华人民共和国社会保险法》第 76 条。

[3] 参见《中华人民共和国社会保险法》第 77 条。

[4] 参见《中华人民共和国社会保险法》第 78 条。参见财政部、劳动和社会保障部：《全国社会保障基金投资管理暂行办法》第 5 条："财政部会同劳动和社会保障部拟订社保基金管理运作的有关政策，对社保基金的投资运作和托管情况进行监督。中国证券监督管理委员会（以下简称中国证监会）和中国人民银行按照各自的职权对社保基金投资管理人和托管人的经营活动进行监督。"

机制^①；社会公众享有的投诉、举报等社会监督机制以及通过行政诉讼以及刑事诉讼制度形成的诉讼监督机制。^②从上述监督机制的内容来看，我国社会保险制度在监督机制的构建上呈现出较为综合的特征，既有专门的监督机构如社会保险监督委员会，又有因传统职责所在而进行的监督，如财政部，人大常委会。同时，上述监督体系还结合了权力机关，行政机关和司法机关三大体系，将国家政治生活中的三大权力系统均纳入社会保险监督机构中。另外，社会保险监督机构还保持了对社会一般大众的开放性，即在社会保险监督委员会中为社会保险覆盖范围的社会成员进入监督机构保留了通道，又赋予了社会公众的一般性的社会监督权限。

（二）社会保险监督机制的缺陷

虽然从一般意义上讲，我国社会保险监督体系构建了一个整体上较为完整的监督体系。但是，诚如学者所言，我国社会保险监督机制在体系上虽然对不同的监督主体进行了层次划分，但是上述主体之间的权限边界等问题仍然突出；同时，不同层次的监督主体之间的监督措施各不相同，《社会保险法》及其相关法律虽然对某类监督机构的措施进行了规定，但各个监管主体之间的措施之间的关系仍然难以明确，重复处置或者相互推诿的现象都有存在。因此，尽管学界立法者在《社会保险法》等法律法规之中对社会保险监督机制进行了理想式的制度构建，但我国社会保险监督机制仍然存在较大缺陷。

1. 社会保险统筹层次较低，监督机构权限不足

在我国现行社会保险体制中，社会保险实行县级以上地方人民政府统筹本行政区域内的社会保险管理合作形式，将社会保险统筹工作放到了

---

① 参见《中华人民共和国社会保险法》第 80 条。

② 栗燕杰："中国社会保险法律服务体系的现状、评估与建议"，载《中国社会保障发展报告 2014：社会保障与社会服务》，王延中主编，社会科学文献出版社 2014 年版，第 103 页。

县一级人民政府。但是，从现实的角度考虑，上述制度设计虽然是基于全国各地经济发展水平的差异，县一级人民政府统筹管理有利于实现社会保险水平与经济发展水平相一致的目标，但是，各个地方分别统筹所带来的负面效应难以得到控制，特别是地方利益严重干扰社会保险正常运营。同时，由于分散统筹，且统筹层级较低，在实施监管时，有权监管机构很难获取完整的社会保险运营的全部信息，有权监管机构的有效监管建立在充分掌握社会保险信息的基础之上，第一手材料的缺乏使得监管难以实现[1]。同时，由于现行体制之下，有权监管机构与社会保险的统筹呈现行政层级一致的原则，在有权的社会保险监管机构实施监督行为时，很难避免因为所属行政层级的问题而难以对侵害社会保险基金的行为实施有效的监管，不同地域和层级的监管机构之间的协调又产生了额外的成本，监管的效率性和有效性均难以保障。

2. 监管法律依据不明确，层次混乱

在社会保险监督机制中，《社会保险法》成为社会保险监督机制构建的主要法律依据，但是在《社会保险法》中，除了原则性的规定社会保险监督主体以外，对于上述社会保险监督之间的关系问题，社会保险不同监督主体之间的关系等问题，均未进行较为细致的规定。在《全国社会保障基金投资管理暂行办法》中，财政部、劳动和社会保障部分别规定了财政部和社会保障部以及中国证监会和中国银监会的监督管理权力[2]。但是，对于上述权限的具体边界和行使主体以及监管的后果等，也并未给出规定。为了弥补上述基本法律对监管问题规定的不足，各地相继制定了地方性的监管法规和规章，不同规章之间对社会保险监管机构的权限和依据进行了不同程度的具体化。但是，上述问题仍然未能得以解决。概括式的规定不

---

[1] 李春根、朱国庆："我国社会保障基金监管体系：问题与重构"，《社会保障研究》2009 年第 3 期。

[2] 参见财政部、劳动和社会保障部：《全国社会保障基金投资管理暂行办法》。

能满足针对具体社会保险管理和投资运营行为的监管需求。

3. 监管措施缺乏，难以形成有效的监管

监管措施的不明确是社会保险监管机构在实施监管行为时面临的重大难题。在社会保险运营的过程中，当社会保险监管机构发现违法犯罪行为时，及时有效的监管措施是保护社会保险基金安全的重要手段，甚至是主要的手段。但是，由于《社会保险法》并未对社会保险监管机构的具体监管措施进行规定，导致社会保险监管机构难以实施有效的监管。例如，针对社会保险监督委员会而言，依据《社会保险法》第80条的规定，其仅享有审计和公开审计结果的权力，提出意见和建议的权力，向有关部门提出处理建议的权力。但是，对于有效的监管而言，上述行为并不能满足需求。特别是在社会保险的具体运营过程中，行为人侵害社会保险基金的行为往往随时发生并持续发生，社会保险监督委员会发现上述行为后，并不能及时制止上述行为，而仅仅能向相关部门进行建议，实际上延误及时处理违法行为的时机，导致社会保险基金遭受进一步的损害。另外，对于社会一般公众的监督行为，除了申诉和举报以外，社会公众并不享有更为有效和具体的监管措施，由于社会保险制度本身的技术性和经济性特征，一般社会公众的监管实际上难以发挥作用。同时，在监管措施中，《社会保险法》对行政监管措施进行了规定，但是对于实际上更符合市场规律的经济监管的措施，《社会保险法》并未予以明确，监管措施中过分依赖行政监管，而缺乏相应的其他监管措施，包括经济监管措施。

4. 监管机构定位不准确，监管权限分散

对于社会保险监管而言，监管机构定位不准确，成为社会保险监管难以实施的又一重要原因。在社会保险制度中，社会保险经办机构负责社会保险登记，个人权益记录以及社会保险待遇的支付等问题，而社会保险经办机构和社会保险行政部门之间存在利益关联。从二者的行政序列来看，二者本身同时属于劳动与社会保障部的行政序列，二者之间存在天然的利益关联，社会保障行政部门自己监管自己的模式很难保障监管能够有效地实施。同时，社会保险经办机构定位不准确，社会保险经办机构往往第一时间发现社会保险运营过程的违法犯罪行为，但是，由于其不是监管机构，缺乏相应的处理权限，对于社会保险运营过程中的违法犯罪行为，其仅能借助公安机关等外部力量进行处理，导致时间成本和处理违法犯罪成本上升。[①] 同时，现行监管体制之下，多个监管机构之间分别分享了监管的权限，导致社会保险监管权限处于分散状态，各个社会保险监督机构之间容易出现利益冲突现象，导致有利于各自部门利益的行为抢着管，不利于本部门利益的相互推诿的局面，使得社会保险监督制度成为一纸空文。

二、现行《信托法》的监管体系

从我国信托监管体系的发展历程来看，从最初的人民银行体制之下的央行的监管体制，到《证券法》确立分业经营、分业监管之后短暂的中国人民银行监管时段，再到《银行业监督管理办法》第 2 条[②] 确立的中国银行业监督管理委员会的监督管理阶段，我国信托监管的发展可谓一波三折，但最终进入了较为完善的阶段。除了上述政府部门的监管以外，同时，2005 年由各个信托公司共同发起成立的中国信托业协会成为信托行业的行业组织，因此，信托行业还实行行业自律的形式，由信托业协会对信托行业进行监管。尽管信托监管呈现出政府部门监管与行业自律相结合的形式，似乎很好地实现了公权力监管与行业自治之间的平衡，但是，信托监管仍然存在着诸多问题。

---

① 参见"中国信托业协会简介"，http://www.xtxh.net/xtxh/aboutus/index.htm，最后访问时间 2015 年 7 月 8 日。

② 参见《中华人民共和国银行业监督管理办法》第 2 条第 3 款有关参照适用的规定。

（一）政府监管组织层级较低，监管能力不足

从现行监管体制来看，信托的政府监管部门定位在中国银行业监督管理委员会，但是，从中国银行业监督管理委员会组成来看，信托监管主要由改革以后的信托部承担[1]，但是，作为四大金融支柱产业之一的信托仅从属于中国银行业监督管理委员会下属的司局管理，其行政层级相对于其他行业较低，因此，信托部在对信托行业实施监督和管理时，无论是监管能力还是从人员配置上，似乎均不能满足信托行业发展的需求。

（二）行业自律能力不足，行业组织缺乏明确定位

与社会保险监督体制不同，信托行业的发展离不开行业组织的推动。中国信托业协会作为行业组织，不仅要为信托行业的发展创造有利的外部环境，还要对信托行业内部的发展实施监督和管理，促进行业自律。[2] 但是从中国信托业协会的成立情况和章程的内容来看，中国信托业协会仅对依法成立的，承诺加入协会、遵守章程的单位会员或者个人会员具有约束力，其行业自律的范围有限。同时，从该协会章程的内容来看，其实施有效处罚的前提是会员的行为"违反信托业协会章程、自律公约、管理制度等致使行业利益受损"，因此，"行业利益受损"成为中国信托业协会实施监管行为的实质性判断标准。会员行为侵害了他人利益但不足以给行业造成损失的，中国信托业协会并不会给予有效的处罚；同时，"行业利益受损"本身即为弹性的判断标准，有权判断机构的判断成为是否处罚的重要依据。弹性判断标准缺乏可预见性，使得中国信托业协会的处罚措施处于不稳定状态，行业协会的有效监管难以实现。

---

① 参见中国银行业监督管理委员会网站，http://www.cbrc.gov.cn/index.html，最后访问时间2015年7月8日。
② 参见"中国信托业协会章程"，http://www.xtxh.net/xtxh/constitution/index.htm，最后访问时间2015年7月8日。

（三）监管措施不足，难以实施有效的监管

从《银行业监督管理法》以及《中国信托业协会章程》的内容来看，无论是政府部门的监管，还是行业组织的自律性监管，均缺乏必要的措施。首先，就银行业监督管理委员会而言，尽管其享有查阅材料的权力[①]，现场检查的权力[②]，责令披露信息和行为禁止等权力，但是，由于机构设置的问题和对人员组成的考虑，银监会能否完全实施上述监督行为值得怀疑。实际上，银监会的监督行为主要集中在行业准入和规章制定之上，对于信托在实践中的运行而言，其缺乏有效的监管措施。而对于行业协会而言，该行业协会的章程第 5 条到第 9 条规定的行业协会的监管权力和职责从其内容来看，除了极其有限地依据行业协会章程和相关的法律法规进行处理以外，其更为重要的义务是将信托行业的违法行为报告银监会，由银监会进行处理。因此，从本质上而言，中国信托业协会尚未被赋予实质性监管的权限，仅仅作为一个松散的行业组织，对行业内部的违法、违规行为缺乏必要的监管措施，难以实现有效的行业监管。

对于学界争议的信托监察人制度，我国《信托法》第 64 条规定了公益信托的信托监察人问题，但是对于其他类型的信托，则尚未有规定。我国台湾地区则设立有信托监察制度，依据我国台湾地区"信托法"第五章"信托监察人"的规定，在"受益人不特定、尚不存在或者其他为保护受益人之利益认有必要时"，且信托本身并未规定信托监察人选任方式时，法院可以依据利害关系人或者检察官的申请，指定一人或者数人作为信托的监察人。受益人不特定，也主要是指公益信托的情形[③]。因此，信托监察人在我国立法上并未成为一般性的监督机构。

---

① 参见《中华人民共和国银行业监督管理办法》第 33 条。
② 参见《中华人民共和国银行业监督管理办法》第 34 条。
③ 我国台湾地区"法务部"：《信托法令解释及裁判要旨汇编》，2007 年版，第 407 页。

三、社会保险基金信托监管体系构建

经过对上述现行社会保险体系和信托法体系之下监管制度的回溯，上述两个监管体系之间尽管各自均有一定的合理性，但都未能达到令学界和社会保险、信托实务界满意的程度。社会保险基金信托监管体系的构建一方面需要回溯和尊重既有的制度设计，另一方面也要明确社会保险基金信托的监管需求，在既有的制度设计上，结合社会保险基金信托中信托财产的特殊性质和社会保险基金信托的特殊目标，构建社会保险基金信托的监管体系。

（一）社会保险监督委员会集中行使监督权力

在《社会保险法》中，规定了多个层次的监督管理机制，包括权力机关监督，行政机关监督，司法机关监督，社会公众的社会监督等。但是，笔者认为，权力机关监督属于权力机关本身的权限范围，也是法治国家原则的体现。尤其是其采取的针对社会保险预决算的审议形式，对于社会保险基金信托而言，虽然在根本上发挥作用，但并不是专门的监督形式。同样，对于司法机关而言，司法作为正义的最后一道关口，尤其决定行为的最终结果，本质上也是法治国家之下权力分离的结果。但是，司法监督的作用十分有限。首先，在司法监督中，司法的被动性决定了并非所有的违法行为均能进入司法监督阶段，因此，一些隐藏的侵害社会保险基金的行为，或者不够进入司法阶段标准的行为，便不能受到有效的监督。其次，司法监督的被动性决定其监督时间的滞后性，而在社会保险基金信托中，由于市场经济处于变化之中，交易机会稍纵即逝；同时，对于社会保险基金的侵害也可能需要其他机关的配合才能制止。因此，从本质上而言，司法监督并不能实现对社会保险基金信托的保障。实际上，以往社会保险监督体系之下的分散监督模式泛化了监督的内涵，将权力机关、司法机关等各个机构的行为都列入社会保险的监督体系中，看似体系完整，实际上难以发挥作用。由社会保险监督委员会集中行使监督权力，可以避免社会保险监督权力过于分散。

社会保险监督委员会集中行使社会保险基金信托的监督权力，有其合理之处。首先，社会保险监督委员会是《社会保险法》规定的社会保险的监督机构，其针对社会保险的筹集、管理全过程均享有监督和管理的权限。其次，就社会保险基金信托的本质而言，信托属于私法自治的范畴，其对于监管需求并不十分强烈。真正需要实质性监管的就是社会保险基金投资运营本身。因此，由社会保险的专门监督机构集中行使监督管理的权限，同时由信托行业的专门监督机构的监督作为补充，可以较好地满足私法自治的需求，同时也实现了对社会保险基金信托的有效监管。最后，从社会保险监督委员会的组成来看，其具有中立性特征[1]；同时，通过人员的配置和外部审计的介入，也可以弥补其专业性和技术性不足的问题。

但是，社会保险监督委员会集中行使权力，还需要明确上述机构的地位和具体的权限。从学者的研究来看，对于社会保险监督委员会的定位还存在争议。[2] 从社会保险监督委员会组成来看，其属于社会监督，并不是行政监督的范畴，对于其权力来源，监督责任的归属以及有效的监督措施等问题，仍然存在争议。笔者认为，在社会保险监督体制中，行政监督固然是重要的手段，但是，由于前述社会保险经办机构与社会保险行政部门之间的天然的利益关联，行政监督的有效性值得怀疑。而社会保险监督委员会由于其天然的优势，似可以改造成为专门的社会保险监督机构，以实

---

[1] 参见《中华人民共和国社会保险法》第 80 条。

[2] 有学者认为，社会保险监督委员会属于专门的社会监督机构，参见林嘉："《社会保险法》的价值与创新"，《法学杂志》2011 年第 9 期。也有学者认为，社会保险监督委员会由县级以上人民政府成立，其属性仍然值得研究。

现决策的"科学性，透明度和民主性"[①]。而《社会保险法》以县级以上人民政府组织成立社会保险监督委员会的表述，则为社会保险监督委员会转变成专门的监督机构奠定了立法基础。对于社会保险监督委员会的监督措施而言，在厘清社会保险监督委员会的专门监督机构的地位以后，即可以通过立法的形式，赋予社会保险监督委员会对社会保险基金信托进行监督的具体措施，包括但不限于制止当事人的行为，撤销当事人的行为等。

（二）其他外部监督机构的补充作用

考虑到我国信用机制的不发达及受托人自律的有限理性、监管手段的有限性，我国社会保险基金信托监管可以采取内部监管为主，外部监管为辅的方式。社会保险基金信托的内部监管是社会保险基金信托正常运作的基础，也是受托人内部控制制度的有机部分。社会保险基金信托内部监管的建立健全，可以帮助社会保险基金信托的受托人更好地行使权利，履行义务，预防风险，并减少受托人内部或其委托的第三人（如保管人、证券交易服务商）发生道德风险或管理风险的可能。对于外部监管，应以金融监管部门与社会监管相结合为原则。

1. 金融监管机构的监督

根据我国目前金融业的分业经营、分业监管的模式，社会保险基金信托的监管，应由中国银监会对信托公司进行监管。具体分析如下：

（1）中国银行业监督管理委员会（以下简称中国银监会）

从我国信托业务的实践来看，商事信托自我国《信托法》颁布十年来，发展迅速。商事信托的受托人一般为信托公司。根据我国《银行业监督管理法》《信托公司管理办法》等相关法律的规定来看，目前我国是由中国银监会对信托公司及其业务活动实施监督管理。根据前述规定，信托公司

[①] 郑云瑞著：《社会保险法论》，北京大学出版社 2010 年版，第 65 页。

的设立及开展的一切业务，都要经过中国银监会的批准及监督管理。如果信托公司作为社会保险基金信托的受托人，根据信托公司的法律性质和我国相关法律的规定，自然也要接受中国银监会的监管。

（2）中国证券监督管理委员会（以下简称中国证监会）

从我国全国社保基金投资管理来看，根据《全国社会保障基金投资管理暂行办法》，基金管理公司可以成为全国社会保障基金的投资管理人。学界很多人认为基金关系本身就是一种信托关系，证券投资基金法与信托法是特别法与一般法的关系。但实际上，我国的"基金管理公司"是"证券投资基金管理公司"，而不是任何种类基金的管理公司。根据我国的《证券投资基金法》以及《证券投资基金管理公司管理办法》，中国证监会对基金管理公司具有监管权，包括批准基金管理公司的设立、变更、解散以及基金管理公司的业务范围。基金公司的地位决定了其不适宜作为社会保险基金信托的受托人，但可以作为代理人，代理受托人与第三方当事人之间的关系，例如基金公司担任社会保险基金信托的投资顾问等角色。

（3）中国保险监督管理委员会（以下简称中国保监会）

中国保监会虽然具有审批保险公司（包括保险代理公司、保险经纪公司、保险公估公司等保险中介机构及其分支机构）设立、审批有关社会公众利益的保险险种、依法实行强制保险的险种、依法监管保险公司的偿付能力和市场行为、负责保险保障基金的管理，监管保险保证金、对政策性保险和强制保险进行业务监管等权力，但是，由于社会保险与商业保险的价值理念、目标、功能等均存在着差别，因此，中国保监会尽管依法对保险公司的资金运用有监管权，包括补充养老保险基金的运作有监管权，但是不宜成为社会保险基金信托的监督主体。

2. 社会的监督

社会监督是一种非官方，非专业性的监督，它来自全体社会成员对社会保险基金的关注而不具有法律强制性。社会监督既包括社会成员、社会团体、社会组织的监督，还包括新闻媒体的监督。由于社会保险基金的管理涉及整个社会公共福祉的实现，因此，包括缴费人在内的所有社会成员，而不限于社会保险基金信托的受益人，均可以作为社会保险基金信托的社会监督主体。需要注意的是，与其他监督主体相比，社会监督的主体监管权限的内容偏重于监督权，而无直接处理处罚权，但是可以向有处理权的监管机构提出建议。

此外，对于我国《社会保险法》规定的社会保险监督委员会对社会保险基金管理的监督权。有人认为社会保险监督委员会的监督属于社会监督。笔者认为此观点值得商榷。从社会保险监督委员会的设立来看，是由统筹地区政府成立的；从人员组成来看，由用人单位代表、参保人员代表、工会代表、专家组成；从成立来看，社会保险监督委员会明显带有官方色彩，虽然其人员组成上体现了社会化的特点，但是，从其与社会保险经办机构之间的关系、社会保险监督委员会的权利来看，将社会保险监督委员会的监管称为社会监督并不合适，实质上，其仍然属于行政监督，只是带有社会化色彩。

3. 专业机构的监督

社会保险基金信托专业机构的监督，主要是指会计师事务所、律师事务所、资产评估机构、精算机构、证券公司、保管银行等社会保险基金信托的参与方对社会保险基金信托受托人的监督。前述中介机构具有独立的法律地位，独立性和专业性以及对社会保险基金信托运作过程的参与，使得这些专业机构的监督有利于提高社会保险基金信托监管的质量和效率，也正是基于此，专业机构在西方发达国家一直享有"经济警察"之美誉。这些中介机构与受托人之间在形成委托代理关系的同时，也建立了互相监督的关系。因此，中介机构的从业人员的职业道德操守和业务经办素质对社会保险基金信托的安全、健康、高效运作也起着不容小觑的作用。此外，中国信托业协会作为中国信托业行业自律组织，有权依据国家有关法律、法规和金融政策，制定同业公约和自律制度，并对会员行为和活动进行监督。①

4. 信托监察人的监督

社会保险基金是为全体社会成员利益的实现而提供物质保障，社会保险基金信托的目的是为了实现社会保险基金的安全和保值增值。无论是社会保险基金的资金来源和用途，抑或是社会保险基金的信托目的，都表明社会保险基金信托具有公益信托的性质。为使公益信托获得更好的法律保护，我国《信托法》规定了公益信托应设立信托监察人。②

其实，公益信托中是否有必要设立信托监察人，一直存在争议。如台湾学者谢哲胜就认为，"就信托的监督而言，有委托人、受益人、检察官可以申请法院监督，在营业信托和公益信托的场合，尚有目的事业主管机关的监督，则信托监察人的监督是否有叠床架屋之嫌，值得讨论"。③就社会保险基金信托的监管主体来看，是否有必要在行政监管、金融监管以及其他监管主体之外，再设立信托监察人？笔者认为，鉴于社会保险基金的重要意义和低风险需求，以及社会保险基金信托的专业化运作的特点，由于信托监察人一般都是由专业人士或专业机构担任，具备独立性和专业知识，与信托法律关系的当事人不存在利益冲突，专业化的特点可以弥补行政监管的不足和局限，独立性和"局外人"的角色使其和社会保险基金信托的受益人以及信托利益不存在利益冲突，因此，我国社会保险基金信托监管主体中似应保留社会保险基金信托监察人的角色的。由于我国目前对

---

① 凡经中国银监会批准成立的、具有独立法人资格的信托业金融机构，承认《中国信托业协会章程》，均可申请加入中国信托业协会成为会员。

② 具体规定如下：公益信托应当设置信托监察人。信托监察人由信托文件规定。信托文件未规定的，由公益事业管理机构指定。参见《中华人民共和国信托法》第54条。笔者认为，信托监察人应是独立的法律主体，和委托人不能存在隶属关系，和受托人亦不能存在关联关系。

③ 谢哲胜著：《信托法总论》，元照出版有限公司2003年版，第223页。

于公益事业管理机构还未有明确的规定，笔者建议，社会保险基金信托的监察人，应当由委托人在信托合同中进行规定。

第四节　社会保险基金信托监管的法律责任

一、社会保险基金信托监管问责的必要性

对社会保险基金信托予以监管，是为了防范和控制社会保险基金信托过程中的风险，保障社会保险基金信托的信托财产安全，保护社会保险基金信托受益人的权益。因此，对违反社会保险基金信托监管法律制度的行为依法处理，严惩不法行为人，及时处置社会保险基金信托中的风险和违法行为，并使社会保险基金信托中信托财产发生的损失得到及时的救济和补偿，这样的监管才有利于保护社会保险基金，实现社会保险基金信托的规范、持续、有效管理，才属于有效的监管。任何形式的监管，只有与法律责任追究结合起来，才有可能取得实效，否则将沦为纸上谈兵。

从我国社会保险基金管理的监管实践来看，比较突出的就是监而不管或监管处罚力度不够等问题，监管机制中缺乏对监管发现的违法行为的处罚和责任追究机制，监管结果未能实现法制化，对社会保险基金管理过程中发生的损害，缺乏明确的权利主张主体和责任承担主体。例如，审计部门对社会保险基金管理情况进行审计，当审计结果显示有关管理行为违反我国法律的相关规定时，一般都是要等待司法机关的介入才能追究社会保险基金信托相关法律主体的责任，救济的有效性因为时间的拖延而大打折扣。如果一项监管制度缺乏对受损害权益的救济与对违法行为的责任追究，我们很难评价这项监管制度具备有效性。对于社会保险基金信托的监管，应及时追究违反社会保险基金信托监管法律制度的责任。社会保险基

金信托的监管，即使有了监管主体、监管客体、监管内容，但是如果依旧只是监而不管，对违法行为不做处罚，对应保护的权益不进行法律救济或者提供法律保障，不仅不利于加强社会保险基金管理人的道德意识和法律意识，而且不利于及时依法追究违法行为人的法律责任，使得社会保险基金信托监管制度的效力和法律效果大打折扣，而且必然影响社会保险基金信托的顺利开展以及社会保险基金的安全需求和保值增值。为此，依法赋予行政监管主体一定的处理权限实为必需，而现代"委任司法"的出现，[①]为此提供了解决方案。笔者建议，考虑在法律上赋予社会保险基金信托的行政监管主体或者金融监管主体一定的处置权，如社会保险基金信托的受托人违反法律规定可能或已经造成社会保险基金损失时，金融监管部门即中国银监会有权对受托人资产直接冻结或进行类似处理，可能比启动传统的由法院操作的司法程序更为迅速、经济，更有效率，且更有利于保障社会保险基金的安全。

二、社会保险基金信托的法律救济

（一）法律救济的主要意义

及时追究违反社会保险基金信托监管法律制度的责任主要体现在两方面：对社会保险基金信托的信托财产（社会保险基金）所遭受损害的法律救济以及对侵害社会保险基金信托正常管理秩序和社会保险基金安全的违法行为的责任追究。正所谓"无救济就无权利，无责任即无法治"。[②]侵害社会保险基金的行为，不仅是对社会保险基金信托的信托财产的侵害，本

---

① 委任司法，是指国家权力机关通过立法授权行政机关行使部分司法功能。委任司法相对于传统司法具有不可替代的优越性，它能够提供一种较为迅速、经济，也更为便捷的公正裁判，它是处理大量有关福利计划的小额请求的必要设施。通过委任司法，行政机关既解决行政争端，也裁决公民之间和社会政策密切相关的争端。参见胡建淼主编：《法律适用学》，浙江大学出版社 2010 年版，第 301—302 页。
② 刘锐："我国市场经济法治的短板：法律责任"，《国家行政学院学报》2011 年第 4 期。

质上还是对社会成员的社会保险权的侵犯，因为最终影响的是社会保险权的实现，危害的是社会保险基金信托的正常管理秩序以及社会的和谐稳定状态，因此，对于监管发现的社会保险基金发生的损害进行法律救济，意义重大。所谓救济，是指"纠正、矫正或改正已发生或业已造成伤害、危害、损失或损害的不当行为"。①如果缺乏法律救济，权利不仅得不到有效的保护，而且损害可能会扩大。法律救济是对受害人或受害财产的一种法律保护，同时也是权利主体的一种权利；当权利主体在遭受不法侵害之后，可以自行解决或者请求行政机关、司法机关予以保护。因此，法律救济既是一种法律保护机制，本身也是受害者可以获得的一种权利。就功能而言，法律救济又是实现基础权利的法律保障。对社会保险基金信托监管发现的损害进行法律救济，不仅是对社会保险基金信托的信托财产的一种保护，也是对社会成员的社会保险权实现的一种制度保障。

社会保险基金信托监管的目的，是为了防范和抑制社会保险基金信托过程中的风险，减少风险的发生和所造成的损害。当监管主体发现了风险造成的损害后果时，应通过法律救济机制恢复或弥补社会保险基金信托项下信托财产即社会保险基金的给付能力。社会保险基金信托的信托财产是社会保险基金，社会保险基金在信托管理过程中产生的信托利益即增值部分依旧属于社会保险基金的一部分。社会保险基金的财产价值，从积极意义上讲，取决于社会保险基金信托的信托收益；从消极意义上讲，当其遭受损害时，其价值取决于法律救济的效率和效果。无论是损害赔偿还是损害补偿，都是损害发生后对已有权利的一种保护措施，对已有权利遭受侵害的一种救济方式。因此，通过建立法律救济机制尽可能降低社会保险基金信托管理中社会保险基金遭受的损害，最大限度地维护社会保险基金信托的信托财产的经济价值，实现社会保险基金信托管理中的正义，最终实

---

① [英] 戴维·M.沃克：《牛津法律大辞典》，李双元等译，法律出版社 2003 年版，第 957 页。

现社会成员之社会利益的满足和保护的目标，是社会保险制度的题中应有之义。对社会保险基金在信托管理中的损害进行法律救济，也是对社会保险基金进行法律保护的当然内容。社会保险基金信托的法律救济是对社会利益的维护，也是社会保险权实现的一种法律机制，它强调和维持着社会保险基金信托管理的法律秩序。①

（二）法律救济的基本原则

构建社会保险基金信托的法律救济机制，应坚持以下原则：

首先，通过法律规范和纠正社会保险基金信托中法律主体的行为，维护社会保险基金信托运营的法律秩序，以最大限度地实现社会保险基金的安全和保值、增值为首要目的。

其次，采用诉讼法律救济和非诉讼法律救济相结合的救济机制，利用诉讼救济方式时，应注意程序正当和司法经济，避免司法资源的浪费。

再次，在社会保险基金信托监管机构发挥准司法功能的同时，针对损害发生的原因、损害的结果及其影响，建立包括民事法律救济、刑事法律救济以及行政法律救济、社会法的法律救济等多元化的救济方式，实现社会保险基金信托监管和法律救济的有效衔接，保障救济的及时、充分、有效和救济成本的可控。

最后，按照主观过错，对不法行为人适用区别对待的法律制裁，对故意或者重大过失导致社会保险基金损失的行为人，适用惩罚性赔偿，而对因过失导致社会保险基金损害或虽故意但是未造成难以弥补的损害后果的，适用一般性赔偿。

---

①［美］罗斯科·庞德著:《通过法律的社会控制》，沈宗灵译，商务印书馆2010年版，第24页。

（三）法律救济的核心机制

1. 诉讼和非诉讼并举的救济途径

提及法律救济的途径，会让人习惯性地想到司法诉讼救济。但是如前文所述，单一的司法救济途径不仅不利于全面、高效地对社会保险基金受到的侵害予以法律救济，反而由于司法介入的繁琐程序而使得救济效果大打折扣。因此，信托中信托财产发生损害的法律救济，不能只单纯地通过司法救济途径予以救济，而应是诉讼方式和非诉讼方式两种途径的灵活结合。对侵害社会保险基金的行为，应首先采用非诉讼方式进行及时救济，如行政处罚等非诉讼方式；在非诉讼方式救济不力的情况下，再考虑诉讼救济方式。现代国家行政权力的扩张，使得行政监管主体的行政处罚成为快速、高效实现救济的一种模式，这也是当代福利国家通用的对社会权予以救济的有效手段。另外，国家救济也是社会保障基金信托在遭受损害之后的一种非诉法律救济。国家救济通过给付行政来实现，但它并非一种国家赔偿，而是政府承担社会保障基金补贴责任的一种体现，也是能够有效实现损害救济的一种方式。诉讼救济路径和非诉讼救济路径各有优缺点。就时效性来看，非诉讼救济路径具有简便、高效的特点，在以一定强制力为前提时，更有利于为社会保险基金提供及时、有效的救济。诉讼救济方式主要是指司法救济，包括民事诉讼、刑事诉讼和行政诉讼。对于侵害社会保险基金的违约行为或侵权行为，应主要适用民事诉讼解决。刑事诉讼则是针对侵害社会保险基金构成犯罪的行为规定专门的刑法罪名，对构成犯罪的行为人进行相应的刑事责任追究，如罚金、没收财产、判处有期或无期徒刑等刑罚都是可以适用的，且刑事法律的救济将更加有利于制裁针对社会保险基金的违法犯罪行为。行政诉讼，主要适用于行政机关（可能作为委托人或者监管人）侵害社会保险基金的情形。因为社会保险基金属于财产，主要涉及损害赔偿问题，因此，最重要的诉讼救济制度当为民事诉讼。通过民事诉讼，要求违约方承担违约责任、侵权方承担侵权责任。但是，对于公权力的审查，不可能通过私法来完成和予以惩罚。因此，行政主体是否履行了委托人的权利和义务以及行政监管主体是否依法适当履行了监管职责，需要行政诉讼的审查。此时，适用的就是行政法律救济途径，需要建立行政诉讼救济机制。

笔者建议，社会保险基金信托监管中，赋予社会保险基金信托的行政监管机关一定的准司法权，当社会保险基金信托行政监管主体发现社会保险基金遭受损害或有遭受损害的可能时，利用社会保险基金信托行政监管主体的权威性，由行政监管就社会保险基金信托中信托财产遭受的损害实行快速、有效的审判外的救济是一种较为理想的救济模式。例如当监管机关发现社会保险基金信托的信托财产遭受损害时，可以要求受托人提供相当的担保或解任受托人等其他处置。至于处置的具体方式和范围，应结合个案进行判断。一般来说，可包括原受托人接任后新受托人产生前，由主管机关指派适当人员管理，或对受托人的行为施加诸多限制。①

2. 公法、私法、社会法兼纳的救济机制

社会保险基金信托是利用信托制度管理社会保险基金的制度安排。从法律性质上来看，是社会成员的社会财产，是社会保险权的物质载体，以社会利益为本位，具有典型的社会性。但是，社会保险基金公法上的特点、私法上的属性以及社会法上的性质决定了当社会保险基金发生损害时，需要采用公法、私法、社会法并用的救济机制。

如前文所述，社会保险基金作为"物"，其准物权性和准债权性的特点以及社会保险基金信托中委托人和受托人之间主体地位的平等性（通过订立信托合同建立信托关系），决定了在社会保险基金信托财产遭受损害时，因对财产的侵犯可能构成民法意义上的违约或侵权，这时民事法律救

---

① 参见方国辉："公益信托概说与法制初探"，《经社法制论丛》第 12 期。

济及民事诉讼的适用的选择是理想和可行的。社会保险基金信托法律关系，虽本质上属于私法上的法律关系。但是，它是以公益为目的的私法关系，该法律关系的设立、变更和终止都始终围绕实现社会保险基金的安全和保值增值的目的。社会保险基金信托中信托法律关系、委托代理关系以及其他商事交易关系的发生，都属于典型的私法领域中民商事合同的应用和体现。有关上述问题的私法规范和制度的存在，使社会保险基金信托中民事救济成为可能，并成为必要的救济手段之一。社会保险基金是基于公权介入而产生，且社会保险基金信托的委托人正是国家公权力的代表——政府，社会保险基金信托的监管主体也主要是行政监管机关。社会保险基金信托中信托财产的损害，如果是因为行政监管机关滥用职权或超越职权而造成的或因为其他公权力的非法介入而发生的，这就必然涉及行政法律救济以及行政诉讼的适用。虽然信托法律关系本质上属于私法上的法律关系，但是，由于社会保险基金信托的委托人是政府或政府授权的代表，使得社会保险基金信托法律关系涂上了不同于普通纯粹私法主体之间的信托法律关系的色彩。社会保险基金信托的委托人，同时也是社会保险基金建立和管理中的管理人、运营人，其是否依法如约履行法定职责，当其违约或滥用信赖时，对社会保险基金信托的救济，均需要行政法律的适用，包括行政权力行使的依据以及滥用权力的追责。另外，社会保险基金信托的监管主体虽然多样化，但是最主要的依旧是政府行政监管，[1] 行政监管主体滥用权力或失职影响社会保险基金的安全，造成损害时，对社会保险基金的救济，也需要通过行政法律手段。

此外，给付行政在此也能得到论证[2]。给付行政是国家在社会保障制度

---

[1] 在我国，金融监管虽然是事业单位履行监管职责，但实质上也是行政监管的一种。

[2] 所谓给付行政，日本学者将其定义为"通过受益性活动来进行的旨在积极提高和增进国民福利的公共行政活动"。参见［日］成田赖明、南博方：《现代行政法》，日本有斐阁 1968 年版，第 151 页。给付行政包括资金补助行政、供给行政、社会保障行政。

中政府责任的体现。给付行政以增加国民福利为目的。[①] 在德国，社会国家行政的一个基本要求就是行政要为公民提供服务和帮助，并且给付行政和秩序行政相比，具有优先性。[②]"社会国家并不限于金钱和物质上的给付，而是总体上承担服务性的功能。在服务社会和信息社会中，公民在许多方面依赖通过国家给付才能得到的服务。对自由、平等和人类尊严的实现来说，服务和信息是必不可少的要件。因此，行政的任务和职责是促进权利的实现和保障。"[③] 对于社会中的弱势群体，国家有责任对他们提供帮助和扶持，通过强制性的手段实现利益的再分配，从而实现社会正义，维持社会稳定。政府或政府授权代表不履行给付行政义务或其他在社会保险基金信托中的义务时，行政诉讼的发生就成为可能。在社会保险制度中，政府事实上承担着财政支持、行政监督与公共服务三种责任。在社会保险基金遭受损害时，政府在承担行政监管责任的同时，还应承担财政支持的责任，保障社会保险基金信托的正常运转。国家财政补贴责任的承担，这也是和国家作为社会保险基金信托委托人有权选择受托人的权利相一致的。国家在社会法关系下所扮演的是公法上社会给付提供者、义务人及资源分配者的角色，人民对应享有请求国家社会给付的权利。社会法是实现社会国理想与社会基本权的重要基础，国家在社会保险制度中的功能，不仅限于维护秩序与政治制度的干预行政或侵害行政，国家的功能转换为保障人民具有人格尊严最低生存条件的给付行政。

此外，当违法行为对社会保险基金侵犯的社会危害性触及刑法所保护的法益时，根据侵犯主体的性质以及侵害数额的大小，可能构成我国

---

① 一般地说，给付行政之目的在于增加国民的福利，但是其给付本身就是一种权力在起作用的过程，如果作为与福利给付的交换从而使国民自由受到侵害，那么确实福利给付中的权力滥用就会带来侵害人权的危险。参见［日］大须贺明著：《生存权论》，林浩译，法律出版社 2001 年版，第 60 页。

② 参见［德］平特纳著：《德国普通行政法》，朱林译，中国政法大学出版社 1999 年版，第 77 页。

③［德］沃尔夫著：《行政法》（第 1 卷），高家伟译，商务印书馆 2002 年版，第 146 页。

刑法上不同的犯罪，从而需要启动刑法救济以及刑事诉讼的救济方式。

因此，概言之，就社会保险基金在社会保险基金信托中发生的损害，适合采用民法、刑法、行政法混合的救济方式，包括对应的诉讼机制。采用这一综合救济机制的原因在于：社会保险基金发生损害的原因多种多样，单纯的民事法律救济或行政法律救济，均不能提供充分的救济保障；公法私法化、私法公法化以及民事诉讼与行政诉讼界限的模糊化，使得社会保险基金发生损害的争议，不再单纯地被纳入私法或公法的调整领域。

3. 社会保险基金信托的诉讼机制构建

（1）诉权的主体资格

对社会保险基金遭受损害进行法律救济时，如果采用诉讼手段，那么无论是哪一种性质的诉讼，都需要首先确定适格的原告和有明确的被告。因为如果没有诉权主体，自然也就无从谈及诉讼的发生。社会保险基金信托中诉讼救济中的诉权的主体资格，即社会保险基金信托诉讼救济机制中的原告资格的确认，实质上是从法律上赋予其提起诉讼的主体资格。我国《民事诉讼法》《刑事诉讼法》以及《行政诉讼法》对诉权的主体资格均进行了规定：《民事诉讼法》第108条规定了诉权的主体资格[1]；《刑事诉讼法》则是区分自诉和公诉，公诉案件由检察院提起诉讼，自诉案件则由当事人依法自行提起诉讼；我国《行政诉讼法》对诉权主体资格也进行了规定，原告须是具体行政行为可能侵犯的对象。[2] 由前述规定可以发现，无论民事诉讼、刑事诉讼抑或行政诉讼，要成为诉权主体，法律对适格原告资格的基本要求是必须是直接利害关系人。这一法律限定明显不适用于社会保险基金信托中因为诸多原因而导致社会保险基金发生损害时的诉讼法律救

---

[1]《民事诉讼法》第119条："原告是与本案有直接利害关系的公民、法人和其他组织。"

[2] 参见《中华人民共和国行政诉讼法》第2条，原告是认为行政机关和行政机关工作人员的行政行为侵犯其合法权益的公民、法人或者其他组织。

济。在社会保险基金信托中信托财产发生损害时，由于受益人的广泛性、不确定性以及集中意见的难以表达，委托人成为诉权主体的局限性和社会保险基金信托监管主体设置的有限性，社会保险基金信托诉讼法律救济中的适格的原告的范围必须在现行诉讼法的规定上进行扩张或调整。

根据社会保险基金发生损害的原因和侵权主体的不同，应赋予委托人之外的监督主体，尤其是行政监管机关、金融监管机关以及社会保险监督委员会在法定的情形下作为适格原告提起维护社会保险基金利益的公益诉讼的权利。笔者认为，应区别情况确定诉讼中的原告资格：①社会保险基金信托监管主体在履行监管职责的过程中，发现社会保险基金因被监督对象的行为而遭受损害时，为降低损失范围，减少损害金额，应依法启动诉讼救济机制。为维护社会保险基金的利益，社会保险基金信托的监管机构有权直接作为原告，以侵权人或不法行为人为被告，提起民事诉讼；可能构成犯罪的，监管机关或者检察机关可以提起刑事附带民事诉讼。②如果是因受托人行为导致社会保险基金发生损害的，除监管机构有权提起诉讼外，社会保险基金信托的委托人也有权提起诉讼。③至于因监管人行为而导致社会保险基金发生损害时，则由委托人或受托人启动法律救济机制，[①]以监管人作为被告，提起行政诉讼或民事诉讼。此外，笔者认为，无论诉讼中的适格原告是谁，最终的诉讼利益都归属于社会保险基金，属于社会保险基金信托中信托财产的构成内容，由社会保险基金信托的受益人享有。

（2）公益诉讼的构建

公益诉讼，以维护社会正义、实现社会公平为目的，为维护国家利

---

① 考虑到社会保险基金信托的受益人为不确定的多数人，形成统一意见的困难性，社会保险基金信托的受益人，笔者认为不适宜直接作为原告，提起诉讼。

益和社会公共利益等而提起的诉讼。① 公益诉讼不同于以当事人之间权利义务为内容的私益诉讼，它不以当事人本身法律权利的存在为限。一般认为，公益诉讼的利害关系人具有不特定性和广泛性，以保护国家、社会公共利益为目的，诉讼发起人与诉讼之间的关系，以及损害是否已经发生在所不问。

社会保险基金信托以社会保险基金的保值增值为目的，社会保险基金承载的和追求的是社会成员的社会利益，社会利益是属于全体社会成员的，不属于特定的个体或组织，其受益对象具有广泛性和不特定性。在对社会保险基金进行法律保护提供诉讼法律救济时，现实需求决定了诉讼的发起人无论是委托人还是监管主体，与诉讼结果并没有法律利益上的直接利害关系。在利用法律构建社会保险制度，提供基本社会保险时，应遵循我国《宪法》的规定，对所有社会成员一视同仁，即使形式上暂时的差别对待也是为了实现实质正义。因此，笔者认为，社会保险基金信托的特点以及社会保险基金的特点决定了社会保险基金损害发生后的诉讼法律救济完全符合公益诉讼的特点。为更好地实现对社会保险基金信托中信托财产的保护，为社会保险基金的安全和保值增值提供更好的法律救济机制，应针对社会保险基金建立单独的公益诉讼机制，包括适用特殊的诉讼机制，扩大诉权主体，诉讼费用实行优惠或减免，规定特殊的诉讼时效。同时还应规定，有利判决获得的利益直接纳入社会保险基金信托的信托财产中，间接地惠及社会保险基金信托的全体受益人。

（3）侵害民事诉讼中举证责任的分配

民事诉讼从结构上分析，是原告对被告违法行为（包括违约行为和侵权行为等）的控告。社会保险基金侵害民事诉讼中举证责任的分配，主

---

① 有学者进一步认为公益诉讼是指任何组织和个人都可以根据法律的授权，对违反法律，侵犯国家利益、社会公共利益的行为，向法院起诉，由法院追究违法者法律责任的私法活动。参见颜运秋著：《公益诉讼理念研究》，中国检察出版社 2002 年版，第 9 页。

要是指社会保险基金在信托管理中由于受托人或其他委托代理人的行为发生损害时，举证责任的承担及相关法律后果问题。举证责任，作为诉讼法上的一项证据制度，是指当事人对自己的主张负有提供证据加以证明的责任。举证责任倒置，则是指提出主张的一方对其主张不承担举证责任，而是由被诉方提供证据承担举证责任。我国《民事诉讼法》以"谁主张，谁举证"作为举证责任分配的一般原则，①而以举证责任倒置作为举证责任分配的例外和补充。社会保险基金侵害民事诉讼中举证责任的分配应采取何种原则即谁应当承担举证责任？笔者认为，应当考虑当事人各方与证据距离的远近以及当事人承担举证责任的难易程度等因素。委托人将社会保险基金进行信托后，虽然委托人、监管人等主体具有监督权，但是事实上委托人、监管人对于社会保险基金信托的管理、运用及收益情况并不能直接掌控，他们与受托人处于完全的信息不对称状态，其对社会保险基金信托情况的了解主要依赖于社会保险基金信托受托人的信息披露义务和报告义务的履行。从时效上看，其知情权的实现具有一定的滞后性；从信息的内容看，其真实性、准确性和完整性也完全取决于受托人对忠诚义务的履行；从距离来看，社会保险基金信托受托人或委托代理人离相关事实的距离，相较委托人、受益人或其他监管主体，明显更接近。此外，就当事人承担举证责任的难易程度来看，由于社会保险基金信托中，社会保险基金的损失可能会被受托人或其他不法行为人以一定的形式掩盖以及因投资品种导致投资损失的"潜伏"而没有立即被发现，社会保险基金损失和不法行为人实施的不法行为之间的因果关系由于信息不对称和专业性较强，可能不易被发现，由社会保险基金利益的受害方承担证明责任明显较难。因此，笔者建议，参考美国对基金经理的举证责任的法律规定，②一旦社会保险基

---

① 《中华人民共和国民事诉讼法》第 64 条第 1 款，"当事人对自己提出的主张，有责任提供证据"。

② 参见王安莹、骆芳菲、谢孟霞："'老鼠仓'行为民事法律救济制度研究——兼议基民与股民维权方式之异同"，《法制与经济》2010 年第 6 期。

金信托的受托人或代理人被提起诉讼，必须举证证明自己没有违法或违约行为且已经履行了谨慎投资、善良管理人等相关义务。即在社会保险基金信托的民事诉讼中，实行举证责任倒置规则。如果社会保险基金信托的受托人或其他不法行为人不能履行提供证据的义务并实现证据的说服力，将承担由此产生的不利法律后果，从而因举证责任义务的不履行或不能履行导致相关民事法律责任的承担。

第七章　我国社会保险基金信托法的建构

第一节　社会保险基金信托的立法需求

一、现行相关法律的缺漏

社会保险基金的运营和管理是社会保障制度的重要内容之一，如何在保障安全的前提下实现保值和增值，是社会保险基金运营管理的重要目标。由于社会保险基金数额巨大，除了社会保险本身所涉及社会公众的社会保障问题和社会公众情绪问题之外，社会保险基金运营管理的另一个重要前提即为维护社会经济秩序的稳定，避免因大量资金涌入而给社会经济秩序造成较大的冲击[①]。要实现社会保险基金的安全运营，离不开健全的法律制度。健全的法律制度不仅能够为社会保险基金信托提供一般的规则前提，使参与主体的行为有法可依、违法必究，同时也能够为社会一般大众提供行为预期，切实保障其权利。

然而就目前的情况而言，我国既有的法律体系中对于社会保险基金管理的法律规范尚且乏善可陈，更不用说有关社会保险基金信托的完善规则体系。社会保险基金信托问题，一方面，社会保险基金具有社会性，属于

---

① 卢海元：“关于建立中国特色社会保险基金投资运营制度的若干思考”，《探索》2013 年第 6 期。

社会法的范畴，另一方面，社会保险基金投资管理又具有商事特征。可以说社会保险基金信托管理问题，是既涉及社会法领域又涉及民商法领域的复合性产物，其需要特殊的法律规则进行规制。从社会保障制度以及社会法的角度而言，我国《社会保险法》自 2011 年 7 月 1 日起正式施行，共计十二章，九十八条，较为全面地规定了我国有关社会保险事业的基本问题。但是，在《社会保险法》中，除了对社会保险基金的运营管理以外，仍然缺乏可以实际操作的规定。就该法第 69 条实行授权国务院制定运营管理办法的授权式规范而言[1]，表面上看，将具体的运营管理办法交由国务院进一步制定运营管理办法，能够结合实践中的有关社会保险基金运营管理的既有经验，同时又能避免立法时的多种争论和冲突，有利于《社会保险法》的及时制定、颁布，同时也使得相关运营、管理规则更具备可操作性。但是，国务院至今为止都没有制定相关的办法，使得上述授权条款成为空文。因此，在既有的《社会保险法》中，社会保险基金信托难以找到规则的依托。从信托的角度而言，我国在 2001 年制定并颁布了《信托法》，该法自 2001 年 10 月 1 日起施行，共七章，七十四条，《信托法》的颁布成为我国信托立法的重要里程碑。但是从《信托法》的规定来看，《信托法》并没有对信托的类型进一步区分以确定法律适用，而是采取了一般规定的原则，对信托行业的通常情况进行了规定。社会保险基金信托具有信托的一般特征，但社会保险基金信托具有特殊的法律性质和价值追求，"社会性是社会保险基金的主要特征"[2]。因此其又有别于一般的财产信托。在《信托法》中，目前也不能将社会保险基金信托纳入其中进行规制。作为多种法领域交叉的社会保险基金信托，由于社会法，公法和私法之间的龃龉，目前，尚不能够在既有的法规体系中找到系统的法律适用的空间。

---

① 冯祥武："论《社会保险法》的制度创新与不足"，《中国人力资源开发》2011 年第 6 期。
② 黎建飞著：《劳动与社会保障法教程》，中国人民大学出版社 2013 年版，第 278 页。

二、社会保险基金信托立法的特殊性

除了立法时由于实践中问题还不突出，因此未能得到重视，而未在立法中有所反映外，还存在其他原因。在社会保险基金信托法律关系中，除了由于社会保险本身属于社会法的对象，信托本身属于民商法的规制对象这一冲突之外，社会保障制度和相关的责任问题还涉及宪法、行政法和刑法等诸多公法的内容，因此，在对社会保险基金信托这一问题进行规制时，与一般的社会问题主要所属于一个或者少数部门法领域不同，社会保险基金信托涉及公法、私法和社会法三大领域[①]，法律规则的设计要在三个法领域内实现协调和平衡，在保障社会保险基金安全的前提下实现社会保险基金的保值增值，同时又要实现对经济秩序的维护和促进经济发展，多个法领域的多重价值追求导致各个领域难以协调和统一。

美国学者凯尔森认为，法是以人们行为为规范对象的一种秩序，一种以许多规则为一个体系的秩序。[②]而对人们行为的进一步划分，不同的行为对应着不同的规则体系。行为的特殊性决定了以该行为为规范对象的规则就应当具有相应的特殊性质。法律秩序的目的，就是满足人们在现实生活中的要求、愿望和需求[③]，也就是耶林所指的利益[④]。在设计社会保险基金信托相关法律规范时，必须考量社会保险基金信托在现实生活中的运营情

---

① 尽管对于公法、私法和社会法的划分仍然存在诸多争议，且学界目前还难以对上述划分作出特别清楚的说明，但从宏观角度看，上述划分对于社会保险基金信托问题影响颇深，在三个法领域交叉的部分，规则的设计往往受到多重价值追求的影响。参见［德］迪特尔·施瓦布：《民法导论》，郑冲译，法律出版社 2006 年版，第 65 页；史尚宽：《民法总论》，中国政法大学出版社 2000 年版，第 4 页；张文显：《法理学》，高等教育出版社、北京大学出版社 2007 年版，第 129—134 页。

② ［奥］凯尔森著：《法与国家的一般理论》，沈宗灵译，中国大百科全书出版社 1996 年版，第 3 页。

③ ［美］罗斯科·庞德著：《通过法律的社会控制》，沈宗灵译，商务印书馆 1984 年版，第 33 页。

④ 吴从周著：《概念法学、利益法学与价值法学——探索一部民法方法论的演变史》，中国法制出版社 2011 年版，第 483 页。

况和问题，方能制定符合实践需要，能够得到遵守的法律法规。尽管对社会保险基金的性质本身存有争议，但是，从社会保险基金的构成来源角度看，社会保险基金属于社会成员的财产，但又不是社会成员的私有财产，而是社会财产。社会保险基金信托是以社会保险基金的占有和管理者，即政府或者其授权的管理机构，为信托的委托人，将作为信托财产的社会保险基金委托给具有相应资质的受托人而设立的信托。信托财产的特殊性决定了受托人必须受到多方面的限制。例如受托主体的投资选择权限、责任等诸多方面，均与一般信托有较大的区别。不单是受托人，委托人和受益人的权利和义务也与一般信托中的委托人和受益人有所不同。同时，社会保险基金信托还涉及信托的监管问题。

第二节　社会保险基金信托法律关系的特殊性

在我国既有的部门法划分和法学建构中，法律关系扮演着重要的角色。以社会关系的不同属性分类，法学各部门建立了相对逻辑周延的法学体系，对应着社会生活中的种种关系①。因此，法律关系本身作为一个分析工具，其在社会保险基金信托中具有适用的空间，有助于厘清不同主体之间的权利义务关系，为社会保险基金信托立法奠定基础。

在法律关系中，存在着三个基本要素，即主体、客体和内容。其中内容即为主体对客体所享有的权利和所负担的义务。从请求权基础分析方法与法律关系分析方法的区别来看，请求权基础分析方法首先需要为当事人的主张寻找一个请求权基础，即相应的法律支撑。② 因此，需要一个完善

---

① 参见朱景文主编：《法理学》，中国人民大学出版社 2008 年版，第 26—28 页。

② 王泽鉴著：《法律思维与民法实例》，中国政法大学出版社 2001 年版，第 56—60 页；[德] 迪特尔·梅迪库斯著：《请求权基础》，陈卫佐、田士永、王洪亮、张双根译，法律出版社 2012 年版，第 11 页。

的法律体系作为请求权基础分析方法的有力支撑，才能使请求权基础分析方法发挥更好的效果。在社会保险基金信托领域中，尚缺乏这样一部系统完整的法律，因此，笔者拟采取法律关系分析法，对社会保险基金信托进行较为全面的分析。

在社会保险基金信托的法律关系中，应当从两个角度对社会保险基金法律关系进行理解。在社会保险基金的筹集阶段，社会成员作为社会保险基金的缴纳一方的主体之一，与政府社会保险基金行政管理部门之间形成行政管理关系，同时，社会成员作为社会保险基金的缴纳一方的主体之一，也对政府社会保险基金行政管理部门存在一个类似委托或者信托的关系。而在社会保险基金的给付过程中，纳入社会保险保障范围的主体又称为社会保险基金的受益人，享有对政府社会保险基金管理部门的要求给付社会保险基金的权利[①]。而在社会保险基金信托运营阶段，存在着委托人、受托人和受益人等主体。在信托法律关系中，委托人是政府的社会保险基金管理部门或者其授权的其他机构，而受托人则是具有社会保障基金信托

[①] 有关纳入社会保险的主体请求给付社会保险基金是否属于权利，或者说社会保障权是否作为一项独立的权利存在，学界多有争议和讨论。参见郭曰君著：《社会保障权研究》，上海世纪出版集团 2010 年版，第 13 页及以下；李磊著：《社会保障法律问题研究——基于社会保障权视角》，中国民主法制出版社 2011 年版，第 1 页及以下；刘灵芝著：《社会保障权法律救济制度研究》，辽宁大学出版社 2011 年版，第 32 页及以下；李志明著：《社会保险权——理念、思辨与实践》，知识产权出版社 2012 年版，第 29 页及以下；林嘉主编：《社会保障法学》，北京大学出版社 2012 年版，第 6 页及以下。笔者认为，我国宪法中既有社会保障权的立法源流，在社会法中，有关社会保障权的主体、客体和内容均能得到证成，同时，在既有的请求权体系中，尚不能将社会保障权纳入其中予以规制，而如果不上升为一项权利，社会成员的社会保险利益将得不到保障，救济问题等亦难以落实。不过，社会保障权不是简单的一项权利，其涉及私法、公法和社会法三大法领域，如何鉴定其内容、边界和保护方式，确需学界进一步论证。

受托人资格的社会机构^①；受益人则是纳入社会保险保障范围内的社会成员。在上述双层法律关系中，作为信托法律关系的委托人的政府社会保险基金管理部门或者其授权的其他机构，同时也扮演着在社会保险基金筹集阶段的受托人的角色。而在社会保险基金筹集阶段作为缴纳社会保险费用的一方的社会成员，在信托法律关系中，又处于信托受益人的地位。多重身份的重合和信托财产的特殊性质，使得社会保险基金信托具有不同于一般信托的特殊之处。上述双层法律关系结构简图如下：

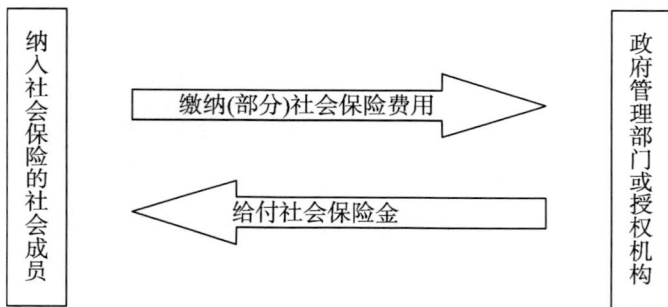

图一　社会保险法律关系（类似信托关系）^②

---

① 在我国《信托法》的起草过程中，对于是否承认自然人信托产生过争议，特别是对于自然人个体的投资决策能力以及风险义务负担问题，将自然人作为受托人很不现实，但我国《信托法》仍然将自然人列为了受托人之一。参见余卫明著：《信托受托人研究》，法律出版社 2007 年版，第 59 页；朱少平、葛毅主编：《中国信托法——起草资料汇编》，中国检察出版社 2002 年版，第 139—148 页。在分析社会保险基金的信托时，为了保证社会保险基金的安全和实现社会保险基金保值和增值的要求，考虑作为个体的自然人所具有的持有财产的民事能力以及社会保险基金的数额问题，似不宜将自然人作为社会保险基金的信托人，因此，本文所指社会保险基金信托的受托人，未经特别说明，仅指作为机构的受托人。同时，根据《信托法》第24条第2款的规定，允许其他法律和法规对受托人资格进行特殊限制，社会保险基金信托立法之后，可以依据该条款，将社会保险基金信托的受托人限定为机构受托人。

② 有关社会保险筹集阶段纳入社会保险覆盖范围内的社会成员和社会保险基金管理部门或者其授权的机构之间的关系，实际上要从社会保险基金的所有权性质和所有权归属角度进行鉴定，正如前文所述，社会保险基金属于社会成员的共同财产，但又不属于私有财产的性质，而是具有社会性的共同财产，因此，政府管理部门或其授权的机构与纳入社会保险的成员之间，存在着类似信托的关系。

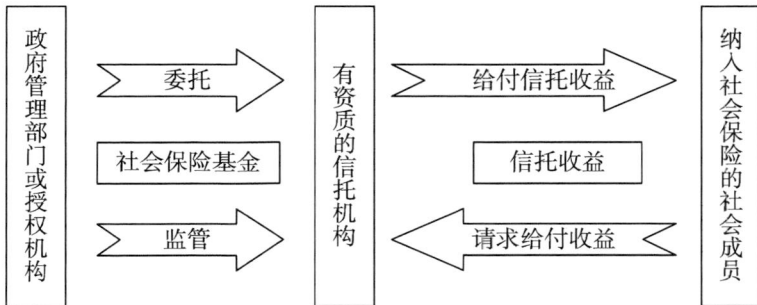

图二　信托法律关系

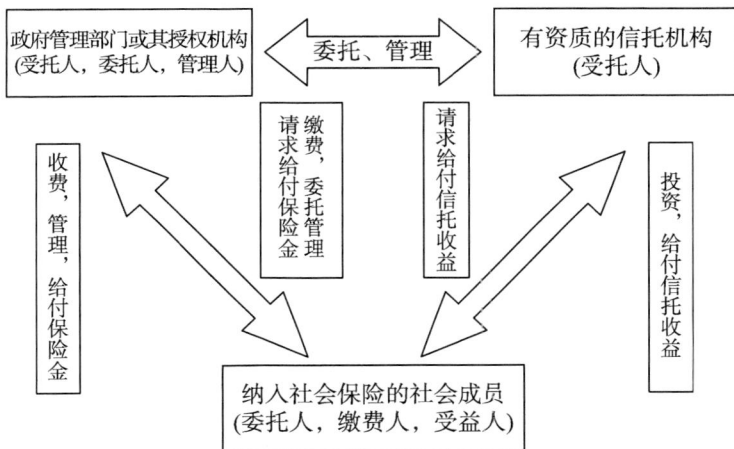

图三　双层法律关系重叠图谱①

_____

① 在社会保险基金信托法律关系中，作为信托法律关系中的收益，纳入社会保险覆盖范围内，履行了社会
保险缴费义务的受益人自然享有对受托人的请求支付信托收益的受益权。在社会保险基金信托正常运
转，能够实现社会保险基金信托的资金安全和保值、增值需求时，同时作为社会保险权利人和信托法律
关系受益人的社会成员的需求能够得到满足，社会保险权利人通过请求受托人给付信托收益即可实现自
己的权利和需要，因此，不能同时存在一个对政府管理部门或其授权的机构（社会保险基金信托法律关
系中的委托人）的请求权问题；但是在社会保险基金信托不能满足上述需求时，社会保险权利人是否同
时享有向政府管理部门或其授权的机构请求给付社会保险金的请求权和向社会保险基金信托法律关系中
的受托人请求给付信托收益的受益权，学界既有的研究成果并未给出较为清晰的回答。笔者认为，此时
承认两个权利并不冲突，只有这样，才能满足纳入社会保险范围内的社会成员的基本生存需要。

一、主体的特殊性

首先，在社会保险基金信托法律关系的主体中，从广义的角度讲，除了一般信托法律关系中的委托人、受托人和受益人之外，还需要特别考虑社会保险基金的托管人和信托监管人的问题。在社会保险基金信托中，由于在《社会保险法》颁布实施以后，社会保险覆盖率的提高[①]，使得社会保险基金所有权主体的社会成员人数增多，对社会保险基金运营具有较大影响。同时，由于上述主体虽然对社会保险基金享有所有权，但根据社会保险法和社会保险运营的一般要求，其只能请求在符合社会保险基金支付条件时，由政府管理部门或其授权的机构支付相应的社会保险金。因此，需要设计相应的代表制度，由政府管理部门或其授权机构代表纳入社会保险的社会成员运营和管理社会保险基金。从受益人的角度而言，同样存在主体数量庞大的问题。

其次，主体身份的多重属性。从前文有关社会保险法律关系和信托法律关系的解析，以及对上述法律关系重叠之后的分析来看，狭义的社会保险基金信托法律关系所涉及的三方主体中，主体的身份具有多重属性。就受益人而言，其同时又是社会保险基金的所有权主体，社会保险基金由其提交的社会保险费用和国家、用人单位提交的费用共同构成。同时，受益人在纳入社会保险的社会成员与政府关系中，又处于委托主体的地位，委托政府管理部门或其授权的机构，代为管理社会保险基金，以确保在符合条件时，能够获得相应的请求给付。作为信托法律关系中的委托人的政府管理部门或其授权的机构，又是纳入社会保险覆盖范围的社会成员的受托人。同时，作为社会保险基金的管理人，政府管理部门或其授权的机构对信托法律关系中的受托人负有监督、管理的义务，必须对受托人投资的领

---

① 林嘉：'《社会保险法》的价值与创新'，《法学杂志》2011 年第 9 期。

域，投资的方式和具体的投资行为进行监督和管理[1]，以实现维护社会保险基金安全，实现社会保险基金保值和增值的目标。

最后，对主体资格和行为的限制具有特殊性。在信托法律关系中，如同前文所述，作为信托财产的社会保险基金具有社会性，因此，为了实现社会保险基金三大目标，受托人资格应当受到限制。政府管理部门或其授权机构作为信托法律关系的委托人，必须对社会上存在的信托机构进行筛选，选择投资回报率较高，风险承受能力强的信托机构进行信托。同时，信托受益人是纳入社会保险覆盖范围的社会成员，由于社会保险制度的建立是为了保障社会成员在生、老、病、死、失业以及遭遇其他生活困境时，国家和社会给予社会成员物质帮助的制度。因此，社会保险制度具有一定的人身性，受益人在取得社会保险基金信托收益时，将会受到社会保险金领取条件的限制，上述限制属于法定的条件，委托人不得对上述条件进行更改[2]。此种获得信托收益的条件不同于一般信托，在一般信托中，委托人可以约定受益人获取信托收益的条件[3]，而社会保险基金信托中受益人获取收益的条件要严格遵循法定原则。另外，社会保险金具有的人身属性

---

[1]《中华人民共和国劳动法》第74条："社会保险基金经办机构依照法律规定收支、管理和运营社会保险基金，并负有使社会保险基金保值增值的责任。社会保险基金监督机构依照法律规定，对社会保险基金的收支、管理和运营实施监督。……"《中华人民共和国社会保险法》第6条："国家对社会保险基金实行严格监管。国务院和省、自治区、直辖市人民政府建立健全社会保险基金监督管理制度，保障社会保险基金安全、有效运行。县级以上人民政府采取措施，鼓励和支持社会各方面参与社会保险基金的监督。"

[2] 实际上，在社会保险基金信托关系中，不具备社会保险金领取条件的纳入社会保险覆盖的社会成员是不是社会保险基金信托的受益人，存在争议。如果考虑对于受益人资格的限制，上述不符合领取社会保险金条件的社会成员，显然不是社会保险基金信托的受益人。参见徐卫著：《信托受益人利益保障机制研究》，上海交通大学出版社2011年版，第12页。

[3] 何宝玉著：《信托法原理研究》，中国政法大学出版社2005年版，第130—134页。

还决定了受益人不得将自己的受益权^①转让给其他主体。在一般信托法律关系中，受益人所享有的收益权遵循私法自治的原则，除非信托文件或者根据信托受益权的性质以及法律规定不能转让的，受益人可以自由处分其所享有的受益权。但是在社会保险基金信托中，受益人所享有的受益权是属于维持其基本生存所必需的，该受益权的获得也是基于受益人自身情况特殊，因此，无论是从社会保险基金信托受益权的性质，还是根据公序良俗原则的一般要求，社会保险基金信托法律关系中的受托人均不得转让其受益权。但受益人得否放弃该受益权？从个人处分权利自由的角度看，社会保险基金信托的受益人处分自己的受益权，只要不损害公共利益和其他社会主体的利益，都属于私法自治的空间，似应当赋予受益人放弃受益权的自由。但从社会保险制度设立的目的来看，社会保险制度设立是为了使社会成员在特定条件下能够获得社会的帮助，保证人类基本的生存和繁衍。因此，笔者认为，似乎应当对受益人放弃受益权进行一定的限制^②。同时，社会保险制度同一般的商业保险一样，也建立在大量的技术手段之上，受益人放弃受益权对社会保险制度的统计、计算有何影响，尚需讨论，因此，对于受益人放弃受益权的行为，似应当有所限制。

二、客体的特殊性

社会保险基金的筹集存在着多种方式，但本质上都是来源于整个社会。根据《社会保险法》的规定，我国社会保险基金的筹集方式采取依据

---

① 有关受益权内容的争议，特别是对于受益权物权化倾向的问题，学界存在争议，参见刘韶华著：《信托原理在民商事法律实务中的应用》，法律出版社 2012 年版，第 6 页。本文采学界的多数说，认为受益权仅指信托关系的收益请求受托人按信托文件或者法律的规定，将信托收益转让给自己的权利。

② 实际上，根据亚里士多德的公正理论，社会保险基金信托法律关系中的受益人放弃受益权的行为，除了是对自己权利的伤害以外，实际上还是对社会公众的伤害，因为"公正和不公正涉及的必定不止一个人"。参见［古希腊］亚里士多德：《尼各马可伦理学》，廖申白译，商务印书馆 2011 年版，第 177 页。

社会保险险种的不同而分别规定的形式。目前，在我国已经确立的五类社会保险中，"养老保险和医疗保险实行社会统筹和个人账户相结合，失业保险要求企业和职工都缴费，这三项最重要的社会保险项目是国家、用人单位和劳动者个人三方负担的，而工伤和生育两项保险劳动者个人不缴纳社会保险费"。[①] 因此，社会保险基金不同于一般的个人财产，正如前文有关社会保险基金所有权的争议一样，社会保险基金属于社会保险覆盖范围内的全体社会成员的共同财产，但由于社会保险基金筹集的目的和其用途而使其具有了社会性。社会性将对社会保险基金信托产生重大影响，比如投资的对象，受托人义务，受益人的确定和受益权的行使条件等，都不同于一般的信托。

社会保险基金的特殊所有权性质和设立社会保险制度特殊的目的使得安全成为重要的目标[②]。因此，社会保险基金信托受到的限制往往比一般的信托要多很多，特别是在对有风险的投资领域和产业进行投资时，《信托法》上规定的受托人以自己的名义处分信托财产的权利将会受到限制，有些甚至是不允许社会保险金基金投资到上述领域中去，以避免正常的市场风险给社会保险基金造成损失。同时，保值和增值的目标同样会构成对受托人资格和受托人权利的限制，并加重受托人的义务和责任。

社会保险基金作为信托财产，数额特别巨大，因此，其对社会经济发展的促进作用非常明显，可以在短期内为社会经济发展提供充足的资金来源，带动社会经济的发展。社会保险基金投入社会经济建设中，也符合资金管理的流动性原则[③]。但是，社会保险基金的不当投资和管理也会对社会经济发展的正常秩序造成较大的冲击，破坏社会经济发展的正常轨道。在

---

① 黎建飞著：《劳动与社会保障法教程》，中国人民大学出版社 2013 年版，第 280 页。
② 张丽云："中国社会保险基金市场化改革分析——以和全国社保基金的比较为视角"，《金融与经济》2011 年第 5 期。
③ 郑云瑞著：《社会保险法论》，北京大学出版社 2010 年版，第 58 页。

社会保险基金信托法律关系中，由于作为信托财产的社会保险基金本身数额巨大，与一般的财产信托相比，将其投入市场之后，短期内社会经济的运行会造成较大的影响。因此，在社会保险基金信托中，对受托人对信托财产的处分权利必须进行一定的限制，同时为了避免风险和减少社会保险基金信托中由于资金过于集中而对经济秩序造成冲击，社会保险基金信托似应当遵循"分散投资"的原则，[①] 既实现社会保险基金的安全和保值、增值的目标，也能避免对社会经济秩序的不良影响。

三、内容的特殊性

法律关系的内容，一般而言，是指法律主体所享有的权利和负担的义务[②]。在社会保险基金信托法律关系中，法律关系的内容，即为作为社会保险基金信托法律关系主体的委托人、受托人和受益人所享有的权利和负担的义务。但是，由于社会保险基金本身所具有的特殊性，决定了社会保险基金信托中法律关系的内容亦较之一般信托具有不同，特别是对于信托财产的托管人和社会保险基金信托的监管人而言，其所负担的托管义务和监管义务，与一般社会经济生活中的信托具有较大差别。

在狭义的社会保险基金信托法律关系中，首先，作为社会保险基金信托法律关系的一方主体之一，政府管理部门或者其授权的机构处于委托人的地位，除了《信托法》规定的在一般信托中委托人所具有的权利和负担的义务以外，其本身还负有监管社会保险基金信托正常运行的职责，这也是《劳动法》和《社会保险法》对政府管理部门或其授权的机构所负担的对社会保险基金运营管理过程中的行为进行监管的义务的具体体现。其次，作为社会保险基金信托法律关系中的受托人，信托机构除了在《信托

---

① 张淳："论社会保障基金投资信托受托人的特殊义务"，《中州学刊》2009 年第 3 期。
② 朱景文主编：《法理学》，中国人民大学出版社 2008 年版，第 428 页。

法》的范围内享有权利和负担义务以外，还必须额外负担相应的义务。对此，有学者认为，在社会保险基金信托法律关系中，由于社会保险基金的特殊性质，决定了作为受托人的信托机构应当负担的义务和完成投资行为所遵守的谨慎选择的义务的标准，应当不同于社会经济生活中的一般财产信托[①]。信托机构作为社会保险基金信托的受托人，应当负担谨慎投资义务，分散投资义务和最小收益义务。[②] 实际上，上述义务均源于作为信托财产的社会保险基金的特殊属性。

正如前文所述，社会保险基金信托法律关系中的受益人，同时又是社会保险法律关系中的缴费人和纳入社会保险覆盖的社会成员。因此，受益人所享有的受益权与一般社会经济生活的财产信托有所不同。在受益权保障方面，由于社会保险基金的社会性，受益人的受益权的保护事关社会保险制度能否落实，能否切实解决纳入社会保险覆盖范围内的社会成员的生存所需，因此，社会保险基金信托法律关系中的受益人的权益保障要比一般社会经济生活中的财产信托对受益人的权益的保护更为严格，具体表现在对受托人的选择，委托人对受托人投资管理行为的监管，受托人的责任等方面[③]。

从上述有关社会保险基金信托法律关系的分析来看，在社会保险基金信托法律关系中，无论是从主体、客体还是内容上讲，都较一般社会经济生活中的财产信托有所不同。除了上述特殊性之外，由于社会保险基金的安全、保值和增值的需求，上述主体在社会保险基金信托中所承担的责任要比一般社会经济生活中的财产信托重。特别是对于受托人而言，其在社会保险基金信托中，因为没有尽到谨慎投资的义务而导致社会保险基金遭受损失的，应当承担相应的赔偿责任。而受益人在社会保险基金信托法

---

① 余卫明、贾楠："论社会保障基金投资信托受托人的谨慎义务"，《时代法学》2013 年第 6 期。

② 张淳："论社会保障基金投资信托受托人的特殊义务"，《中州学刊》2009 年第 3 期。

③ 刘青峰、巩建华："公益信托——社会保险基金运营管理的全新模式"，《行政论坛》2011 年第 2 期。

律关系中，故意骗取社会保险金的，或者故意转让受益权，导致社会保险基金遭受损失的，也应当承担赔偿责任。作为社会保险基金信托法律关系中的委托人，政府管理部门或其授权的机构未能尽到委托人义务，或者未能尽到社会保险基金信托所要求的审慎选择受托人，造成社会保险基金遭受损失的，应当承担赔偿责任。在上述民事责任之外，对于社会保险基金信托中的三类主体，还涉及相应的行政责任和刑事责任问题，相比较于一般财产信托，上述三类主体在社会保险基金信托中承担的行政和刑事责任更重。

四、其他方面的特殊性

从广义的社会保险基金信托法律关系来看，在社会保险基金信托中，还涉及基金的托管主体，监管主体等在上述委托人、受托人和受益人之外的主体，除了上述三方主体需要受到限制，不同于一般的信托之外，社会保险基金的托管主体和监管主体也不同于一般社会经济生活的财产信托。首先，就托管主体而言，其负有的保管义务和安全义务要较之一般社会经济生活中的财产信托的托管主体要高，甚至可能达致一个类似于专家义务的标准。而对于监管主体而言，在社会保险基金信托关系中，存在着多重监督主体的问题。在现行法律规范中，《社会保险法》中设置了专章对社会保险监管制度进行规定[①]，同时，《信托法》虽然对信托监管没有专门进行规定，但是，在央行金融监管中，信托业显然属于金融监管的范畴，且一直被纳入央行监管的范围[②]。因此，在社会保险基金信托中，既不同于社会保险的一般监管，也不同于一般社会经济生活中的财产信托的监管。实

---

① 参见《中华人民共和国社会保险法》第十章"社会保险监督"。

② 有关信托的金融监管问题的争议，不属于本文的讨论范畴，故不赘述，请参见盛学军："中国信托立法缺陷及其对信托功能的消解"，《现代法学》2003 年第 6 期；席月民："我国《信托业法》的制定"，《广东社会科学》2012 年第 5 期。

际上，根据前文所述，社会保险基金的监管既有社会保险的特征，同时也要符合信托业的要求，实际上处于复合监管之下。当然，这其中所存在的问题前文已经阐述，此处不再赘述。

实际上，社会保险基金信托作为社会保险基金的运营管理方式之一，既不同于社会保险的一般运营，也不同于纯粹的私有财产的信托，而是具有自身的特征。在社会保险基金信托法律关系中，正是由于社会保险基金的社会法属性和信托所具有的私法属性的重叠才衍生出了社会保险基金信托不同于二者的特征。因此，在考虑对社会保险基金信托进行法律规制时，既要考虑社会保险基金具有的原来社会保险和信托法所具有的特性，也要对社会保险基金信托本身所具有的新的特性进行考察，才能真正发现社会保险基金信托的规制需求，制定行之有效的法律规范。

第三节　社会保险基金信托立法模式选择

针对社会保险基金信托，学界存在三种不同的方式或者立法路径选择，分别是在《社会保险法》中予以规制、在《信托法》中予以规制和单独制定《社会保险基金信托法》。笔者拟采取对上述三种立法路径进行分别分析的方式，在综合分析的基础上，选择一种立法路径进行详细分析和初步设计。

一、我国社会保险基金信托的法律规范模式

（一）在《社会保险法》中规制社会保险基金信托的模式分析

对于如何设计社会保险基金信托的调整模式，《社会保险法》本身为学界提供了思路，作为社会保险制度的一般性法律，似乎在《社会保险

法》中规定有关社会保险基金信托的内容是思维逻辑的必然结果。这一种路径认为，通过修改《社会保险法》的方式，将"社会保险基金信托"作为单独的一章，或者在既有的社会保险经办一章，增加社会保险基金信托的内容，可以使得社会保险基金信托在《社会保险法》中得到规制。从《社会保险法》的规定的内容来看，其处于社会保险的一般法律的地位，在社会保险法中对作为社会保险基金投资运营方式之一的社会保险基金信托作出规定，无疑是赋予了社会保险基金信托以特殊的地位，突出了社会保险基金信托的重要地位。同时，在《社会保险法》中，第九章专章规定了社会保险的经办，在这一章中，虽然并未明确规定社会保险基金投资运营的事项，但在修改之后，可以将包含社会保险基金信托在内的社会保险基金投资运营的事项全部纳入其中，不仅在体系上使得社会保险的经办更为完整，同时，也使得社会保险基金投资运营的内容能够在《社会保险法》中得到规定，提升对社会保险基金投资运营的法律认识，使得其处于一般法律地位之中，有利于实现以社会保险基金保值和增值的管理目标，促进社会保险事业的进一步发展。

上述在《社会保险法》中重新修订，增设社会保险基金信托专章的方式，固然能够实现对社会保险基金信托的有效规制，但不免对整个《社会保险法》的体系都会产生较大的影响，同时，由于司法实践和一般社会公众已经对既有的《社会保险法》产生了特定的理解，上述修改会使得社会公众对既有的《社会保险法》的认知出现较大的变动，不利于司法实践和社会一般公众理解和适用社会保险的相关制度。因此，有学者主张在既有的规定下，通过对妨碍社会保险基金信托的个别条款进行调整，而不用对整个社会保险法进行变动，以便在《信托法》中对社会保险信托进行规定，同时又能排除社会保险基金信托在《社会保险法》中的适用障碍。

（二）在《信托法》中设置"社会保险基金信托"专章的模式分析

目前，在对社会保险基金信托的立法模式的争论中，有学者认为，应当采取在《信托法》中设置"社会保障基金投资信托"专章，在《信托法》的既有框架中对社会保险基金信托进行规制。[①] 该学者认为，社会保险资金的资金安全应当是对社会保险基金进行运营和管理的重要目标，同时，确保社会保险基金的增值和资金的流动性要求也需要《信托法》对社会保险基金信托进行规制。从《信托法》对社会保险基金信托适用的有效性角度而言，《信托法》无疑能够实现上述目的。因此，在《信托法》中设立专章，对社会保险基金信托进行规制，是目前而言较为合适的选择。[②] 针对学界对社会保险基金信托属于公益信托[③]，而《信托法》有关公益信托的规定过于笼统，条文有限，且规则之间多有相互矛盾之处，不能适用于社会保险基金信托的反对理由，学者认为，社会保险基金信托属于以实现社会保险基金保值和增值为目标的信托，而根据我国《信托法》第 60 条的规定，符合该法第 60 条所规定的七种目的之一的，方属于《信托法》规定的公益信托，而社会保险基金信托所具有的实现社会保险基金保值和增值的目的，显然不属于上述七种目的之一，故而社会保险基金信托并不属于公益信托的范畴[④]，因此，也就不具有上述反对理由所指称的种种问题，社会保险基金信托适用我国《信托法》的规定实无疑虑。

---

① 参见张淳："关于在我国信托法中增设'社会保障基金投资信托'一章的建议——对存在于这一章中的重要规定及其内容的构想"，《南京农业大学学报》2008 年第 4 期。

② 参见张淳："关于在我国信托法中增设'社会保障基金投资信托'一章的建议——对存在于这一章中的重要规定及其内容的构想"，《南京农业大学学报》2008 年第 4 期。

③ 参见董保华等著：《社会保障的法学观》，北京大学出版社 2005 年版，第 210—211 页。

④ 参见张淳："论我国《信托法》适用于社会保障基金投资信托的障碍及其排除"，《政治与法律》2008 年第 11 期。

（三）单独制定《社会保险基金信托法》的模式分析

在上述两种解决社会保险基金信托法律适用问题的路径之外，还存在另外一种思维路径，即为社会保险基金信托单独制定一部社会保险基金信托法，以实现对社会保险基金信托的全面规制，力求在社会保险制度和信托制度之间实现平衡。单独制定《社会保险基金信托法》，是指由于既有的法律规范体系，包括《社会保险法》《信托法》均无法实现对社会保险基金信托的有效规制，为了实现对社会保险基金信托的有效规制，保护纳入社会保险范围内的社会成员的权利，必须单独就社会保险基金信托制定相应的法律，以实现社会保险基金信托安全、保值和增值的目标，维护社会经济秩序的稳定，保护社会保险基金信托当事人的合法权益。

社会保险基金信托的单独立法，是在《社会保险法》和《信托法》之外另起炉灶，为社会保险基金信托制定一部内容完善、规则清晰的法律。此种观点，从社会保险基金信托的有效监管和法律适用的效率性角度而言，一部规则完善的《社会保险基金信托法》对于社会保险基金信托的管理、投资运营具有重要意义。但是，社会保险基金信托单独立法是否就是社会保险基金信托法律规制的最优选择，学界仍然存在质疑。首先，就立法的成本而言，立法成本包括了立法工作自身的成本和立法的社会成本[①]，就社会保险基金信托单独制定法律这一路径而言，立法工作自身的成本比上述两种路径要大，新的规则的制定需要统合私法、社会法、公法三大法领域，而在对既有的无论是《社会保险法》还是《信托法》，既有的规则都可以部分提供支撑；就社会成本而言，民众和司法实践的既有习惯也会造成对新法的适用成本会比修订模式要高。因此，此种方案实际上需要巨大的立法成本，以如此巨大的成本换取社会保险基金信托的单独立法，是

---

① 郭道晖："立法的效益与效率"，《法学研究》1996 年第 2 期。

否值当，确需进一步论证。

除此之外，由于社会保险基金信托涉及三大法域，多个法律部门，上述部门法之间的规则各有侧重，彼此之间难谓统一、体系化。如果要制定一部单独的《社会保险基金信托法》，上述彼此之间差异较大的规则之间如何实现统一，实现在同一部法律中体系化的安排，尚需学界进一步论证。

二、现行立法的评析

（一）《社会保险法》的相关规定

《社会保险法》的制定、颁布和实施，是我国第一次以基本法律的形式[1]，系统地将五个社会保险制度统一在法律的高度进行规范，具有里程碑式的意义。但是，社会保险法也存在诸多未能解决的问题，留下了不少遗憾。同时，社会保险法自身的缺点也决定了在《社会保险法》中规定"社会保险基金信托"专章成为难以完成的任务。

首先，就立法技术而言，《社会保险法》大量采取了授权性规范的模式，这与《社会保险法》经过"四读"才得以通过的立法背景是分不开的。就《社会保险法》的内容而言，社会保险法涉及整个社会的绝大多数成员，基本实现了对社会成员的全面覆盖，因此，其所涉及的问题较之一般的立法更为严峻；同时，由于社会保险法整合了实践中已经存在的工伤、医

---

[1]《社会保险法》的通过机关是全国人大常委会，有关全国人大常委会和全国人民代表大会通过的法律的效力的差别问题，学界尚有争议。参见薛佐文："对立法权限度的法理思考——专论全国人大与全国人大常委会的立法权限"，《河北法学》2008 年第 2 期；韩大元："全国人大常委会新法能否优于全国人大旧法"，《法学》2008 年第 10 期；林彦："再论全国人大常委会的基本法律修改权"，《法学家》2011 年第 1 期；韩大元、胡锦光著：《中国宪法》，法律出版社 2007 年版，第 389 页；张千帆主编：《宪法学》，法律出版社 2004 年版，第 322 页。本文拟采取学界的通说，即全国人大常委会可以制定和修改必须由全国人民代表大会制定和修改的基本法律以外的其他法律。

疗、生育、失业、养老等保险形式，这些保险本身所涉及的利益主体之间关系复杂，《社会保险法》的每一步推进都需要协调各方的利益。因此，《社会保险法》立法采取了大量的回避措施，表现在立法技术和规范形式上，就是大量授权性规范的使用①，使得该法能够在全国人大常委会层面顺利通过。但这样一来，就使得该法诸多条文需要被授权机构及时跟进，制定相应的法规和规章以及实施细则等规范性文件，以配合《社会保险法》的实施，但是，被授权机构或是没有制定相应的法律法规，或者制定的法规本身有悖于《社会保险法》的立法精神，使得《社会保险法》的诸多条文成为具文，被戏称为"沉睡的法律"，难以起到实际的规范作用。

其次，就立法的内容而言，《社会保险法》缺乏对社会保险基金运营管理的规定。在《社会保险法》中，第九章以"社会保险经办"为题，统摄了社会保险法的经办事宜。②但是，从该章的内容来看，其仅仅对社会保险基金的形成具有规范作用，而对于社会保险基金的运营管理，保值和增值等问题，则采取了回避的态度，不着一墨。同时，在《社会保险法》第十章规定了"社会保险监督"③。从形式上看，该部分规定了人民代表大会的代表、社会保险行政部门、财政部门、审计机关、社会保险监督委员会等多头并举的监督渠道，似乎可以实现对社会保险基金管理运营的有效监管，但实际上，仅有"社会保险监督委员会"才被具体赋予了对社会保险基金投资运营的具体事项予以监管的权力。其他监管主体的监管如何实现，尚未有明文规定。而从"社会保险监督委员会"的设立来看，由于该委员会组成人员身份复杂，既有具备专业知识的专家，也有社会保险基金的实际受益者，各方主体不同，其所代表的利益诉求也不相同，该委员会如何在各种利益诉求之间进行协调，并良好地运行尚存在疑问。该监督委

---

① 冯祥武："论《社会保险法》的制度创新与立法不足"，《中国人力资源开发》2011年第6期。

② 参见《中华人民共和国社会保险法》第九章："社会保险经办"。

③ 参见《中华人民共和国社会保险法》第十章："社会保险监督"。

员会实际能够起到的监督效果令人怀疑①；同时，大量不具备相关专业知识的人员成为监督委员会的成员，对于需要专业知识的监管机构而言，将会阻碍该机构实施有效的监管行为。

再次，社会保险经办机构汇报式的报告形式实际上使得"社会保险监督委员会"的信息来源呈现被监督者掌控的局面②。虽然"社会保险监督委员会"可以聘请中立的第三方机构对社会保险基金的投资运营进行审查和审计，但是，这种事后的审计对于社会保险基金投资运营而言，其作用难以保证。社会保险基金投资运营的首要目标是社会保险基金的安全，其次才是社会保险基金的保值和增值，如果依靠"社会保险监督委员会"事后的审查，实际上难以促进社会保险基金的投资运营有效地展开，难以实现社会保险基金投资运营的安全性目标。

最后，"社会保险监督委员会"仅有提出建议的权力③，无论是改正建议还是依法处理建议，实际上使得"社会保险监督委员会"缺乏实际有效的权力，对社会保险基金投资运营的监管仅仅停留在建议层面，将大大降低"社会保险监督委员会"的监督动力，使得"社会保险监督委员会"形同虚设，其本质也是由该委员会的设立方式和组成人员所决定的。

因此，从《社会保险法》的现有规范来看，其本身存在着诸多问题，难以实现规范社会保险的正常运行的目标。同时，由于在《社会保险法》中缺乏对社会保险基金投资运营的专门规定，而社会保险基金信托作为社

---

① 参见《中华人民共和国社会保险法》第 80 条："统筹地区人民政府成立由用人单位代表、参保人员代表，以及工会代表、专家等组成的社会保险监督委员会，掌握、分析社会保险基金的收支、管理和投资运营情况，对社会保险工作提出咨询意见和建议，实施社会监督。……"

② 参见《中华人民共和国社会保险法》第 80 条："……社会保险经办机构应当定期向社会保险监督委员会汇报社会保险基金的收支、管理和投资运营情况。……"

③ 参见《中华人民共和国社会保险法》第 80 条："……社会保险监督委员会发现社会保险基金收支、管理和投资运营中存在问题的，有权提出改正建议；对社会保险经办机构及其工作人员的违法行为，有权向有关部门提出依法处理建议。……"

会保险基金投资运营的形式之一，单独出现在《社会保险法》中，显然不符合立法逻辑的要求。为了符合立法逻辑和现实的需要，必然会为以购买国债等其他社会保险基金的运营管理模式设置相应的规则，不仅会造成《社会保险法》的内容庞杂，而且也增加了体系上的不协调性。因此，无论从法典的形式要求来看，还是从《社会保险法》的既有结构和内容，以及《社会保险法》的立法技术而言，在《社会保险法》中设置"社会保险基金信托"专章，将社会保险基金信托在《社会保险法》的既有规范结构下进行阐释和适用，都不能找到令人满意的方案。相反，《社会保险法》作为社会保险一般法典的地位更令社会保险基金信托难以在其中找到适用的可能。

（二）《信托法》的相关规定

信托是由英国普通法系创造并为多数国家采纳的一项财产管理制度[①]，这也使得英国学者梅特兰在其《国家、信托与法人》中对英国的信托制度大加赞赏[②]。但是信托制度在我国本身属于舶来品，《信托法》也是我国继受近现代西方先进法律制度的产物。在《信托法》中，由于和既有的法律体系融合不足以及对中国社会特有的运行状况的不适应，导致《信托法》在实践中本身出现了诸多问题[③]。

首先，从立法技术而言，《信托法》仅有的七十四条显然不能满足整个信托行业的发展需要，有学者在呼吁制定《信托业法》[④]，以实现信托法私法自治和行业监管的分离，防止出现对信托行业发展的过多干预。因此，从立法技术而言，《信托法》采取了与《信托业法》基本分离的立法

---

① 吴治繁："日本继受信托制度及对我国的启示"，《贵州社会科学》2011 年第 8 期。

② [英] F.W. 梅特兰著：《国家、信托与法人》，樊安译，北京大学出版社 2008 年版，第 18 页。

③ 于海涌："中国信托业陷入低迷的法律分析——写在《信托法》实施以后"，《政法论丛》2011 年第 5 期。

④ 席月明："我国《信托业法》的制定"，《广东社会科学》2012 年第 5 期。

方式，而在社会保险基金信托中，除了社会保险基金运营的私法规范外，还存在大量的属于监管类的法律规范，如果在以私法意思自治规范为主的《信托法》中加入大量有关社会保险基金监管的内容，势必会使得《信托法》的内容过于庞杂，也不符合《信托法》与《信托业法》分别立法的规则设置模式。

　　其次，从立法的内容上看，在我国《信托法》中，回避了"双重所有权"的问题，①"双重所有权"问题是信托制度特有的，且在学界长期引起讨论而未能得到解决的问题②。根据《信托法》第2条的规定，立法者使用了"委托"而不是"转移"的习惯性用词③，导致学界对于信托财产的所有权归属问题产生了较大的争议④。由于信托财产权属的不确定，导致现实生活中对信托财产的保护问题，以及对委托人和受托人之间的权利义务划分界限等难以确定。在信托财产遭受损失时，由于责任主体的不确定而难以追究责任和划分风险负担。当然，也有学者主张，信托财产的独立性才是信托制度的核心，信托财产的归属不决定信托财产的独立性。⑤在社会保险基金信托中，对于信托财产所有权的确定十分必要。在社会保险基金管理、投资运营的过程中，社会保险基金的安全是首要目标，上述社会保

---

① 于海涌："中国信托业陷入低迷的法律分析——写在《信托法》实施以后"，《政法论丛》2011 年第 5 期。

② 陈璞："作为所有权运动形式的信托——一个解决信托财产所有权归属问题的理论尝试"，《河北法学》2010 年第 12 期；于海涌："论英美信托财产双重所有权在中国的本土化"，《现代法学》2010 年第 3 期。温世扬、冯兴俊："论信托财产所有权——兼论我国相关立法的完善"，《武汉大学学报（哲学社会科学版）》2005 年第 2 期；符琪："论信托财产权的三重二元结构"，《上海财经大学学报》2013 年第 5 期。

③ 参见《中华人民共和国信托法》第 2 条："本法所称信托，是指委托人基于对受托人的信任，将其财产权委托给受托人，由受托人按委托人的意愿以自己的名义，为受益人的利益或者特定目的，进行管理或者处分的行为。"

④ [日] 中野正俊、张军建："中国信托法具体修改建议"，姜雪莲译，《河南省政法管理干部学院学报》2006 年第 6 期。

⑤ 楼建波："信托财产的独立性与信托财产归属的关系——兼论中国《信托法》第 2 条的解释与应用"，《广东社会科学》2012 年第 2 期。

险基金在信托过程中，如果对所有权不能明确，则会对社会保险基金的安全本身带来极大的不确定性。

最后，从公益信托的概念和发展历程来看，公益目的的范围本身非常广泛，其中不乏对"对创业青年以及对弱者的扶助"等宽泛式规定①。因此，正如前文所述，由于我国自身私法基础的缺乏，私法体系基本移植了西方国家近现代的法律体系，信托法也不例外。在对信托法的继受和发展过程中，存在诸多的问题②。在社会保险制度中，纳入社会保险覆盖的社会成员通过缴费的方式，是保证自己在将来能够取得社会保险金，而在进行信托运营之后，作为收益的社会成员实际上在某种程度上也具有委托人的特性。这也是社会保险基金信托的特殊之处。我国《信托法》在第六章以专章的方式，对公益信托进行了规定。③ 但是从该章的内容来看，除了一般性地对公益信托作出了简要的规定之外，并没有对具体的公益信托类型进行规定。因此，社会保险基金信托出现在信托业的一般性法律——《信托法》中，应当被划分到何种信托类别中还需要学界进行更为充分的研究。

综上所述，在《信托法》中规定有关"社会保险基金信托"的内容，从《信托法》的私法思路和社会保险基金信托的有关信托的立足点来看，似乎是目前的最佳方案。上述方案不仅使得信托法体系完整，而且使得社会保险基金信托又回归到了私法的体制之下，能够适应社会保险基金管理，投资运营市场化的要求。但无论是从立法的技术上看，还是从《信托法》本身内容和体例结构来看，社会保险基金信托都难以在《信托法》中找到制定相关规则的空间。实际上，学界对社会保险基金信托问题尚存在争议，在主张社会保险基金管理，投资运营的方案选择中可以包含信托的

① 金锦萍："论公益信托制度与两大法系"，《中外法学》2008 年第 6 期。

② 侯怀霞："论信托制度的演变与传播——兼对我国继受信托法的两点反思"，《社会科学研究》2009 年第 4 期。

③ 参见《中华人民共和国信托法》第六章："公益信托"。

学者中，其对于社会保险基金可以适用信托的论证理由，并不是社会保险基金信托能够在《信托法》中找到适用的空间，上述论证理由仅仅涉及社会保险基金适用信托投资运营的方式的可能性而已。因此，学界在讨论有关社会保险基金信托等主题时，必须严格区分社会保险基金可以通过信托投资方式实现保值增值和社会保险基金信托可以在《信托法》中进行规制这两个完全不同的主题和论证。实际上，即便如同学者所主张的那样，在《信托法》中设置有关社会保险基金信托的相关内容，不仅会使《信托法》本身处于信托一般法律和具体规定之间的尴尬地位，还会造成信托法和社会保险法律制度之间体系上的混乱。正如前文所述，社会保险基金信托本身涉及公法、私法和社会法三个法领域，在纯粹属于私法领域的《信托法》中规定有关社会保险基金信托的问题，无法凸显其社会法属性，而且还容易使得《信托法》的内容庞杂、体系混乱。

三、社会保险基金信托单独立法模式的分析

社会保险基金信托单独立法路径选择固然能够提供一种路径选择，但其所付出的立法成本也必须进行考量，单独立法模式需要进一步的分析和论证。

社会保险基金信托单独立法尽管存在着立法成本的质疑，但是，从社会保险基金信托运行的角度而言，社会保险基金信托单独立法具有诸多优点。首先，社会保险基金信托涉及私法、公法和社会法的大量内容，包括社会保险基金的运营和社会保险基金信托的监管等。制定一部单独的社会保险基金信托法，可以将上述领域的规范纳入社会保险基金信托法中，使当事人在查找法律时，可以在社会保险基金信托法中找到较为全面的法律规则。其次，社会保险基金信托法的制定，可以明确社会保险基金信托的法律适用。社会保险基金信托跨部门、多法域，统一的社会保险基金信托法将上述规则进行梳理和集中，并厘清相关规则之间的关系，

有利于建构一个清晰完整的社会保险基金信托法律规范体系。再次，社会保险基金信托的单独立法，可以促进社会保险法律体系的完整，完善社会主义法律体系。最后，社会保险基金信托单独立法，是作为信托财产的社会保险基金的特殊性导致了社会保险基金信托具有不同于一般信托的特征。

立法成本也是一部法律在制定的过程中所必须考察的因素[1]。对于社会保险基金信托单独立法，对其立法成本作为立法可行性论证的一部分[2]，不可或缺。如同上文所述，由于社会保险基金信托单独立法需要重启立法程序，并在《社会保险法》和《信托法》之外，单独制定相应的规则，其对立法的可行性论证，规则的正当性论证，以及民众法情感的考虑等，都需要大量的社会成本，因此，社会保险基金信托单独立法的成本确实较大。但从另一个角度而言，社会保险基金信托单独立法的成本未必会高于在《社会保险法》或者《信托法》中制定或者修改有关社会保险基金信托的部分规则。首先，由于社会保险基金信托的特殊性，其与社会保险的一般管理、投资运营以及社会经济生活中的一般财产信托之间存在着较大的不同，如果采取前两种方案所设计的，在《社会保险法》和《信托法》中对有关的规则进行修改，并补充相应的规则，以便社会保险基金信托能够得到规制，社会保险基金信托的特殊性质会造成立法者需要对上述两部法律进行较大甚至是全面性的改动，比如立法的宗旨、目标等。如此一来，上述两种方案都会产生类似于社会保险基金信托单独立法所需要的立法成本，三种路径选择之间在立法成本问题上似乎难分优劣。其次，社会保险基金信托不仅仅涉及效率的问题，其还涉及利益的分配问题，因此，在效率不是唯一追求目标的情况下，有关公正、公平的目标就应当纳入立法者

---

[1] 李龙亮："立法效率研究"，《现代法学》2008 年第 6 期。

[2] 汪全胜："立法论证探讨"，《政治与法律》2001 年第 3 期。

的考量范围①。在《社会保险法》中，其对公平的追求有余，而对效率关注不足；在《信托法》中，其对效率的追求有余而对公平的关注不足。在此前提之下，上述两个路径选择均不是最优方案。实际上，由于社会保险基金的公共产品性质②，对于以纯粹市场经济为支撑的《信托法》而言，社会保险基金信托似难以在其中找到令人信服的规则安排方案。

但是，在单独制定的《社会保险基金信托法》中实现跨多法域、多部门的规则之间的统一和体系化，确需学界进一步论证。笔者认为，在《社会保险基金信托法》中，在涉及行政法、刑法等公法规范时，可以采取学界较为认可的"管道式"规范设计方式，采用引致条款③的形式，使《社会保险基金信托法》能够与公法连接起来。④这既是一种节约条文的立法方式，避免《社会保险基金信托法》臃肿庞杂，无法适应司法实践和民众适用法律的需求；也是厘清社会保险基金信托规则之间关系的一种手段。而对于私法规范与社会法规范，在《社会保险基金信托法》的框架之内，应当尽量将二者进行糅合。正如前文所述，《社会保险基金信托法》中，私法的内容应当成为该法的主体，而社会法得以进入该法的主要理由即为作为信托财产的社会保险基金的特殊性质。因此，对于社会法规范，应当本着节约立法成本，使法律适用更为清晰的角度，可以在《社会保险基金信托法》中予以设置；但是，对于较为特殊的社会法规范，不宜在《社会保险基金信托法》中予以设置的，可以采取和公法规范类似的方式，在制定相关规则时，采取引致条款的形式，将相应的规则适用指引到《社会保

---

①［美］大卫·D.弗里德曼著:《经济学语境下的法律规则》，杨欣欣译，法律出版社2004年版，第21页。

②［美］罗伯特·考特、托马斯·尤伦著:《法和经济学》，史晋川、董学兵等译，格致出版社、上海三联书店、上海人民出版社2010年版，第37—38页。

③苏永钦著:《私法自治中的经济理性》，中国人民大学出版社2004年版，第34—35页。

④参见钟瑞栋:"民法中的强制性规范——兼论公法与私法'接轨'的立法途径与规范配置技术"，《法律科学》2009年第2期;［德］迪特尔·施瓦布著:《民法导论》，郑冲译，法律出版社2006年版，第660—661页。

险法》及其相关法律规范之中。

　　尽管笔者在上述各种立法方案中选择了单独制定《社会保险基金信托法》的模式，但是，笔者仍然认为，立法是一个系统性工程，并非一朝一夕之功。有关社会保险基金信托的运营情况的实践总结，比较法材料的收集和整理，分析和借鉴等，都需要大量的人力、物力的投入。而立法方案的选择，有时也会伴随社会经济生活的发展，甚至是立法者的意志，都会影响立法的进程和方案。只要能够为社会保险基金信托提供较为完整、合理的规范系统，上述三种模式之中，并未有不可接受之处。

第四节　《社会保险基金信托法》的内容及其规范配置

　　本文拟采取对社会保险基金单独立法的理论路径进行详细分析，并尝试制定有关社会保险基金信托的初步规则，为学界解决社会保险基金信托相关问题提供借鉴。对于社会保险基金单独立法这一路径，从宏观的角度而言，立法者面临着如何奠定立法的基调，在私法、公法和社会法以及各个部门法之间实现平衡的问题。而从微观上讲，立法者则面临着如何制定规则，以及什么样的规则，规则的正当性论证等问题。笔者拟从上述两个角度入手，分别对社会保险基金立法的规制对象，立法原则和规范配置等问题进行分析，并初步设计《社会保险基金信托法》的相关条文，供学界参考。

一、社会保险基金信托立法的规制对象

　　社会保险基金信托单独立法，则面临着诸多争议。最需要澄清的是，社会保险基金信托法当以何为规制对象，亦即，如果社会保险基金信托单独立法，该法与《社会保险法》和《信托法》之间到底是什么关系，是否

会存在立法冗余，造成立法浪费，使得社会公众和司法实践者无所适从的问题。因此，有必要对《社会保险基金信托法》的适用对象进行阐述和界定。从已经制定的主要法律规范来看，无论是部门法还是具体的法律规范本身，都采取了以法律关系为标准的分类方式[①]。因此，从法律关系界定《社会保险基金信托法》的调整对象，符合既有法律体系的立法思维。

从法律关系角度而言，《社会保险基金信托法》的调整对象为社会保险基金信托法律关系，包括委托人、受托人与受益人三者之间的法律关系。在上述法律关系之外，还存在社会保险基金信托监管人，财产托管人等法律主体，上述主体与委托人、受托人和受益人之间的法律关系，也属于《社会保险基金信托法》的调整范围。从上述主体之间的关系来看，既有处于平等地位的私法主体，也有处于不平等地位的监管与被监管主体，因此，除了属于私法调整范围的平等主体之间的法律关系之外，还有属于社会法和行政法所调控的非平等主体之间的法律关系。因此，对于《社会保险基金信托法》的调整对象问题，通过上述论证，可以概括为：社会保险基金信托法律关系以及因社会保险基金信托的监管等形成的法律关系。

在界定《社会保险基金信托法》的规制对象时，厘清其与《社会保险法》和《信托法》的规制对象之间的关系至为重要。这实际上是从外部对《社会保险基金信托法》的调整对象进行限定，以厘清《社会保险基金信托法》的适用范围。立法者在制定新的法律规范时，往往受到既有规范体系的指引和约束。"他们必须服从授权部门指示、宪法、各种各样奠定法律起草者地位的文件、《法律解释法》和其他喋喋不休的禁令。"[②]正如学者

[①]朱景文主编：《法理学》，中国人民大学出版社 2008 年版，第 331 页。

[②][美]安·赛德曼、罗伯特·鲍勃、那林·阿比斯卡：《立法学：理论与实践》，刘国福、曹培等译，中国经济出版社 2008 年版，第 369 页。

所言，法规范的改变，是秩序的变迁的结果，而不是原因①。规范仅仅是法律秩序的一部分，因此，在对社会保险基金信托进行法律规制时，无论采取怎样的立法模式，实际上都是法秩序改变的结果，规范仅仅是法秩序变革的表现之一。② 因此，要为社会保险基金信托立法，就必须厘清现行有关社会保险基金信托的法秩序的历史脉络和发展趋势，将原本蕴含于法秩序中的规则诉求用全新的规范表现出来。

（一）与《社会保险法》的关系

正如前文所述，《社会保险法》是我国社会保险领域的基本法律，其为社会保险制度提供了一般规范框架③。因此，从二者之间的关系来看,《社会保险基金信托法》属于特别法，《社会保险法》属于一般法。作为特别法的《社会保险基金信托法》，应当遵从《社会保险法》有关社会保险基金的一般规定。从具体的内容来看，《社会保险法》虽然对有关社会保险基金的管理、投资运营并没有作出较为细致的规定，但其对社会保险基金的资金来源和经办作了明确规定。社会保险基金的筹集问题，已经由《社会保险法》作出了规定，因此，《社会保险基金信托法》对上述内容不必再作规定。同时，由于《社会保险法》对管理、投资运营事项付之阙如，《社会保险基金信托法》应当对社会保险基金信托作出较为全面的规定。而对社会保险基金的其他管理和投资运营事项而言，从信托法律关系本身的特殊角度而言，社会保险基金的信托与其他投资、运营方式之间存在较

---

① Santi Romano, L'ordinamento giuridico（Pisa 1918），p17. 转引自［德］卡尔·施密特著:《论法学思维的三种模式》，苏慧婕译，中国法制出版社 2012 年版，第 63—64 页。

② 朱岩:"社会基础变迁与民法双重体系建构"，《中国社会科学》2010 年第 6 期。

③ 郑功成:"《社会保险法》: 我国社会保障法制建设的里程碑"，《中国劳动》2011 年第 1 期。

大的差异，比如购买国债和存入银行 ①。因此，《社会保险基金信托法》不宜对其他运营手段作出规定。

在广义的社会保险基金信托法律关系中，还包括社会保险基金信托监管法律关系。在《社会保险法》中，对社会保险基金的监管作出了专门规定。但是，此部分的规定存在较大的不足。从其规范的内容来看，仅具有宣誓性意义，而缺乏实际操作可能性。《社会保险基金信托法》可以对社会保险基金信托部分的监督问题作出较为细致的规定。但是，从目前学界研究的情况来看，制定单独的社会保险基金监督管理法似乎成为一种保护社会保险基金安全的最优选择。因此，如果立法者采取上述单独制定社会保险基金监督管理法的立法路径，《社会保险基金信托法》中的监管部分如何处理，便成为将来立法之时不可回避的问题。笔者认为，从目前学界的研究成果来看，社会保险基金单独制定监督管理法，似乎还需要一定的时间，而社会保险基金的运营管理的创新却是当下必须尽快解决的问题，因此，在《社会保险基金信托法》中，先行设置监管相关的规范，有利于目前约束监管行为。在单独的社会保险基金监督管理法出台以后，可以将《社会保险基金信托法》中有关监督部分的内容合并到新的单独制定的立法中去。同时，在《社会保险基金信托法》中先行设置有关监督管理的规范，在某种程度上也能够为后续单独制定社会保险基金监督管理法提供立法实验和经验积累。

---

① 信托作为社会保险基金的运营方式，委托人在限定的范围内，可以自由采取多种投资方式，包括现行的购买国债和存入银行等方式，因此，在《社会保险基金信托法》中，似乎可以对社会保险基金的运营管理作出一般性的规定。但是，信托本身作为社会保险基金投资、运营管理的手段之一，其与其他运营管理手段处于平等地位；同时，从晚近的信托法发展来看，信托本身也不仅仅作为投资手段，还可以作为融资的方式，当然，社会保险基金信托可否作为融资的方式尚有待讨论，但在《社会保险基金信托法》中不宜对其他运营手段作出规定当属不言自明之理。

（二）与《信托法》的关系

《信托法》作为信托行业的基础性法律规范，其对我国整个信托行业都具有规范作用。在社会保险基金信托中，作为信托的一类特殊类型，社会保险基金信托应当受到《信托法》的规制。因此，从两个法律的一般关系来看，《信托法》作为规制信托行业的基本法律，其与《社会保险基金信托法》之间是一般法与特殊法的关系，《社会保险基金信托法》的有关内容，同样不得违背《信托法》有关信托基本原理的规范。

从具体的内容来看，《信托法》似乎对信托的各方面的内容都有较为详细的规定。但是，《信托法》并未对各个具体的信托类型进行分类，并设置相应的规范。从上文有关社会保险基金信托特殊性的论述来看，作为信托的一种类型，社会保险基金信托带有明显的社会法性质，在具体的法律关系中，委托人与受托人、受益人在权利义务和责任上均较一般信托有所不同。出于社会保险基金安全性、保值和增值的目标的考虑，在社会保险基金信托法律关系中，私法自治受到了很大的限制，在具体的规范中加入了更多的社会法和公法的管制性的内容，因此，尽管《社会保险基金信托法》中有关信托基本内容的规范应当遵循《信托法》的相关规定，但是，《社会保险基金信托法》中有关社会法和公法的内容却可以突破作为私法的《信托法》的限制。

由于社会保险基金信托的特殊性，在社会保险基金信托法律关系中，有关委托人、受托人和受益人的权利义务和责任，受托人的资格和责任，社会保险基金信托的设立、变更和终止等具体内容都与社会经济生活中的一般财产信托有所不同，因此，《信托法》中有关上述内容的规定对于社会保险基金信托而言，似难有适用的余地。笔者认为，既然社会保险基金信托与社会经济生活中的一般财产信托有不同的特殊性，因此，对于社会保险基金信托和一般财产信托似可以部分区别对待，只要不违背《信托法》有关信托原理的规定，对部分制度似可以不必完全遵循《信托法》的规定。同时，《信托法》中相关制度的目的可以通过在社会保险基金信托中设置类似的制度，以实现该制度的目的，社会保险基金信托不必严格遵循《信托法》有关制度性设计的规定便成为可以令人接受的方案。

二、社会保险基金信托立法的基本原则

法律原则处于概念与价值之间，通常概念中的价值判断是隐藏的，但是，法律原则，则使价值显现出来，法律原则比较适合将法在价值上的统一性再现。[①] 社会保险基金信托法的原则，可以作为社会保险基金信托法体系构建的基础，并且和社会保险基金信托的价值理念密切相关。社会保险基金信托法的原则体现着社会保险基金管理的价值理念，并受到社会保险基金管理的价值理念的影响。因此，在设定社会保险基金信托法的原则时，应结合社会保险基金管理安全、效率和正义的价值理念。此外，由于信托制度属于私法意义上的财产管理制度，因此，社会保险基金信托的立法理念应是民商法自治理念和公权对社会权的保护从而引起的管制理念的结合，即社会保险基金信托的立法理念，应兼顾自治与管制。笔者认为，社会保险基金信托法的基本原则，应主要体现在以下方面：

（一）安全原则

社会保险基金作为社会成员的"养命钱"和"救命钱"，其是否安全事关纳入社会保险覆盖范围的社会成员能否享有基本的社会保障，对于整个社会的安定具有重要影响。因此，社会保险基金管理，投资运营的首要原则就是要保障社会保险基金的安全。[②] 在近现代社会保险制度的发展过

---

① 参见黄茂荣著：《法学方法与现代民法》，法律出版社 2007 年版，第 595 页脚注。
② 王伟："论我国社会保险基金的法律监管"，《学术交流》2009 年第 11 期。

程中，社会安全、稳定无疑是社会保险产生和发展的重要动因[1]，社会保险制度中，最为关键的是维护社会保险基金的安全，保证社会保险基金能够满足纳入社会保险覆盖范围内的社会成员的给付请求，实现社会保险基金的基本功能。因此，无论是在《社会保险法》中，还是在社会保险基金的管理和投资运营中，安全原则都是首先必须遵守的原则。在安全原则的前提下，才有所谓社会保险基金的有效管理和投资运营，保值和增值的问题。

（二）保值增值原则

社会保险基金保值和增值是社会保险基金管理、投资运营的基本目标之一。目前，社会保险基金管理和投资运营的主要手段包括购买国债和存入指定的银行等。但是，由于社会经济发展和通货膨胀的威胁，社会保险基金在筹集时的购买能力与纳入社会保险覆盖的社会成员在领取社会保险金时的购买能力相比，通常都会下降，也就是民众所谓的"钱不值钱"的问题。因此，社会保险制度的正常运转，必须以社会保险基金的保值和增值为前提。在安全的目标前提下，社会保险经办和社会保险基金管理部门必须采取相应的有效措施，实现社会保险基金的保值和增值，社会保险基金信托，正是上述有效手段之一。因此，作为社会保险基金管理、投资运营的手段之一，社会保险基金信托必须以保值和增值为目标，这是作为信托财产的社会保险基金的特殊性的要求，也是与社会经济生活中的一般财产信托有所不同的地方。

（三）以受托人为核心原则

受托人是信托制度的核心要素。社会保险基金作为一种双重信托，受

---

[1] 庄汉："《社会保险法》的价值取向与制度反思"，《社会保障研究》2012 年第 2 期。

托人的地位显得尤为重要。因此有必要以受托人为核心，明确受托人在社会保险基金信托中处于主导地位，保障受托人在社会保险基金信托中的权利尤其是投资管理中的自由裁量权。这也是社会保险基金信托中涉及"私"层面的要求。对受托人侵害社会保险基金的行为，应当实行严格责任原则，而不是过错追责原则和补偿。由于社会保险基金信托的信托财产的法律性质为社会成员的社会财产，信托存续期间，受托人应当为法律上的所有权人。

三、社会保险基金信托立法的主要规则

尽管社会保险基金信托带有社会法的相关特征，但是，社会保险基金信托仍然是信托，只不过由于作为信托财产的社会保险基金的特殊性，才使得社会保险基金信托具有了有别于社会经济生活中一般财产信托的特点，成为特殊的信托。因此，《信托法》和《社会保险法》对于社会保险基金信托法律规则的构建具有相当大的参考价值，同时，社会保险基金信托的法律规则构建，仍然应当以《信托法》规定的一般信托为基本模型，并结合社会保险基金信托的特殊性，制定相应的规则。从《信托法》的规定和社会保险基金信托的特殊性来看，《社会保险基金信托法》主要包括以下几个方面的内容：立法目的；立法的基本原则；社会保险基金信托的成立；委托人的确定及其权利义务；受托人的确定及其权利义务；受益人的确定及其权利义务；社会保险基金信托的变更、终止；社会保险基金信托的监督；法律责任等章节构成。具体而言，包括：

章节内容	具体条文
立法目的	立法目的
立法的基本原则	安全原则
	保值和增值原则
	受托人核心原则

章节内容	具体条文
社会保险基金信托 的成立	成立的一般条件
	书面形式要求
	登记要求
	不能成立的后果
委托人的确定及其 权利义务	委托人的资格
	委托人的权利
	委托人的义务
受托人的确定及其 权利义务	受托人的资格
	受托人的权利
	受托人的义务
受益人的权利义务	受益人的资格
	受益人的权利
	受益人的义务
社会保险基金信托 的变更、终止	社会保险基金信托的变更
	委托人的解任权
	受托人的辞任权
	社会保险基金信托的终止
	终止的法律后果
社会保险基金信托 的监管	监管主体确定以及监管权限
	监管的对象
	监管的限制
	被监管主体的权利

续表

章节内容	具体条文
法律责任	委托人的法律责任
	受托人的法律责任
	受益人的法律责任
	监管者的责任
附则	本法与其他法律的关系
	本法的施行日期

四、社会保险基金信托法的规范配置

规范类型化的研究在我国学界并没有很长的历史，但是，对于规范的类型化划分以及对当事人权利义务的不同影响的研究却取得了较为丰硕的成果。规范的类型化，是指以规范的配置形式、内容和法律后果为标准，对法律规范进行类型化的区分，以明确不同类型的规范的效力，方便法律规范的选择配置和理解适用。民法规范的体系性特征要求在设计和配置规范时必须考量单个规范与整个社会保险基金信托法的体系之间的关系。[1]目前，在学界存在着强行性规范、任意性规范、授权性规范、引致条款等诸多规范划分类型。[2]就《社会保险基金信托法》而言，由于社会保险基金信托涉及私法、公法和社会法三大法领域，包括《信托法》《社会保险法》《刑法》《行政处罚法》等诸多部门法在内，而不同的法领域和部门法所主要采用的规范配置不尽相同，《社会保险基金信托法》作为规制社会

---

[1] 许中缘著:《体系化的民法与法学方法》，法律出版社 2007 年版，第 295 页。

[2] 朱庆育著:《民法总论》，北京大学出版社 2011 年版，第 50 页及以下。在学界的研究中，上述划分一般存在于私法中，其他部门法的划分是否可以借鉴，存在争议。

保险基金信托的专门性法律，其需要对上述各个领域和部门的规范进行统合和协调，因此，笔者拟结合学界对规范的类型化的既有研究成果与《社会保险基金信托法》中各个具体条文的立法目的，对《社会保险基金信托法》的规范配置问题进行阐述。

（一）强行性规范的配置

对于强行性规范，学界有不同的理解和定义，并且学界对该类规范的命名也不尽相同。[①] 通说认为，强行性规范是与任意性规范对比而产生的。也有学者认为，在社会法中，出现了为了保护弱者而产生的"相对强行性规范"[②]。就强行性规范的分类而言，有学者认为，强行性规范可以分为指导性规范、效力性强行性规范和禁止性强行性规范[③]；也有学者将其划分为强制性规范和禁止性规范[④]。通说认为，强行性规范即为当事人不得自由约定排除适用的规范。对于强行性规范在私法领域的适用，学界持较为慎重的态度，有学者已经开始对强行性规范在私法领域的配置进行反思[⑤]。在《社会保险基金信托法》中，有关强行性规范的配置应当占有较大的比例。首先，就立法的目的而言，《社会保险基金信托法》的主要目的是保障社会保险基金的安全，实现社会保险基金保值和增值的目标，因此，其与追求行为自由的私法有所不同，当事人的行为会因为立法目的而受到较多的

[①] 耿林著：《强制性规范与合同效力——以合同法第 52 条第 5 项为中心》，中国民主制出版社 2009 年版，第 44 页及以下。学者对强行性规范有不同命名，为方便论述，笔者采取王轶教授的划分方式和命名方式，除非特别说明，强制性规范为强行性规范的下位概念。

[②] 董保华："社会基准法与相对强制性规范——对第三法域的探索"，《法学》2001 年第 4 期。

[③] 许中缘著：《民法强行性规范研究》，法律出版社 2010 年版，第 34—35 页。

[④] 参见王轶著：《民法原理与民法学方法》，法律出版社 2009 年版，第 246 页。

[⑤] 参见宁红丽："民法强制性规范的反思与优化"，《法学》2012 年第 4 期。此处作者使用的"强制性规范"等同于"强行性规范"。相关概念的用法梳理，参见耿林著：《强制性规范与合同的效力——以合同法第 52 条第 5 项为中心》，中国民主制出版社 2009 年版，第 44 页。

限制，对当事人的行为的限制，需要采取强行性规范的形式；其次，就《社会保险基金信托法》的内容来看，如同上文所述，除了结合《信托法》的规定设置社会保险基金信托投资行为的权利和义务外，还包括很多《社会保险法》所特有的内容。除此之外，还有社会保险基金信托的监督和当事人的责任有诸多具有社会法和公法意义的内容，除了相应的设置引致规范外，上述内容还需要配置相应的强行性规范，以更好地规制当事人的行为。

因此，强行性规范在《社会保险基金信托法》中进行配置是由《社会保险基金信托法》立法的目的和该法所包含部分内容所决定的。同时，由于社会保险基金的特殊性，需要上述强行性规范的存在，而上述规范的存在也是《社会保险基金信托法》限制私法自治的需要。根据上文的阐述和强行性规范的特征，《社会保险基金信托法》中的强行性规范主要集中分布在社会保险基金信托成立的要件、受托人的资格以及社会保险基金信托的监督和责任确定部分。

（二）任意性规范的配置

通说认为，任意性规范即指适用与否可以由人们自行决定的规范。[①] 有学者对任意性规范作了进一步的区分，认为任意性规范包括补充性任意性规范和解释性任意性规范[②]。对于任意性规范而言，其是私法领域实现私法自治的最为重要的规范配置模式。在社会保险基金信托法律关系中，"信

---

① 许中缘："论任意性规范——一种比较法的视角"，《政治与法律》2008 年第 11 期；刘恬："任意性规范与意思自治关系之德国法考察"，《郑州大学学报（哲学社会科学版）》2012 年第 2 期；王姝："合同法任意性规范的分类及其适用"，《人民论坛》2012 年第 17 期；王轶著：《民法原理与民法学方法》，法律出版社 2009 年版，第 208—209 页。

② 参见王轶著：《民法原理与民法学方法》，法律出版社 2009 年版，第 209 页。本文为简便分析，在此不再对任意性规范作进一步划分，在设计具体的规则时，会将该学者上述内容划分体现在规则中。

托"仍然是中心词汇，无论从信托的发展历程还是从我国《信托法》的相关规定来看，将信托纳入私法领域，遵循意思自治的原则是信托法律规制的基本特征。作为信托的特殊类型，社会保险基金信托中也应当配置相当数量的任意性规范，这既是《社会保险基金信托法》与《信托法》之间特别法与一般法的关系的要求，也是社会保险基金信托的委托人在限定的范围内自由地管理和处分作为信托财产社会保险基金的法律保障。

社会保险基金信托运营与收益的事项，具有私益性。因此，对于此部分的法律规则设计，应当尽量采取任意性规范的方式，赋予当事人选择是否适用法律规范的权利，为当事人没有进行相关约定时提供基本的利益分配方案，或者在当事人对规则的理解产生歧义时提供较为合理的解释方案。前者要求立法者对社会保险基金的投资运营实践有充分的了解，并且秉持中立的态度，在平衡当事人利益的前提下，设置相应的规则；后者要求立法者在制定规则时要尽量保持规范的简洁、明了，能够明确当事人的意思表示，消除疑惑，促使双方意思表示达成一致。

从《社会保险基金信托法》的内容和任意性规范的概念及其法律后果而言，任意性规范在《社会保险基金信托法》中主要分布在社会保险基金信托协议部分，社会保险基金信托的运营部分。上述任意性规范的配置也并非不受到任何限制，特别是对于《社会保险法》和《劳动法》相关的社会保障和劳动法律制度的特殊规定，任意性规范均无适用的余地。因此，尽管《社会保险基金信托法》仍然以私法自治原则为基本原则，但任意性规范在《社会保险基金信托法》中的适用空间实际上受到了很大的限制。

（三）授权性规范的配置

对于授权性规范而言，私法中的授权性规范与公法中的授权性规范具有不同的含义。在民法中，学者认为，授权性规范即为"法律授权法官依据某种客观事实，确定当事人权利义务的规则"①。而公法中，特别是行政法中的授权性规范是指"授予行政权的规范"②。笔者认为，在不同法领域中对授权性规范有不同的理解颇为正常，但是在《社会保险基金信托法》中，却需要对授权性规范的具体含义作出明确的界定。从《社会保险基金信托法》的私法属性来看，授权性规范应仅指授予法官以自由裁量的权力的规范，且上述授权性规范在《社会保险基金信托法》中确有存在的必要。譬如，对于受托人义务的履行和责任的承担问题，需要对受托人的主观心理状态和客观行为进行结合，作出判断。但是，法律只能规定确定上述心理状态的要素，而不能进行确定，必须要有法官的自由裁量空间，进行个案的判断，才能作出正确的裁判。而从立法学的角度而言，授权性规范多指由于本法没有对该具体事项作出规定，而授权相应的机构对上述没有作出具体的规定的事项进行立法，制定相应的法律规则，该规则等同于授权机关的立法。从《社会保险基金信托法》的专门法性质来看，由于其本身属于专门性立法而不是行业内的一般性法律，其所针对的事项也较为明确和细致，似不需要再进行授权他人立法。因此，立法学上的授权性规范在《社会保险基金信托法》中存在的空间很小。对于行政法上的授权性规范而言，在《社会保险基金信托法》中，需要建立完善的监管制度，而监管机构的权力来源必须由法律授予，因此，上述行政法意义上的授权性规范应当予以配置。

在《社会保险基金信托法》中，民法意义上的授权性规范多存在于需要法官积极进行个案判断的领域，比如委托人尽职程度问题，受托人义务的履行和责任的承担，受益人的义务履行等领域。而行政法意义上的授权性规范，由于在《社会保险基金信托法》中，仅存在于社会保险基金信托

---

① 梅伟："论民法授权性规范的合理人标准"，《暨南学报（哲学社会科学版）》2010 年第 1 期。

② 喻中："论行政权的两种形态及其法理意蕴——以授权性规范的表达方式为视角"，《社会科学》2005 年第 8 期。

的监管一章中需要对监管机构进行行政授权，其余部分皆不需要，因此，行政法意义上的授权性规范似仅能在社会保险基金信托的监管一章得到配置。

（四）引致性规范的配置

引致性规范又称引致条款，是指"本身没有独立的规范内涵，甚至没有解释规则的意义，单纯引致到某一具体的规范，而法官则需从具体的引致规范的目的确定其效果——是否承认法律行为的效力"[①] 的规范。引致规范具有连接公法和私法的管道作用，在德国学界研究较多。在《社会保险基金信托法》中，由于立法中必须体现的管制的需要，有关引致性规范的配置，基本可以贯穿整个法律，无论是社会保险基金信托的成立，还是当事人的主要权利义务、社会保险基金信托的监管以及当事人的责任承担等部分，引致性规范都可以得到适用；这既节省了立法资源，也使得《社会保险基金信托法》本身更简洁，更容易在司法实践中得到理解和适用，同时，对于普通民众而言，简洁的立法模式也可以厘清既有规范之间的关系，明确行为的边界和自由。

除了上述规范配置以外，学界对于规则本身的分类还包括完全法条与不完全法条，准用性规定和拟制性规定的划分，并认为只有完全法条才能成为请求权的基础[②]。因此，《社会保险基金信托法》应当尽量设置完全法条，使得规则尽量完善，能够成为当事人得以维护自身权益的保障，以实现社会保险基金信托立法的目的。

就《社会保险基金信托法》而言，上述相关的规范在该法中配置，应当根据立法目的和社会保险基金的特殊性，对不同种类的规范设置不同的

---

① 苏永钦著：《私法自治中的经济理性》，中国人民大学出版社 2004 年版，第 34—35 页。
② 王泽鉴著：《法律思维与民法实例》，中国政法大学出版社 2001 年版，第 56—60 页。

配置比例。在《社会保险基金信托法》中，多层次的规范配置，不仅仅是该法立法目的中安全性目标和保值、增值目标的要求，同时也是《社会保险基金信托法》调整对象的特殊性，所涉及私法、公法和社会法三个法领域，《社会保险法》《信托法》《刑法》《合同法》等多个具体的法律法规所造成的结果。只有将上述多种类型的规范在《社会保险基金信托法》中进行合理配置，才能为众多目的不同，类型不同的法律规则找到合适的设计方案，才能实现各个法领域的规则之间的协调和统一，保证《社会保险基金信托法》能够对社会保险基金信托进行有效的规制，实现《社会保险基金信托法》的保障社会保险基金安全、实现社会保险基金保值和增值的立法目标。可以预见，《社会保险法》仅仅为社会保险制度提供了一般性的法律制度，而在《社会保险法》之下，还应当单独制定社会保险基金投资运营的法律制度，社会保险基金监管的相关制度①等，与《社会保险法》一起构成一个完整的法律体系。在《社会保险基金信托法》中配置多层次的法律规范，不仅使得《社会保险基金信托法》能够与当前的法律体系保持协调统一，也使得《社会保险基金信托法》更具有开放性，在为将来社会保险制度的完善而制定相应的其他法律法规时，可以通过简要修改的方式，实现《社会保险基金信托法》与新的社会保险法律体系的协调和统一。

五、《社会保险基金信托法》建议草案及立法理由

一部完善的《社会保险基金信托法》应该配置多层次的各种类型的规范，同时，还应当保持相当程度的开放性。但任何一部完善的法律的制定，都是从最初不完善的草案开始的。在经过前文对社会保险基金信托的

---

① "王利明等 30 位代表联名呼吁制定《社会保险基金监管法》"，http://zqb.cyol.com/content/2007-03/12/content_1695826.htm，最后访问时间 2014 年 8 月 3 日；申基："人大代表热议：尽快制定社会保险基金监管法"，《就业与保障》2007 年第 5 期。

主体、客体、法律关系的主要内容以及社会保险基金信托的监管等诸多问题的分析之后，笔者拟采取依照既有的《信托法》和《社会保险法》《合同法》中相关的法律制度，结合社会保险基金信托的特殊性质，在保障社会保险基金安全，实现社会保险基金保值、增值的目标之下，尝试拟定《社会保险基金信托法》的初步草案，以供学界参考、评判。

社会保险基金信托法（建议稿）

第一章　总　则

第一条　立法宗旨

为了优化社会保险基金管理，保障社会保险基金投资运营的安全，实现社会保险基金的保值和增值，维护社会经济秩序的稳定，依据《社会保险法》《信托法》《合同法》，制定本法。

立法说明： 本条开宗明义，明确社会保险基金信托法立法的目的，为整个社会保险基金信托法奠定立法、司法的基调。表明了本法立法的既有法律依据，明确了本法的目标和各个目标之间的关系，有助于民众和司法实践更好地理解本法的相关规定，并正确适用。

第二条　定义

本法所称的社会保险基金信托，是指社会保险基金经办机构作为社会保险基金信托的委托人，将社会保险基金作为信托财产委托给受托人，由受托人按照信托协议或者法律的规定，为受益人的利益，以自己的名义管理和处分社会保险基金的行为。

立法说明： 本条是对社会保险基金信托的定义。本条延续了《信托法》有关信托定义的规定，回避了学界有关信托定义的争议，实现了不同法律部门之间的体系整合，也为本法未能规定的事项在《信托法》《合同法》《社会保险法》等相关法律规范中寻找到适用空间提供了前提。

第三条　本法的适用范围

本法仅适用于社会保险基金信托法律关系，社会保险基金的筹集和其他运营管理方式等事项不适用本法的规定。

对社会保险基金信托进行监督管理而产生的法律关系，适用本法的相关规定。

立法说明：本条主要是对本法的调整对象和适用的范围进行限定。由于《社会保险法》和《信托法》的存在，本法仅对社会保险基金信托法律关系适用，对于社会保险基金的筹集事项、社会保险基金的其他投资运营管理以及其他类型的信托法律关系，由于社会保险和信托相关法律制度的存在，均不属于本法的调整范围。

第四条　与其他法律法规的关系

本法规定的事项，其他法律法规与本法不一致的，适用本法的规定。

对于本法没有规定的事项，其他法律法规有规定的，只要与本法的立法目的不相违背的，适用该法律法规的规定。

依据本法开展社会保险基金信托活动，不得违背《社会保险法》《信托法》的基本原理和立法精神。

立法说明：本条明确了本法与周边其他法律法规之间的关系。本法与《社会保险法》《信托法》属于特殊法与一般法的关系，《社会保险法》《信托法》分别作为社会保险制度和信托制度的一般性法律，为本法提供了立法依据。本法的内容不得违背《社会保险法》《信托法》的基本原理。但是，由于本法作为特别法，在法律适用顺序上应当优先于上述法律规范得到适用。

第五条　安全原则

社会保险基金信托运营应当保证社会保险基金的安全，不得因信托运营而造成社会保险基金的减损。

社会保险基金信托当事人应当全面履行义务，积极采取措施，避免社会保险基金受到损失。

立法说明：社会保险基金事关纳入社会保险覆盖范围内的社会成员的基本生存问题，安全原则是社会保险基金管理、投资运营的首要原则。安全原则要求社会保险基金信托当事人在投资运营过程中，采取积极措施，规避风险；全面履行义务，审慎的选择投资对象，确保社会保险基金的安全。

第六条　保值增值原则

社会保险基金信托应当实现社会保险基金的保值和增值，确保社会保险基金能够足额偿付。

立法说明：本条明确了社会保险基金的保值和增值的目标。保值增值是社会保险基金运营的最为重要的目标之一，社会保险基金信托也必须遵循上述目标。在本法中予以明确规定保值和增值原则，有利于在社会保险基金信托的立法、司法实践中坚持社会保险基金运营的保值和增值原则。

第七条　受托人核心原则

社会保险基金信托应当保护受托人在投资管理中的自由裁量权，不得以行政指令等形式代替社会保险基金信托主体的自由意志。

社会保险基金信托当事人应当严格依照法律的规定和信托协议的约定行使权利和履行义务。委托人不得在信托协议之外干扰受托人的投资运营行为。

立法说明：本条明确了社会保险基金信托中的受托人核心原则。社会保险基金信托运营主要涉及受托人的投资、运营事项。在社会保险基金信托中，受托人在信托协议的约定和法律法规的规定范围之内，可以自由选择投资对象。受托人的选择投资对象的自由是信托的基本原理的要求，也是社会保险基金运营管理减少行政干预，实现市场化运营和保值、增值的目标的要求。

第八条 维护社会经济稳定的原则

社会保险基金信托应当维护社会经济运行的稳定，社会保险基金信托当事人不得从事有害社会经济正常运行的行为；社会保险基金信托监督机构应当对社会保险基金信托当事人的行为进行有效监管，维护社会经济秩序。

立法说明：本条明确了社会保险基金信托维护社会经济秩序稳定的目标。维护社会经济秩序的稳定是社会保险基金信托的一个重要目标。社会保险基金数额巨大，进行信托投资应当保持社会经济秩序的正常运行，同时，社会经济的正常运行也有利于社会保险基金的保值和增值的目标的实现。

第二章 社会保险基金信托的设立

第九条 社会保险基金信托的设立

委托人以社会保险基金作为信托财产，向受托人进行信托的，信托自委托人与受托人签订书面协议时设立，当事人未采取书面形式签订委托协议的，信托不成立。

其他法律法规对社会保险基金信托的形式有特殊要求的，从其规定。

立法说明：本条明确规定了社会保险基金信托设立的要件。社会保险基金信托由于其信托财产——社会保险基金的特殊性质，应当禁止委托人以书面以外的其他形式设立社会保险基金信托。这也是社会保险基金安全目标的要求。同时，为了实现社会保险基金信托法与其他法律法规的衔接，本条第 2 款为其他法律法规对社会保险基金信托形式的要求提供了法律依据。

第十条 书面协议的内容

信托协议应当包括以下内容：

（1）信托当事人；

（2）社会保险基金信托的收益率；

（3）不得投资的范围；

（4）信托主体的责任。

当事人也可以在法律规定的范围对信托协议的内容进行协商确定；其他法律法规对信托协议的内容有特殊规定的，从其规定。

立法说明： 本条明确了有关社会保险基金信托书面协议的具体内容。社会保险基金信托书面协议应当明确社会保险基金信托当事人之间的重要事项。由于《信托法》已经对一般信托协议的内容进行了提示，因此，本条主要对涉及社会保险基金信托部分较为重要的几点进行提示。在本条第2款中，为意思自治和其他法律法规的规定留下了空间。

第十一条 信托协议的补充

当事人未在信托协议中规定法律规定必须明确的事项的，该信托协议无效；未约定的内容不属于法律规定必须明确的事项的，当事人可以事后达成补充协议，不能达成补充协议的，适用《合同法》第六十一条、第六十二条的规定；仍然不能确定相关事项的，该信托协议无效。

立法说明： 本条明确了社会保险基金信托协议缺乏必要内容的后果和补充协议内容的方式。由于社会保险基金的特殊性质，因此，在信托协议中必须对当事人、投资收益率和不得投资范围等事项进行规定，否则，社会保险基金信托协议无效。社会保险基金信托协议本质上仍然属于特殊类型的合同的范畴，因此，对于社会保险基金信托协议必须规定的事项以外的其他事项，当事人可以通过补充协议或者依照《合同法》的相关规定进行补充。

第十二条　设立方式的特殊要求

委托人以社会保险基金作为信托财产，向受托人进行信托的，应当在社会保障部门和信托监管部门办理登记，当事人不办理登记的，社会保险基金信托不生效力。

立法说明：本条规定了社会保险基金的特殊生效事由。在社会保险基金信托中，为了保证社会保险基金的安全，同时也是为了实现对社会保险基金监管的需要，必须采取登记的方式设立社会保险基金。同时，本条的规定也符合《信托法》对登记问题的规定，为了严格保障社会保险基金的安全，本条排除了补办登记以补全信托效力的规定。

第十三条　社会保险基金信托的无效

社会保险基金信托协议不得违反法律法规的强制性规定，否则该信托协议无效。社会保险基金信托协议因违反法律法规的强制性规定而无效的，应当按照当事人的过错程度，分别确定责任。

立法说明：本条规定了社会保险基金信托协议的一般无效事由。社会保险基金信托协议作为特殊类型的合同，与一般的合同一样，不得违反法律法规的强制性规定，否则，社会保险基金信托协议无效。同时，本条依据过错责任分担的原理，规定了社会保险基金信托协议因违反法律的强制性规定无效之后的责任确定问题。

第十四条　信托财产的特殊性

社会保险基金属于纳入社会保险覆盖范围内的全体社会成员的共同财产。任何人不得以任何形式非法侵占，剥夺社会保险基金。行为人造成社会保险基金损失的，应当承担赔偿责任。行为人造成社会保险基金损失的行为严重违法的，应当依法承担行政责任或刑事责任。

立法说明：本条规定了社会保险基金信托中信托财产的特殊性。在社会保险基金信托中，作为信托财产的社会保险基金的特殊性质决定了社会保险基金信托的特殊性。因此，本条采取一般规定的方式，对作为信托财产的社会保险基金的性质和法律保护进行了规定。

第十五条 社会保险基金信托的特殊无效事由

社会保险基金的受托人不符合法律规定的，社会保险基金信托无效。

社会保险基金信托因受托人资格不符合法律规定而无效的，应当由委托人承担责任；受托人明知或者应当知道自己不符合法律的规定，仍然接受委托人信托的，由受托人与委托人按过错分别承担责任。

立法说明：本条明确了受托人资格对社会保险基金信托协议的影响和过错分担问题。社会保险基金信托中，由于作为信托财产的社会保险基金的特殊性质和要求，必须对社会保险基金信托的受托人的资格进行限定，不符合资格限定的信托机构不能作为社会保险基金信托的受托人。因此，受托人资格问题对社会保险基金信托有较大影响。同时，本条也明确了因为受托人资格问题导致信托无效时的责任分担问题。

第三章　社会保险基金信托当事人

第十六条 委托人的确定

社会保险基金的经办人为社会保险基金信托的委托人。

其他法律对委托人有特殊规定的，依照其他法律的规定。

立法说明：本条对社会保险基金信托的委托人进行了确定。在社会保险基金信托中，依据本法对社会保险基金的性质的界定，社会保险基金属于纳入社会保险覆盖范围的社会成员的共同财产，因此，所有权主体属于纳入社会保险覆盖的全体社会成员。但是，由于社会保险涉及人数众多，必须实行代表制度，社会保险基金机构作为社会保险基金的具体管理人和运营人，作为社会保险基金信托的主体具有天然的优势。同时，为了与其他法律法规衔接，本条第 2 款也为其他法律法规的规定留下了空间。

第十七条　委托人的权利

社会保险基金信托的委托人可以在信托协议中对受托人的投资运营事项进行限制。在信托协议之外，社会保险基金信托的委托人根据社会保险制度的发展，认为有必要对受托人的投资运营行为进行限制的，应当与委托人达成补充协议。委托人不得干涉受托人投资运营社会保险基金。

立法说明：本条明确了委托人对受托人投资运营社会保险基金的限制。在社会保险基金信托中，由于社会保险基金的安全、保值和增值目标的要求，社会保险基金信托的受托人应当受到限制，比如不得向高风险的投资领域进行投资等。赋予委托人对受托人的投资运营限制的权利，可以避免因受托人的不当投资行为造成社会保险基金的损失。

第十八条　委托人的知情权

委托人可以随时要求查阅、复制信托信息资料，受托人不得拒绝，但应当给予受托人必要的准备时间。

委托人请求查阅信托信息的，应当采取书面形式告知受托人，书面文件中应当明确记载委托人所请求查阅的具体材料和查阅时间。委托人采取复制等形式记录信托材料内容的，应当由委托人承担相应费用。

立法说明：在社会保险基金信托法律关系中，受托人可以对财产进行管理和处分，委托人并不能第一时间知晓上述信托投资运营信息。为了保障委托人的知情权，委托人可以请求受托人提供必要的信息材料，以便及时了解社会保险基金的信托情况，同时也对受托人的投资运营行为进行监督。

第十九条　委托人的撤销权

受托人违反信托协议的约定或者法律规定的谨慎投资的义务进行投资运营的，委托人有权撤销上述行为，委托人应当自知道或者应当知道上述行为之时起三年内行使上述权利。

交易第三人明知受托人违反信托协议的约定或者法律规定的谨慎投资

义务的，委托人可以随时请求撤销受托人的行为，给社会保险基金造成损失的，应当由受托人和第三人共同承担损害赔偿责任。

立法说明：出于社会保险基金安全、保值和增值的目的，对受托人的投资行为应当进行限制。受托人违反信托协议的约定或者法律的规定进行投资的，会给社会保险基金带来较大的风险，因此，对于上述行为，除了事前的避免之外，还应当规定事后救济措施。赋予委托人请求撤销上述行为的权利，可以避免社会保险基金遭受损失。同时，由于社会保险基金不同于一般财产，安全要求比普通的财产要求要高，因此，委托人行使上述撤销权的期间延长至三年，有利于委托人收集证据，进行判断，同时也促使受托人更为谨慎地选择投资对象，保障社会保险基金的安全。

第二十条　委托人解任受托人的权利

委托人可以依据信托协议的约定或者法律的规定解除委托人与受托人之间的信托协议。委托人解除信托协议的，应当书面通知受托人，并聘任第三方清算机构进行清算。

立法说明：为了避免社会保险基金损失，委托人可以依据信托协议的约定或者法律的规定解除信托协议，但是委托人解除信托协议的，应当以书面形式通知受托人，并组织清算。

第二十一条　委托人特别法定解任权

在社会保险基金的信托运行中，受托人管理、处分社会保险基金有重大过失的，或者委托人有证据证明受托人有违背社会保险基金信托目的行为，给社会保险基金造成损失的，委托人可以直接解任受托人，也可以向法院请求解任受托人。

立法说明：本条规定了委托人的特别解任权。在社会保险基金信托法律关系中，保证社会保险基金的安全属于社会保险基金运营的重要目标，委托人除了在一般的解任权之外，在受托人的行为可能造成社会保险基金损失的情况下，委托人可以解任受托人，避免社会保险基金遭受更大的损失。委托人解任权的行使方式符合《信托法》和《社会保险法》的相关规定。

第二十二条 不当解任的责任

委托人解任受托人违反信托协议的约定或者法律的规定的，应当赔偿受托人因委托人的不当解任造成的损失。

立法说明：本条是对委托人解任权的限制。在社会保险基金信托中，委托人的解任权是保障社会保险基金安全的重要手段，但是，受托人运营社会保险基金，本身承担着极大的风险，同时，如果委托人肆意解除社会保险基金信托协议的，受托人可能已经对社会保险基金采取了投资等措施，可能造成社会保险基金受托人违约，委托人的不当解任可能给受托人造成较大的损失。因此，必须对委托人的解任权进行一定的限制，这也是私法自治的要求。

第二十三条 委托人的义务

委托人应当按照信托协议将信托财产委托给受托人，委托人不履行上述义务的，受托人可以催告委托人履行；经受托人催告之后三个月内委托人仍然不履行的，受托人可以解除信托协议，并要求委托人赔偿相应损失。

立法说明：社会保险基金信托的委托人应当按照信托协议的约定或者法律的规定，履行将财产委托给受托人的义务，委托人不履行上述义务的，会造成受托人无法正常开展信托业务。因此，赋予受托人解除信托协议的权利，可以保护受托人的利益。

第二十四条 委托人保守商业秘密的义务

委托人应当按照信托协议的约定或者法律的规定保守其所知晓的有关信托运营的商业秘密，因委托人泄露商业秘密造成受托人利益受到损失的，应当由委托人承担赔偿责任。

立法说明：委托人对社会保险基金信托进行必要的监督，可以使受托人受到约束，促使社会保险基金信托正常运行。但是，委托人在对社会保险基金信托进行监督的过程中，会掌握受托人信托的相关商业秘密，委托人泄露上述商业秘密的，不仅可能会造成社会保险基金信托无法正常运行，也会给受托人造成巨大损失。因此，必须对委托人的行为进行约束。

第二十五条　受托人的任职资格

社会保险基金的受托人应当具有良好的信用记录和投资运营能力，并且具有足够的资产以应对由于社会保险基金信托带来的风险。

委托人选择社会保险基金信托受托人的，应当经国务院社会保障部门批准，并登记公示；未经国务院社会保障部门批准的，不能成为社会保险基金信托的受托人。

立法说明： 由于社会保险基金的特殊性质，社会保险基金信托的受托人资格需要进行限定，以确保受托人有能力对社会保险基金进行投资运营。由国务院社会保障部门对社会保险基金信托受托人的资格进行确认，可以避免受托人资格确认政出多门，统一评价标准。

第二十六条　受托人自由投资的权利

受托人可以在法律和信托协议的规定内，自由决定社会保险基金信托的投资方向和投资范围，任何人不得干涉受托人的上述行为；受托人按照委托人的指示投资，造成社会保险基金损失的，受托人不承担赔偿责任，但受托人有过错的除外。

立法说明： 在社会保险基金信托法律关系中，除了信托协议与法律的规定之外，受托人享有自由确定投资、运营事项的权利，此种权利也是受托人专业能力的体现。赋予受托人自由投资运营的权利，可以避免委托人过多干涉社会保险基金运营事项，实现社会保险基金信托的独立运营。

第二十七条　受托人享有报酬的权利

受托人可以依据信托协议的规定，向委托人请求支付相应的报酬。委托人拒绝支付报酬的，受托人可以催告委托人支付，委托人经催告后一个月内仍然不支付报酬的，受托人可以在信托收益的范围内，先行扣信托报酬之后，再将信托收益转移给受益人。

立法说明：信托法律关系中的受托人享有请求报酬的权利，社会保险基金信托也不例外。在社会保险基金信托中，请求报酬的权利是受托人履行信托义务的唯一对价，必须予以保障。而以信托收益作为担保，不仅可以促使受托人积极履行受托义务，也可以促使委托人积极履行支付报酬的义务。

第二十八条　受托人谨慎投资的义务

受托人应当在信托协议和法律法规规定的范围内，谨慎地选择投资对象。因受托人违反谨慎选择义务造成社会保险基金损失的，受托人应当承担赔偿责任。

立法说明：受托人应当谨慎选择投资对象，这是社会保险基金安全、保值和增值的目标的要求。虽然委托人可以对受托人进行监督，但是，作为社会保险基金的独立运营主体，受托人享有自由投资运营社会保险基金的权利，如果不科以谨慎投资的义务，将有给社会保险基金造成损失的风险。

第二十九条　受托人定期汇报的义务

受托人应当每三个月向委托人汇报信托事项。受托人的汇报应当真实、全面，包括社会保险基金信托的投资对象、收益率、潜在风险等事项。受托人不履行汇报义务的，委托人可以书面催告受托人履行汇报义务。受托人不履行汇报义务达到三次的，委托人可以解除信托协议。

立法说明：本条规定了受托人的定期汇报义务。受托人的定期汇报制度和委托人的查阅权利相结合，可以保证委托人及时全面地了解信托信息，方便对社会保险基金信托进行监督，并决定是否继续进行信托等事宜。受托人的汇报义务属于委托人的重要信息来源。

第三十条　受托人的危险排除义务和特殊汇报义务

在社会保险基金信托运营过程中，受托人发现有导致或者即将导致社会保险基金受到损失的情况的，应当采取积极措施，避免损失的发生，并立即向委托人汇报上述事项。

受托人因不履行上述义务导致社会保险基金遭受损失的，应当承担赔偿责任。

立法说明：受托人作为社会保险基金的独立运营主体，其能第一时间掌握社会保险基金信托的信息，并预测社会保险基金的风险。因此，将风险排除义务施加给受托人，可以第一时间排除社会保险基金受到的威胁，避免社会保险基金受到损失。同时，受托人及时向委托人汇报上述事项，可以为委托人行使解除权提供必要的信息来源。

第三十一条　收益支付义务

社会保险基金信托的受托人应当按照信托协议指定的受益人，按信托协议的要求，及时支付信托收益。受托人不履行支付义务的，委托人可以指示受托人履行上述义务，并赔偿受益人因此而遭受的损失。

立法说明：在社会保险基金信托中，受益人及时履行支付义务属于信托协议的要求，受托人违背上述信托协议的约定的，委托人可以依照信托协议的约定，要求受托人向受益人履行相应义务。受托人不履行义务造成受益人受到损失的，应当承担赔偿责任。

第三十二条　受益人的确定

社会保险经办机构将社会保险基金委托给受托人进行信托投资的，应当在设立社会保险基金信托时一并设定社会保险基金信托的受益人。社会保险基金信托的受益人，应当根据各险种的具体要求进行设定。委托人不在社会保险基金信托设立时确定受益人的，社会保险基金信托不成立。

立法说明：本条对社会保险基金的受益人进行了规定。社会保险基金的受益人，应当是纳入社会保险覆盖范围内的社会成员。但是，由于社会保险险种不同，同时各个险种对于社会保险的领取的条件又各不相同，因此，社会保险基金的受益人应当由社会保险经办机构在设立社会保险基金信托时予以确定，并明确相应的条件。

第三十三条　受益人领取收益的权利

社会保险基金信托的受益人可以依据信托协议的约定或者法律的规定向社会保险基金信托的受托人请求支付信托收益，受托人不支付信托收益的，受益人可以以自己的名义向法院起诉，请求受托人支付信托收益。

立法说明：本条规定了受益人的领取信托收益的权利。在社会保险基金信托法律关系中，社会保险基金受益人的权利即领取社会保险基金信托收益，因此，受益人领取信托收益的主要权利必须在社会保险基金信托法中予以明确。同时，受益人作为社会保险基金信托的当事人之一，可以以自己的名义向社会保险基金受托人请求支付信托收益。

第三十四条　受益人权利的特殊保护

受益人享有的请求受托人支付信托收益的权利，通过向社会保险基金信托法律关系的受托人请求无法得到实现的，受益人可以请求社会保险经办机构支付相应的社会保险金。

立法说明：本条规定了受益人受益权的特殊保护，同时也是对受益人受益权和社会保险金的请求权关系的确定。由于社会保险制度的特殊性，作为社会保险基金信托财产的社会保险基金必须保证受益人的受益权。但是社会保险基金信托中，受托人有可能出现不支付信托收益的情况，因此，必须保证受益人请求社会保险经办机构支付社会保险金的权利，以保证纳入社会保险覆盖范围内的社会成员的基本生存需要。

第三十五条　受益人的义务

受益人应当及时领取信托收益。受托人支付信托收益的，受益人应当为受托人出示相应的收据等相应凭证。

受益人领取社会保险信托收益的，不得再次向社会保险经办机构请求支付社会保险基金。

立法说明：本条规定了受益人的基本义务。在社会保险基金信托法律关系中，受益人在领取信托收益之后，应当向社会保险基金信托的受托人出示相应的收据。这既有利于明确法律关系，亦能作为重要的证据。

第三十六条　受托人不得转让受益权

在社会保险基金信托中，受益人不得转让社会保险基金信托受益权。受益人违反法律转让社会保险基金信托受益权的，社会保险基金受托人可以拒绝向受让人支付信托收益。

立法说明：本条规定了社会保险基金信托受益人受益权转让的限制。在社会保险基金信托中，受益人的地位和资格与社会保险金领取条件有一定的重合，因此，受益人的受益权和受益人的身份相联系，社会保险金作为纳入社会保险覆盖范围内的社会成员的基本生存保证，不能转让。否则，社会保险制度的目的不能实现，社会保险基金信托的根本目的也会落空。

第四章　社会保险基金信托的监管

第三十七条　监管的主体

社会保险基金监管委员会是社会保险基金信托的监管人。社会保险基金监管委员会的组成适用《社会保险法》的规定。

其他法律对社会保险基金信托监管主体有规定的，只要不与本法的立法目的相违背的，从其规定。

立法说明：本条规定了社会保险基金信托监督的主体。在《社会保险法》中，社会保险基金监管委员会是社会保险基金的最为直接和专门的监管主体，《社会保险基金信托法》作为社会保险制度的法律法规之一，应当与既有的《社会保险法》的规定保持一致，这既能避免大规模的修改法律，实现法律法规之间的协调统一，又能方便民众理解和适用法律，避免因法律法规的变化给民众适用法律带来困难。同时，由于社会保险基金信托在财政、审计等多方面也涉及监管问题，因此，除了专门的社会保险基金监管委员会以外，财政、审计等部门也依法享有对社会保险基金信托进行监管的权利，但上述权利违背本法的立法目的的，其根本上也违反了社会保险制度的建立初衷。因此，应当排除违背本法目的的监管主体的监管。

第三十八条　监管的对象和内容

社会保险基金监管委员会依法对社会保险基金信托的委托人、受托人和受益人的行为进行监管。

立法说明： 本条明确了社会保险基金信托的监管主体的监管对象和内容。社会保险基金信托监管主体的监管对象中，不仅仅包括作为监管主要对象的社会保险基金信托受托人的行为，社会保险基金委托人和受益人的行为也是社会保险基金信托监管主体的主要监管对象。

第三十九条　监管措施

社会保险基金监管委员会发现社会保险基金信托当事人有滥用权利，不履行义务等行为的，可以依法责令当事人限期改正；当事人在规定的期限内没有改正的，社会保险基金监管委员会可以依法采取撤销资格、罚款、撤销当事人的行为等措施，维护社会保险基金的安全。

社会保险基金监管委员会认为有必要的，可以建议社会保险基金信托当事人的上级机构或者其他监管机构对社会保险基金信托当事人的行为进行处理。

立法说明： 本条规定了社会保险基金监管委员会的具体监管措施。在社会保险基金信托中，社会保险基金监管委员会可以依法采取撤销资格、罚款、撤销当事人的行为等实体性的监管措施，也可以依据《社会保险法》的规定，向其他机构进行建议，要求处罚社会保险基金信托当事人的违法行为。上述两种措施相结合，既赋予了社会保险基金监管委员会实体性的监管权利，也遵循了《社会保险法》关于社会保险基金监管委员会享有程序性权利的传统，实现了社会保险基金信托法与既有法律制度的结合，有利于落实社会保险基金信托的监管，也有利于当事人、社会公众理解和适用法律。

第四十条　监管的形式要求

社会保险基金监管委员会依法对社会保险基金信托进行监管的，应当严格依照法律程序进行。社会保险基金监管委员会责令当事人改正或者依法作出处罚措施的，应当以书面形式作出，并送达社会保险基金信托当事人以及社会保险管理部门。

社会保险基金监管委员未采取书面形式的，该监管不生效力，当事人可以拒绝执行。

其他法律法规对社会保险基金监管委员会的监管有其他形式要求的，从其规定。

立法说明：本条规定了社会保险基金信托监管的形式要求。在社会保险基金信托中，为了规范社会保险基金监管委员会的监管行为，应当对社会保险基金监管委员会进行监管的形式进行严格限定。本条将社会保险基金监管委员会的监管形式规定为书面形式，既可以保存相应的证据，又可以将监管事项知会其他社会保险基金信托当事人和相应的上级机构、监管机构。有利于规范社会保险基金监管委员会的监管行为，也有利于及时发现社会保险基金信托当事人的错误，为其他社会保险基金信托主体采取措施创造条件。

第四十一条　当事人的权利救济

社会保险基金信托当事人认为社会保险基金监管委员会的监管行为不符合法律法规规定的，可以依法在一年内向社会保险基金监管委员会申请复议。社会保险基金监管委员会接到复议申请的，应当另行组织人员对当事人的申请进行处理。发现确系处理不当的，应当及时撤销处罚措施；经查明认为处理正确的,应当及时书面告知社会保险基金信托当事人。

当事人对申请复议的结果仍然不服的,可以依法向人民法院提起诉讼。当事人也可以直接向人民法院提起诉讼。

立法说明: 本条规定了社会保险当事人对不当监管的救济的权利。在社会保险基金信托监管中,为了避免监管机关滥用权力,造成社会保险基金信托当事人的利益损失,应当赋予社会保险基金信托当事人相应的救济权利。申请复议和提起诉讼是两项重要的救济权利和手段。两项权利相互独立,复议并不是提起诉讼的前置程序,可以保证当事人及时获得司法救济。

第四十二条 监管主体的权力限制

社会保险基金监管委员会在依法行使监督权限的过程中,不得干扰社会保险基金信托的正常运行,不得干扰社会保险基金信托当事人的正常管理,投资运营行为。

立法说明: 本条明确了对社会保险基金监管委员会的监管权利的限制。在社会保险基金信托中,最为重要的目标即为保证社会保险基金信托的正常运行,实现社会保险基金安全、保值和增值的目标,为了实现上述目标,必须对社会保险基金监管委员会的监管行为进行限制,避免因社会保险基金监管委员会的监管行为扰乱社会保险基金信托的正常运行,导致社会保险基金的损失,使上述安全、保值和增值的目标不能实现。

第四十三条 监管主体的责任

社会保险基金监管委员会在对社会保险基金信托监管过程中造成社会保险基金信托当事人损失的,应当承担赔偿责任。

社会保险基金信托当事人请求社会保险基金监管委员会承担损害赔偿责任的,依照《国家赔偿法》的相关规定处理。

立法说明: 本条规定了社会保险基金监管委员会的赔偿责任。在社会保险基金监管委员会实施监管行为的过程中,社会保险基金信托当事人极有可能因为社会保险基金监管委员会的监管行为受到损害，因此，赋予社会保险基金信托当事人必要的救济手段是立法的重要内容。由于社会保险基金信托当事人的特殊性质，社会保险基金信托当事人要想获得救济，就必须依照《国家赔偿法》的规定，依照国家赔偿制度，请求社会保险基金监管委员会承担赔偿责任。

第五章　社会保险基金信托主体的责任

第四十四条　委托人的责任

委托人在社会保险基金信托运行过程中违反法律法规的规定，给社会保险基金造成损失的，或者有受损风险的，应当承担消除危险，赔偿损失等责任。委托人的行为违反法律法规规定的，上级社会保障部门应当予以撤销，并追究社会保险经办机构负责人的责任。

立法说明：本条规定了委托人在社会保险基金信托运营过程中的责任承担问题。在社会保险基金信托的设立过程中，委托人除了可能在选择受托人时出现失职等情况外，在社会保险基金信托的过程中，委托人还可能违背市场规律和信托原理，以行政指令等方式，盲目干扰社会保险基金信托法律关系中的受托人的投资运营行为，给社会保险基金造成损失，或者使社会保险基金处于受到损失的危险当中。因此，作为委托人的社会保险经办机构应当首先承担消除危险或者赔偿损失的责任。同时，上级社会保障部门可以依照法律法规的相关规定，及时撤销作为社会保险基金信托委托人的社会保险经办机构的相关行为，避免社会保险基金受到损失，并同时追究相关责任人的责任，形成有效的问责机制，保证委托人积极履行相应义务，保证社会保险基金信托的正常运行。

第四十五条　受托人的责任承担

受托人在社会保险基金信托运行过程中违反法律法规规定，给社会保险基金造成损失，或者有受损的风险的，应当承担消除危险，赔偿损失等责任。受托人的行为严重违反法律法规的规定，给社会保险基金造成重大损失的，除需承担上述责任以外，国务院社会保障部门应当依法撤销受托人的受托资格，并依照相关规定，建议相关机构采取措施，要求受托人承担行政责任或刑事责任。

立法说明： 本条对受托人的责任问题进行了一般性规定。在社会保险基金信托中，因受托人的行为给社会保险基金造成损失，或者有损失的风险的，受托人应当依法承担损害赔偿责任。同时，由于受托人的行为违反了法律法规的规定，受托人还应当依法承担行政责任和刑事责任。这既是权利义务对等的体现，也是社会保险基金信托法融合私法、社会法和公法的体现。

第四十六条　受益人的责任承担

受益人在社会保险基金信托运行过程中违反法律法规的规定，给社会保险基金造成损失，或者有受损的风险的，应当消除危险，并返还相应的信托收益。收益人的行为严重违反法律法规的规定的，应当承担行政责任或刑事责任。

其他法律法规对受益人的责任问题有规定的，从其规定。

立法说明： 本条是受益人责任的一般性规定。在社会保险基金信托中，受益人可能存在冒领信托收益，转让受益权等情形，给社会保险基金造成损失，或者使社会保险基金处于受损的危险中。因此，受益人应当承担消除危险或者返还信托收益的责任。受益人的行为严重违反法律法规规定的，应当承担行政责任或者刑事责任。另外，在《社会保险法》和《信托法》中，对于受益人的问题也作了相关规定，应当予以适用。

第六章　社会保险基金信托的变更和终止

第四十七条　变更的事由

社会保险基金运营过程中，因客观情况变化，需要变更社会保险基金协议的，或者受益人变化的，应当变更社会保险基金信托协议。

当事人不得变更社会保险基金信托的委托人、受托人。但受托人发生分立、合并，不影响受托人管理、投资运营社会保险基金的除外。

立法说明：本条规定了社会保险基金信托协议变更的事由。在社会保险基金信托过程中，由于客观情况的变化，双方当事人可能需要对信托协议的部分内容进行调整，因此，应当允许当事人对信托协议进行变更。同时，由于社会保险基金的特殊性质，作为社会保险基金信托受益人同时又是社会保险制度中社会保险金的领取人，社会保险基金信托受益人可能发生变化，因此，在社会保险基金信托受益人发生变化时，应当对社会保险基金信托协议进行变更，以适应社会生活的变化。

第四十八条　申请变更的主体

在社会保险基金信托过程中，因受益人的变化需要对信托协议进行变更的，应当由委托人向受托人提出。因客观情况的变化，需要对信托协议进行变更的，社会保险基金信托的委托人和受托人均可以提出变更请求。当事人提出变更社会保险基金信托协议的，双方当事人必须进行协商，确定变更事项。

立法说明：本条规定了社会保险基金信托协议变更的请求主体。在社会保险基金信托中，由于变更事由的不同，提出变更社会保险基金信托协议主体应当有所不同。在社会保险基金信托受益人发生变化时，由于受益人的条件由同时作为社会保险基金经办人和社会保险基金信托委托人的社会保障部门确定，因此，社会保险基金信托受益人变更的，由委托人提出符合信息对称原则。而由于客观情况的变化造成社会保险基金信托协议变更的，委托人或者是受托人提出变更均不受影响。

第四十九条　变更的特殊要求

当事人约定变更社会保险基金信托协议的，应当在社会保障部门和信托监管部门办理登记，当事人没有办理登记的，社会保险基金信托协议变更无效。

立法说明：本条规定了社会保险基金信托协议变更的特殊要求。在社会保险基金信托协议变更过程中，其本质上与社会保险基金信托的设立具有相似之处，因此，应当对社会保险基金信托协议的变更进行登记。

第五十条　终止的一般事由

社会保险基金信托当事人可以在社会保险基金信托协议中约定社会保险基金信托的终止事由。当上述事由具备时，社会保险基金信托终止。

委托人的委托行为被撤销的，或者委托人行使解任权的，或者受托人被确认不符合社会保险基金信托中对受托人资格的限定的，社会保险基金信托终止。

其他法律法规对社会保险基金信托的终止事由有规定的，从其规定。

立法说明：本条规定了社会保险基金信托的终止事由。在社会保险基金信托中，除了当事人可以在社会保险基金信托协议中约定终止事由之外，在委托人的行为被上级社会保障部门撤销时，或者委托人行使解任权解任受托人时，或者受托人的资质不符合社会保险基金信托中对受托人的资格的相关规定时，社会保险基金信托终止。从本条的规定来看，既对约定终止事由有规定，也对法定的终止事由有规定，同时，还为其他法律法规对终止事由的规定留下了适用的余地。因此，本条采用不完全列举的形式，较为全面地规定了社会保险基金信托的终止事由。

第五十一条　特殊的终止事由

在社会保险基金信托的运行过程中，由于客观情况发生变化，导致社会保险基金信托继续运行会造成社会保险基金较大损失的，委托人或者受托人可以解除信托协议，并组织清算。

立法说明： 本条规定了社会保险基金信托终止的特殊事由。在社会保险基金信托中，除了一般终止事由之外，由于社会保险基金安全目标和保值增值目标的要求，在客观情况发生变化时，为了避免社会保险基金遭受损失，继续运行社会保险基金信托已成为不可能，因此，必须及时终止社会保险基金信托。

第五十二条　终止后的处理

社会保险基金信托依据双方协议或者法律的规定终止的，应当对社会保险基金信托进行清算。

社会保险基金信托当事人对清算组成人员有约定的，依照双方当事人的约定。当事人没有约定的，应当由委托人、受托人、社会保障部门、社会保险基金监管委员会、受益人共同组成清算组进行清算。社会保险基金信托当事人也可以在信托终止后达成补充协议，约定清算组成员或者请求第三方清算机构进行清算。

立法说明： 本条规定了社会保险基金信托终止后的处理。社会保险基金信托终止以后，应当对社会保险基金信托进行清算。对于清算组的组成人员，应当充分尊重当事人的意思自治，由社会保险基金信托当事人在信托协议中进行约定或者在终止之后达成补充协议，选择组成人员或者选择独立的第三方清算组织进行清算。当事人没有约定或者不能对清算达成补充协议的，应当由社会保险基金信托的当事人以及社会保障部门和社会保险基金信托的监管机构共同组成清算组，对社会保险基金进行清算。上述人员既能保证社会保险基金信托当事人的参与程度，同时，由于社会保障部门和社会保险基金信托监管机构的加入，清算组可以保持相应的独立性，并对社会保险基金信托当事人进行协调，保证社会保险基金信托清算的独立性和清算结果的可信度。

第五十三条 清算费用的负担

社会保险基金信托当事人对清算费用有约定的，依照双方当事人的约定处理。当事人没有约定的，清算费用由委托人承担。社会保险基金信托的受托人对社会保险基金信托终止有过错的，由受托人承担清算费用。

立法说明： 本条规定社会保险基金信托清算的费用承担问题。在社会保险基金信托清算中，由于清算组的组成人员不同，清算费用的多少也有所不同。但是，在社会保险基金信托设立中，双方当事人可以对清算费用约定分担方式，这符合私法自治的原则。对于双方当事人没有对清算费用进行约定的，由于受托人承担了社会保险基金信托的运营风险，虽然其享有报酬请求权，但是为平衡双方当事人之间的利益，并保证社会保险基金信托清算结果的独立性，应当由委托人负担清算费用。但是受托人对社会保险基金信托的终止有过错的，应当由受托人承担清算费用，这有利于受托人积极履行信托义务，尽量保证社会保险基金信托的正常运营。

第七章　附　则

第五十四条 本法与前法冲突的处理规则

本法施行前，其他已经施行的法律法规与本法规定有冲突的，应当适用本法的相关规定。

立法说明： 本条规定了本法与前法冲突时的处理规则。当本法与前法相冲突时，依据新法优于旧法的原则，本法应当优先得到适用，这既符合本法的立法目的，也是依据《立法法》处理规范之间冲突的原则。

第五十五条 本法的实施时间

本法自　　年　　月　　日起施行。

立法说明： 本条对本法的施行时间作了一般规定。

图书在版编目（CIP）数据

社会保险基金信托法研究 / 黎建飞主编 . —北京：
中国法制出版社，2016.2

ISBN 978-7-5093-7247-0

Ⅰ . ①社… Ⅱ . ①黎… Ⅲ . ①社会保障基金—信托法—
研究—中国 Ⅳ . ① D922.282.4

中国版本图书馆 CIP 数据核字（2016）第 028791 号

策划编辑 舒 丹	责任编辑 舒 丹	封面设计 李 宁

社会保险基金信托法研究
SHEHUIBAOXIAN JIJIN XINTUOFA YANJIU
主编 / 黎建飞
经销 / 新华书店
印刷 / 北京九州迅驰传媒文化有限公司

开本 / 787 毫米 ×960 毫米 16 　　　　　　　印张 / 22.75　字数 / 303 千
版次 / 2016 年 5 月第 1 版 　　　　　　　　2016 年 5 月第 1 次印刷

中国法制出版社出版
书号 ISBN 978-7-5093-7247-0 　　　　　　　　　　　定价：58.00 元

北京西单横二条 2 号 　　　　　　　　　　　　值班电话：66026508
邮政编码：100031 　　　　　　　　　　　　　　传真：66031119
网址：http://www.zgfzs.com 　　　　　　　编辑部电话：66070042
市场营销部电话：66033393 　　　　　　　邮购部电话：66033288

（如有印装质量问题，请与本社编务印务管理部联系调换。电话：010-66032926）